EL SECRETO DE TENER BEBÉS
TRANQUILOS Y FELICES

Tracy Hogg / Melinda Blau

EL SECRETO DE TENER BEBÉS TRANQUILOS Y FELICES

Traducción de Librada Piñero

Título original: *Secrets of the Baby Whisperer*
Autoras: Tracy Hogg y Melinda Blau

© 2001, Tracy Hogg Enterprises, Inc.
© De la traducción: 2001, Librada Piñero
© De esta edición: 2006, RBA Libros, S.A.
Pérez Galdós, 36 - 08012 Barcelona
rba-libros@rba.es / www.rbalibros.com

1ª edición de bolsillo: julio 2006
4ª edición de bolsillo: febrero 2010

Ref.: OBOL032 / ISBN: 978-84-7871-729-3
Depósito legal: B-10879-2010
Impreso por Liberdúplex (Barcelona)

A Sara y Sophie

ÍNDICE

AGRADECIMIENTOS

Quiero expresar mi agradecimiento a Melinda Blau por haber interpretado mi trabajo, haber aportado su habilidad a este maravilloso proyecto y haber hecho que sea mi voz la que verdaderamente resuena por todo el libro. Desde la primera vez que hablamos supe que había comprendido perfectamente mi filosofía acerca de los bebés. Le estoy muy agradecida por su amistad y por haber trabajado tanto.

Mi agradecimiento también a Sara y Sophie, mis maravillosas hijas. Os agradezco en primer lugar que hayáis despertado mis dones y que me hayáis ayudado a relacionarme con los niños a un nivel más profundo e intuitivo.

También estoy en deuda de gratitud con mi extensa familia, especialmente con mi madre y mi abuela, por su paciencia, su apoyo continuado, sus enseñanzas y sus ánimos constantes.

Aprecio sobremanera a las familias que, a lo largo de los años, me han brindado la oportunidad de compartir sus alegrías y su precioso tiempo. Me gustaría agradecer especialmente a Lizzy Selders su amistad y su apoyo diario, que nunca olvidaré.

Finalmente, mi agradecimiento a las personas que me han ayudado a franquear el terreno, nuevo para mí, del mundo editorial: a Eileen Cope, de Lowenstein Associates, por meterse en el proyecto y realizar un trabajo excelente; a Gina Centrello, presidenta de Balantine Books, por creer en mi trabajo; y a nuestra editora, Maureen O'Neal, por su apoyo infatigable.

TRACY HOGG, Enrico, California

Para mí, ha sido un verdadero placer ver a Tracy Hogg, practicar su magia. A pesar de que he entrevistado a muchos expertos en el tema de cuidar a los hijos y de que yo misma soy madre, sus percepciones y estrategias no dejan de sorprenderme. Le agradezco la paciencia que ha tenido conmigo al responder a mis interminables preguntas, así como la posibilidad que me ha dado de entrar en su mundo. Quisiera también expresar mi agradecimiento a Sara y Sophie por haberme prestado a su madre.

Mi agradecimiento a los clientes de Tracy que me acogieron en sus hogares, me permitieron conocer a sus bebés y me ayudaron a comprender lo que Tracy había hecho por sus familias. Estoy también muy agradecida a la doctora Bonnie Strickland, la consumada experta en la red, por ponerme en contacto con la doctora Rachel Clifton; y, a Rachel, que me abrió las puertas a todo un mundo de investigación infantil; y a otros profesionales que han contribuido a este proyecto.

Siempre estaré agradecida a Eileen Cope, de la Agencia Literaria Lowenstein, por escuchar con tanta atención, juzgar con sabiduría y estar a mi lado, y a Barbara Lowenstein, por sus muchos años de experiencia y por sus orientaciones. Mi más sincero agradecimiento a Gina Centrello, Maureen O'Neal y al resto del equipo de Ballantine, que apoyaron este proyecto con un entusiasmo sin precedentes.

Finalmente, debo expresar mi gratitud a dos sabias mentoras, mi octogenaria amiga por correspondencia Henrietta Levner y mi tía Ruth, que es más que una amiga o una pariente; ambas aprecian de veras la escritura y siempre me han animado. Finalmente, quiero dar las gracias a Jennifer y a Peter, que planeaban su boda cuando yo estaba escribiendo este libro, por haberme querido incluso cuando les decía: «Lo siento, pero ahora no puedo hablar». Y en cuanto a las demás personas que llevo en mi corazón (Mark, Cay, Jeremy y Lorena) ya debéis de saber que os estoy infinitamente agradecida por nuestra «pausa familiar». De lo contrario, os lo digo ahora.

MELINDA BLAU, Northampton, Massachusetts

Una de las preguntas que más me hacen los padres que esperan un bebé es: «¿Qué libros nos recomiendas leer como guía?». En mi dilema, nunca me he decantado por un libro de base médica, pero tampoco por un gran volumen en el que se expliquen consejos prácticos, sencillos e individualizados sobre el comportamiento y desarrollo de los bebés. Ahora mi dilema está resuelto.

En *El secreto de tener bebés tranquilos y felices*, Tracy Hogg ha hecho un gran regalo a los padres primerizos: la capacidad de forjarse pronto una idea del temperamento de sus hijos, un marco de trabajo para interpretar la primera comunicación y el comportamiento de un bebé y, como resultado, un conjunto de soluciones prácticas y aplicables para remediar problemas típicos de los bebés como el llanto excesivo, las comidas demasiado frecuentes y las noches sin dormir. Uno no puede sino apreciar el humor inglés de Tracy; el libro es ameno, a menudo informal, divertido, pero a la vez práctico e inteligente. Es de lectura fácil, nada autoritario y lleno de contenidos útiles y aplicables incluso a los bebés de temperamento más difícil.

Para muchos padres primerizos, la información que les aportan familiares y amigos bienintencionados, así como libros y medios electrónicos, sólo genera confusión y ansiedad, incluso antes de que nazca el bebé. Las publicaciones actuales que tratan los problemas típicos de los recién nacidos suelen ser demasiado dogmáticas, o lo que es aún peor, demasiado flojas en filosofía. Asediados por ambos extremos, los padres primerizos desarrollan a menudo un estilo de «paternidad de circunstancias» bienintencionado, si bien es muy probable que no cause más que nuevos problemas con el bebé. En este libro, Tracy enfatiza la importancia de un programa estructurado para ayudar a los padres a llevar un ritmo predecible.

La autora sugiere el ciclo EASY* de comida, actividad y sueño para separar la expectación de comer de la de dormir, y después un tiempo para los padres. El resultado es que los bebés aprenden a tranquilizarse ellos solos sin necesidad de recurrir al pecho o al biberón. De este modo, los padres pueden interpretar de una forma más realista el llantos el comportamiento observado cuando un bebé está bien alimentado.

En un mundo en el que antes de tener un bebé los padres viven entusiasmados y con muchas tareas que realizar, Tracy os anima a aminorar la marcha con el método SLOW** Sus consejos son muy útiles en lo referente a sobrevivir a los cambios del posparto que han de realizar todos los miembros de la familia; cómo anticipar problemas y simplificar los períodos más cansados, y así captar las señales más sutiles y al mismo tiempo más importantes: el deseo del bebé de comunicarse. Tracy enseña a los cuidadores a observar el lenguaje corporal de los bebés y sus respuestas al mundo real, así como a utilizar este conocimiento para ayudar a interpretar las necesidades básicas de los bebés.

* En inglés, fácil, es a su vez un acrónimo: E=*eat* (comer), A=*activity* (actividad), S=*sleep* (dormir), Y=*you* (tú).

** En inglés, lento, es a su vez un acrónimo: S=*stop* (parar), L=*listen* (escuchar), O=*observe* (observar), W=*what's up?* (¿Qué ocurre?).

Para los padres que cojan este libro cuando su hijo esté al final de su época de bebé, se hacen sugerencias que resultan de mucha ayuda a la hora de desenmarañar y resolver las dificultades que vayan surgiendo: prestar atención y detectar viejos hábitos que aún se pueden corregir. Tracy avanza pacientemente por todo el proceso y os transmitirá confianza de que la paternidad (y el sueño, y las protestas) puede convertirse en una tarea llevadera. *El secreto de tener bebés tranquilos y felices* acabará siendo, para todos los padres, el libro de referencia querido y manoseado que todos estábamos esperando. ¡Disfrutadlo!

DOCTORA JEANNETTE J. LEVENSTEIN,
F.A.A.P. Grupo Médico Pediátrico de Valley,
Encino, California
Pediatra asistente del Centro Médico Cedars Sinai
Los Ángeles, California, y del Hospital Infantil
de Los Ángeles

INTRODUCCIÓN

APRENDER A SUSURRAR AL BEBÉ

El mejor modo de hacer que los niños sean buenos es hacer que sean felices.

OSCAR WILDE

APRENDER EL LENGUAJE

Voy a empezar aclarando una cosa: yo no me he puesto el apodo de «la mujer que susurra a los bebés»; lo hizo uno de mis clientes. La verdad es que me gusta mucho más que algunos de los nombres afectuosos que me han dado otros padres: cosas como «la bruja», que me parece demasiado espeluznante, «la maga», demasiado misterioso. Así que me he convertido en la mujer que susurra a los bebés. He de admitir que en cierto modo me gusta porque describe lo que hago.

Tal vez ya sepas qué es lo que hace una «persona que susurra a los caballos», o es posible que hayas leído el libro o visto la película que trata el tema. Si es así, recordarás cómo trataba al caballo herido el personaje representado por Robert Redford: se le acercaba lentamente y con paciencia, escuchando y observando, pero guardaba las distancias respetuosamente porque tenía en cuenta el problema de la pobre bestia. Se tomaba su tiempo, pero al final llegaba hasta el caballo, le miraba directamente a los ojos y le hablaba suavemente. En todo momento, el susurrador de caballos se mostraba firme como una roca y mantenía la serenidad, cosa que a su vez ayudaba a que el caballo se tranquilizara.

No me interpretes mal, no estoy comparando a los recién nacidos con los caballos (si bien ambos son animales sensatos), pero la situación es bastante parecida a lo que hago con los bebés. A pesar de que los padres crean que tengo un don especial, lo cierto es que no hay nada de misterioso en lo que hago, ni tampoco se trata de un talento que sólo posean determinadas personas. Susurrar a los bebés es cuestión de respetar, escuchar, observar e interpretar. No es algo que se aprenda de la noche a la mañana (yo he observado y susurrado a unos cinco mil bebés), pero cualquier padre puede aprender a hacerlo; de hecho, todos los padres deberían aprender. Yo entiendo el lenguaje de los pequeños y puedo enseñarte las habilidades que necesitarás para dominar también esta técnica.

Cómo aprendí mi oficio

Se podría decir que me he pasado la vida preparándome para realizar este trabajo. Crecí en Yorkshire. La mayor de las influencias que recibí fue la de mi abuela, la madre de mi madre. Ahora tiene ochenta y seis años y continúa siendo la mujer más paciente, amable y adorable que he conocido jamás. Ella también susurraba a los bebés y era capaz de abrazar y calmar a la criatura más malhumorada del mundo. No sólo me guió y me dio confianza cuando nacieron mis dos hijas (las otras dos grandes influencias de mi vida), sino que también fue una figura muy significativa durante mi infancia.

Cuando era pequeña, no paraba quieta, me pasaba el día saltando, era un terremoto impaciente, pero mi abuela siempre se las arreglaba para canalizar mis energías hacia un juego o una historia. Por ejemplo, un día estábamos haciendo cola en el cine y yo, como cualquier niña, no dejaba de quejarme y de tirarle de la manga. «¿Cuánto falta para que nos dejen entrar, abuelita? No puedo esperar más.»

Mi otra abuela, que ya no vive, me habría dado un buen tortazo por mi insolencia. Era una auténtica victoriana que creía que los niños tienen que verse pero no oírse. En su día, gobernaba con mano de hierro. Pero la madre de mi madre, mi abuela, nunca era severa. En respuesta a mi queja, se limitó a guiñarme un ojo y decirme: «Mira lo que te estás perdiendo al quejarte y prestarte atención sólo a ti». Y después dirigió la vista en alguna dirección en concreto. «Mira aquella mamá que lleva un bebé», me dijo, señalando con la barbilla. «¿Adónde crees que van hoy?»

«A Francia», respondí inmediatamente, comprendiendo lo que pretendía.

«¿Y cómo crees que van a llegar hasta allí?»

«En un jumbo.» Debía de haber oído la expresión en algún lugar.

«¿Dónde se sentarán?», continuaba mi abuela, y antes de darme cuenta nuestro pequeño juego no sólo había hecho que me olvidara de la cola, sino que mi abuela había urdido toda una historia sobre aquella mujer. Mi abuela desafiaba mi imaginación. Una vez vio un vestido de novia en un escaparate y me preguntó: «¿Cuántas personas crees que han tenido que trabajar para hacer este vestido?». Si yo respondía «dos», me continuaba presionando para que le diera más detalles: ¿Cómo ha llegado este vestido a la tienda? ¿Dónde lo hicieron? ¿Quién le cosió las perlas? Para cuando había acabado conmigo, yo estaba en la India, dibujando al granjero que plantó las semillas que acabaron convirtiéndose en el algodón que se había utilizado para confeccionar aquel vestido.

En realidad, contar historias era una tradición importante en mi familia, no sólo de mi abuela, sino también por parte de su hermana, de su madre (mi bisabuela) y de mi propia madre. Siempre que una de ellas quería explicarnos algo, lo hacía con una historia. Me pasaron este don y hoy, en mi trabajo con los padres, a menudo utilizo historias y metáforas: «¿Serías capaz de dormirte si te pusiera la cama en medio de la autopista?», pregunto a un padre cuyo sobreestimulado bebé tiene problemas para hacer la siesta mientras la música está a todo volumen. Estas imágenes ayudan a los padres a comprender por qué les hago determinada sugerencia, mejor que si me limitara a decirles: «Hacedlo así».

Si bien las mujeres de mi familia me ayudaron a desarrollar mis dones, fue mi abuelo, el marido de mi abuela, quien les vio una aplicación. Mi abuelo era el enfermero jefe de lo que en aquella época denominaban un manicomio. Recuerdo que unas navidades nos llevó a mi madre y a mí a visitar la sala de niños. Era un lugar lóbrego, lleno de sonidos y olores extraños y, para mis ojos inexpertos, de niños con aspecto inconexo que iban en sillas de ruedas o estaban estirados en almohadones esparcidos por el suelo. No creo que por aquel entonces tuviera más de siete años, pero aún tengo fresco el recuerdo de la cara de mi madre, por cuyas mejillas corrían lágrimas de horror y de pena.

En cambio yo estaba fascinada. Sabía que la mayoría de personas tenían miedo de los pacientes y que nunca pondrían un pie en aquel lugar, pero no era mi caso. Reiteradamente pedía a mi abuelo que me volviera a llevar, y un día, tras muchas visitas, me cogió aparte y me dijo: «Tendrías que pensar en ser enfermera, Tracy. Tienes un gran corazón y mucha paciencia, como tu abuela».

Aquel era el mayor cumplido que me habían dicho en mi vida, y después ha resultado que el abuelo tenía razón. A los dieciocho años, empecé a estudiar en la Escuela de Enfermería, que en Inglaterra imparte una carrera de cinco años y medio. Como parte de mi aprendizaje, trabajé con la Organización Mundial de la Salud en la India, ayudando a mujeres con problemas de posparto y de amamantamiento. No me gradué con una de las mejores notas de la clase (lo admito, yo empollaba a última hora) pero era excelente en la intervención con los pacientes. Nosotros lo llamamos «las prácticas», que en mi país es una parte muy importante de la carrera. Era tan buena escuchando, observando y mostrando empatía que la junta de la Escuela de Enfermeras me concedió el premio de la Enfermera del Año, otorgado anualmente a los estudiantes que han demostrado proporcionar un cuidado extraordinario de los pacientes.

Y así fue como me convertí en enfermera titulada y comadrona, y me preparé también en hipnoterapia y en educación especial. Me especialicé en niños con discapacidades físicas y mentales, niños que a menudo no tenían ningún medio de comunicación. Bueno, eso no es del todo cierto; como los bebés, tenían su propio modo de conversar, una especie de comunicación no verbal expresada mediante el llanto y el lenguaje corporal. Para poder ayudarles, tuve que aprender a comprender su lenguaje y convertirme en su intérprete.

Lloros y susurros

Cuidando de los recién nacidos, a muchos de los cuales había ayudado a traer al mundo, me fui dando cuenta de que también comprendía su lenguaje no verbal. De modo que, cuando me fui de Inglaterra a Estados Unidos, me especialicé en cuidados infantiles y me dediqué a los cuidados posparto y al cuidado de recién nacidos. También trabajé como enfermera de niños para parejas de Los Ángeles y Nueva York, la mayoría de las cuales me describían como un cruce entre Mary Poppins y el personaje de Daphne en la serie *Frasier* (parece ser que su acento, al menos para oídos norteamericanos, es igual a mi deje de Yorkshire). Lo que enseñaba a aquellos papás y mamás primerizos era que ellos también podían susurrar a sus bebés: tenían que aprender a contenerse un poco, leer en sus pequeños y, una vez supieran cuál era el problema, tranquilizarlos.

Compartía con aquellos padres lo que creía que todos los padres debían hacer por sus bebés: darles un sentido de estructura y ayudarles a convertirse en pequeños seres independientes. También empecé a fomentar lo que he acabado llamando un acercamiento de la familia al completo: los pequeños necesitan ser parte de la familia más que al revés. Si el resto de la familia (padres, hermanos, mascotas) es feliz, entonces el bebé también será feliz.

Me siento muy privilegiada cuando me invitan a casa de alguien, porque sé que se trata del tiempo más valioso en la vida de los padres. En este tiempo, es cuando los padres, junto con las inevitables inseguridades y las noches sin dormir, experimentan la mayor alegría de sus vidas. Cuando me revelan su drama y me piden ayuda, siento que me sumo a esta alegría porque les ayudo a salir del caos y saborear la experiencia.

Actualmente, a veces vivo con alguna familia, pero lo que hago más a menudo es trabajar como asesora, me dejo caer por casa de los padres una hora o dos durante los primeros días o semanas después del nacimiento del bebé. Conozco a muchas madres y padres de treinta y cuarenta años que suelen tener control sobre sus vidas, pero que cuando son padres y se ven en la difícil posición de los principiantes, a veces se preguntan: «¿Pero qué hemos hecho?». La verdad es que tanto si un padre tiene un millón de libras en el banco como dos chelines en el monedero, un recién nacido, especialmente si es el primero, los iguala a todos. He estado con mamás y papás de todos los estilos de vida, desde personas conocidísimas hasta personas cuyo nombre no conocen ni en su barrio. Y os aseguro que tener un bebé hace aflorar el miedo hasta en los mejores.

La verdad es que la mayoría de veces mi busca se pasa el día sonando (y a veces también la noche) porque me hacen llamadas tan desesperadas como estas:

«Tracy, ¿cómo puede ser que parezca que Chrissie tiene hambre todo el rato?»

«Tracy, ¿por qué Jason me sonríe y al minuto rompe a llorar?»

«Tracy, no sé qué hacer. Joey lleva toda la noche despierto desgañitado de tanto llorar.»

«Tracy, creo que Rick coge demasiado al bebé. ¿Le puedes decir que deje de hacerlo?»

Lo creáis o no, al cabo de veintidós años trabajando con familias, a menudo puedo diagnosticar los problemas por teléfono, sobre todo si ya conozco al bebé. En ocasiones pido a la madre que ponga al bebé cerca del teléfono para oírle llorar. (A menudo la madre también está llorando.) O a veces les hago una visita rápida y, si es necesario, me quedo a pasar la noche en su casa para observar qué más ocurre allí que pueda perturbar al niño o alterar su rutina. Hasta el momento, no he encontrado a ningún bebé que no comprenda ni ningún problema que no pueda solucionar.

RESPETO: LA CLAVE PARA ACCEDER AL MUNDO DEL BEBÉ

Mis clientes suelen decirme: «Tracy, haces que todo parezca muy fácil». Lo cierto es que para mí *es* fácil porque conecto con los pequeños. Los trato como haría con cualquier ser humano: con respeto. Ésa, amigos míos, es la esencia de mi oficio.

> Cada niño es una *persona* que posee lenguaje, sentimientos y una personalidad única y, por lo tanto, merece respeto.

El tema del respeto es recurrente en este libro. Si os acordáis de pensar en vuestro bebé como en una *persona*, siempre le daréis el respeto que se merece. La definición que da el diccionario del verbo respetar es: «abstenerse de importunar a las personas y tratarlas con consideración y acatamiento». ¿Os sentís importunados cuando alguien habla sin tener en cuenta vuestra presencia o en lugar de hablar *con* vosotros os habla a vosotros, o cuando os toca sin vuestro consentimiento? Cuando no os explican bien algo o alguien os trata con desconsideración, ¿os enfadáis mucho?

Lo mismo ocurre con un bebé. La gente tiende a hablar en voz alta a los bebés y, a veces, actúa como si éstos ni siquiera estuvieran allí. A menudo oigo a padres o abuelos decir: «El niño ha hecho esto» o «La niña ha hecho lo otro». Eso es muy impersonal e irrespetuoso; es como si hablaran sobre un objeto inanimado. O aún peor, cogen al dulce cariñito sin explicarle una sola palabra, como si los adultos tuvieran derecho a violar el espacio de un niño. Por eso os sugiero que dibujéis un límite imaginario que rodee a vuestro bebé: un círculo de respeto que no se pueda traspasar sin pedir permiso o sin explicar al bebé qué se va a hacer (más sobre el tema en el capítulo 5, páginas 187-189).

Ya en la sala de partos, tengo por costumbre llamar inmediatamente a los bebés por sus nombres legítimos. No creo que este ser tan pequeñín que está en la cunita sea «el bebé». ¿Por qué no referirse a la criatura por su propio nombre? Al hacerlo, se tiende a pensar en ella como en la personita que es, no como en una gotita indefensa.

Además, cuando veo por primera vez a un recién nacido, sea en el hospital, sea pocas horas después de que llegue a casa, sea semanas después, siempre me presento y le explico por qué estoy allí. «Hola Sammy», le digo, mirándole a los ojazos azules. «Soy Tracy. Sé que no reconoces mi voz porque aún no sabes quién soy, pero estoy aquí para conocerte y para descubrir qué quieres. Y voy a ayudar a tu mamá y a tu papá a comprender lo que les dices.»

En ocasiones una madre me dice: «¿Por qué le hablas de ese modo? No tiene más que tres días. Es imposible que te entienda».

«Bueno», respondo, «de eso no estamos del todo seguros, ¿verdad querida? Imagina lo terrible que puede ser que me entienda y yo no le hable».

Especialmente en la última década, los científicos han descubierto que los recién nacidos saben y entienden más de lo que nunca hayamos soñado. Las investigaciones confirman que los bebés son sensibles a los sonidos y a los olores, y pueden diferenciar entre un tipo de estímulo visual y otro. Por su parte, los recuerdos empiezan a desarrollarse durante las primeras semanas de vida. Así pues, incluso si el pequeño Sammy no entiende mis palabras, seguro que puede notar la diferencia entre alguien que se mueve despacio y tiene una voz tranquilizadora y alguien que entra como si nada y toma el poder; y si, por el contrario, sí entiende, sabrá desde el comienzo que le trato con respeto.

SUSURRAR NO ES SÓLO HABLAR

El secreto de susurrar a los bebés implica recordar que vuestro pequeño siempre está a la escucha y que, en cierto grado, os entiende. Prácticamente todos los libros sobre cuidados infantiles dice, a los padres: «Hablad a vuestro bebé». Con eso no basta. Yo digo a los padres: «Hablad *con* vuestro bebé». Puede que no os responda con palabras, pero se comunica haciendo gorgoritos, llorando y gesticulando (más acerca de la decodificación del lenguaje de los bebés en el capítulo 3). Por lo tanto, realmente estaréis dialogando, manteniendo una conversación bidireccional.

Hablar con vuestro bebé es otro modo de mostrar respeto. ¿No conversaríais con un adulto al que estuvierais cuidando? La primera vez que os acercarais a él os presentaríais y le explicaríais el motivo por el que estáis allí. Seríais educados, salpicaríais vuestras intervenciones con «por favor», «gracias» y «le importaría». Y probablemente hablaríais largo y tendido. ¿Por qué no tratar con la misma consideración a vuestro bebé?

Otra muestra de respeto es descubrir qué es lo que le gusta al bebé y lo que no. Como aprenderéis en el capítulo 1, algunos pequeños se dejan llevar fácilmente por la corriente, mientras que otros son más propensos a llevar la contraria. También los hay que se desarrollan a un ritmo más lento. Para ser realmente respetuosos hemos de aceptar a nuestros hijos como son y no compararlos con la media. (Por eso no encontraréis ningún seguimiento mes a mes en este libro.) Vuestro bebé tiene derecho a reaccionar a su manera ante el mundo que le rodea. Y cuanto antes empecéis a dialogar con este precioso ser, antes comprenderéis quién es y qué quiere de vosotros.

Estoy segura de que todos los padres animan a sus hijos a ser seres humanos independientes y equilibrados merecedores de respeto y admiración, pero eso comienza desde la infancia. No se trata de algo que se empiece a inculcar a los quince años, ni siquiera a los cinco. Recordad también que ser padres es un proceso que dura toda la vida y que, como tales, sois un modelo. Si escucháis y respetáis a vuestro bebé, éste crecerá hasta convertirse en una persona que escuche y respete a los demás.

> Si os tomáis el tiempo necesario para observar a vuestro hijo y aprender lo que os intenta decir, tendréis un bebé feliz, y vuestra familia no estará dominada por un bebé angustiado.

Los bebés cuyos padres se esfuerzan al máximo en ser conscientes de sus necesidades y atenderlas son bebés que se sienten seguros. No lloran cuando los ponen en el cochecito, porque se sienten a salvo por sí mismos. Confían en que su entorno es un lugar seguro: si tienen problemas o les duele algo, habrá alguien allí que estará por ellos. Paradójicamente, estos bebés acaban necesitando menos atenciones y aprenden a jugar solos con más rapidez que aquéllos a los que los padres dejan llorar o a los que los padres hacen poco caso constantemente (Por cierto, es normal no hacer caso *algunas* veces.)

LO QUE NECESITAN LOS PADRES: CONFIANZA EN SÍ MISMOS

Los padres se sienten seguros si notan que saben qué están haciendo. Desgraciadamente, el ritmo de la vida moderna va en contra de los padres y las madres, que a menudo se ven atrapados en sus propios horarios frenéticos. No se dan cuenta de que han de aflojar su ritmo de vida antes de intentar calmar a su bebé. En estos casos, parte de mi trabajo consiste en hacer que los padres se tranquilicen, sintonicen con su bebé y, lo que es más importante, escuchen su voz interior.

Siento tener que decir que hoy en día muchos padres son víctimas de un exceso de información. Antes de que el bebé nazca, leen libros y revistas, investigan, navegan por Internet, escuchan a los amigos, a la familia y a especialistas de todo tipo. Todas éstas son fuentes valiosas, pero cuando llega el niño suele ocurrir que los padres están más confundidos que cuando comenzaron a buscar información. O lo que es aún peor, su propio sentido común se ve ahogado por las ideas de otras personas.

De acuerdo, la información es poder (y con este libro tengo la intención de compartir con vosotros todos los trucos de mi oficio), pero de todas las herramientas que puedo proporcionaros, la confianza en vosotros mismos en lo referente a la paternidad será lo que mejor os vaya. Aún así, para desarrollarla tenéis que descubrir qué funciona en vuestro caso. Cada niño es un individuo, como también lo es cada padre y cada madre. Por lo tanto, las necesidades de cada familia son diferentes. ¿De qué me serviría deciros lo que hice con mis hijas?

Cuanto más veáis que podéis comprender a vuestro bebé y satisfacer sus necesidades, mejor lo haréis. Y os aseguro que os será mucho más fácil. Todos los días que paso enseñando a los padres a ser conscientes y comunicarse, no sólo veo crecer las capacidades y la comprensión del bebé, sino también que los propios padres se vuelven más competentes y ganan confianza en sí mismos.

¡ESO SE PUEDE APRENDER DE UN LIBRO!

Se *puede* aprender a susurrar a los bebés. Además, la mayoría de padres quedan impresionados por lo rápido que empiezan a entender a sus bebés *una vez saben qué han de mirar y escuchar*. La auténtica «magia» que hago consiste en dar confianza a las mamás y a los papás primerizos. Todos los padres novatos necesitan a alguien que les aliente, y ahí es donde intervengo yo. Lo más usual es que no estén preparados para el período de adaptación, en el que parecen surgir mil y una preguntas, y no hay nadie que las responda. Yo resuelvo sus dudas y les digo: «comencemos por trazar un plan». Les muestro cómo implementar un programa estructurado y entonces les enseño todo cuanto sé.

Desde el punto de vista del día a día, la paternidad es un trabajo duro, que en ocasiones da miedo, siempre difícil y a menudo ingrato. Espero que este libro os ayude a tomároslo con sentido del humor y, al mismo tiempo, os ofrezca una visión realista de lo que os espera. Esto es lo que podéis esperar de este libro:

- Comprender el tipo de bebé que tenéis y qué podéis esperar de su temperamento. En el capítulo 1, encontraréis una lista que os ayudará a ver qué desafíos concretos podéis encontrar.
- Comprender vuestro propio temperamento y adaptabilidad. Cuando llega el bebé la vida cambia y es importante averiguar dónde os encontráis en lo que yo llamo línea de improvisación/planificación (capítulo 2), tanto si sois personas que normalmente os guiáis por el instinto como si os gusta planearlo todo hasta el más mínimo detalle.
- Una explicación de mi plan EASY, que ayuda a estructurar el día en este orden: comida, actividad, sueño, tu tiempo. EASY os permite atender a las necesidades de vuestro bebé y rejuvenecer vuestra mente y cuerpo, dando una cabezada, tomando un baño caliente o haciendo una excursión por la manzana de çasa. Encontraréis una visión de conjunto de EASY en el capítulo 2, y opiniones detalladas en los capítulos 4 a 7: el 4 trata sobre la comida, el 5 sobre actividades, el 6 sobre asuntos relacionados con el sueño y el 7 sobre lo que se puede hacer para mantenerse física y emocionalmente saludable y fuerte.
- Las habilidades que os ayudarán a susurrar a vuestro bebé: observar y comprender lo que os intenta explicar, calmarlo cuando esté alterado (capítulo 3). Asimismo, os enseñaré a afilar vuestro poder de observación y de autorreflexión.
- Las circunstancias especiales que acompañan las concepciones y los partos poco comunes, y las cuestiones que surgen al respecto desde el punto de vista de los padres: cuando se adopta, cuando los bebés son prematuros, tienen problemas al nacer y/o no pueden salir del hospital e ir a casa directamente; las alegrías y los desafíos de los partos múltiples (capítulo 9).

- Mi técnica de los tres días mágicos (capítulo 8), una técnica para detectar problemas y encontrar soluciones que puede ayudaros a sustituir los malos hábitos por otros beneficiosos. Explicaré lo que denomino «paternidad de circunstancias», en la que los padres refuerzan involuntariamente comportamientos negativos de los niños, y os enseñaré la sencilla estrategia que utilizo para analizar qué ha salido mal.

He procurado que este libro fuera divertido de leer porque sé que cuando los padres leen libros sobre niños, tienden a recurrir tan sólo a la parte que necesitan en lugar de leérselos de un tirón, de cabo a rabo. Si quieren informarse sobre la lactancia, buscan en el índice la entrada correspondiente y leen sólo las páginas indicadas. Si tienen problemas para dormir se dirigen al capítulo que versa sobre este tema. Dadas las demandas de la vida diaria de la mayoría de padres, me hago cargo de esta conducta. Sin embargo, en este caso os insto encarecidamente a leer al menos los primeros tres capítulos del libro, en los que describo mi filosofía y mis principales puntos de vista. De este modo, aunque después sólo leáis pequeños fragmentos de los capítulos restantes del libro, comprenderéis mis ideas y consejos en el contexto del tema principal de tratar a vuestro bebé con el respeto que merece y, al mismo tiempo, no permitir que se haga el amo de la casa.

¿QUÉ HACE UN BUEN PADRE O MADRE?

En uno de los libros sobre cuidados infantiles que he ojeado leí: «Para ser una buena madre has de amamantar a tu hijo». ¡Mentira! La paternidad o la maternidad no debería juzgarse en función de cómo se alimenta al hijo, cómo se le cambian los pañales o cómo se lo pone a dormir. Es más, no nos convertimos en buenos padres en las primeras semanas de vida del bebé. Los buenos padres se hacen con los años, a medida que los hijos van creciendo y se los va conociendo como individuos, cosa que más tarde los anima a acudir en busca de consejo y apoyo. Sin embargo, los cimientos de unos buenos padres comienzan cuando:

- *Respetáis* al bebé.
- Consideráis al bebé como un individuo único.
- *Habláis con* el bebé, no a él.
- *Escucháis* al bebé y, cuando lo pide, satisfacéis sus necesidades.
- Dejáis que vuestro bebé sepa qué va después, proporcionándole una dosis diaria de *formalidad*, *estructura* y *previsibilidad*.

Tener un hijo es, con diferencia, el acontecimiento que más os cambiará la vida, más que el matrimonio, un nuevo trabajo o incluso la muerte de un ser querido. La sola idea de tener que adaptarse a un tipo de vida muy diferente asusta. También aísla mucho. A menudo los padres novatos creen que ellos son los únicos que se sienten incompetentes o tienen problemas para dar de mamar. Las mujeres están seguras de que las demás madres se enamoran «al instante» de sus bebés y se preguntan por qué ellas no se sienten así. Los hombres están seguros de que los demás padres son más atentos. A diferencia de ciertos países como Inglaterra, donde una asistenta sanitaria acude a tu casa todos los días durante los primeros quince días y varias veces a la semana durante los siguientes dos meses, en otros países muchos nuevos padres no tienen a nadie cerca que les guíe durante los primeros días.

Queridos lectores, yo no puedo entrar en vuestro salón, pero espero que oigáis mi voz en este libro y me dejéis ser una guía tranquilizadora que haga por vosotros lo que mi abuela hizo por mí cuando acababa de ser madre. Necesitáis saber que la falta de sueño y la sensación de agobio no durarán siempre y que mientras tanto lo estáis haciendo lo mejor que podéis. Necesitáis oír que esto también ocurre a otros padres y que lo superaréis.

Espero que la filosofía y las capacidades que comparto con vosotros, mis secretos, se harán camino hasta llegar a vuestra mente y vuestro corazón. Puede que al final no tengáis un bebé más listo (o puede que sí), pero seguro que tendréis un bebé más feliz, más seguro de sí mismo, sin que por ello os hayáis visto obligados a renunciar a vuestra vida. Y lo que tal vez es más importante, estaréis más satisfechos de vuestra habilidad como padres. Yo creo firmemente, y lo he visto de primera mano, que en cada nueva mamá y en cada nuevo papá reside un ser competente, seguro de sí mismo y afectuoso, un susurrador de bebés en potencia.

1

AMAR AL BEBÉ

Jamás olvidaré lo mucho que lloran los bebés.
Realmente no tenía ni idea de dónde me estaba
metiendo. A decir verdad, creía que sería más pa-
recido a tener un gato.

ANNE LAMOTT, *Operating Instructions*

¡OH DIOS MÍO!, TENEMOS UN BEBÉ

Ningún acontecimiento de la vida de un adulto iguala a la alegría y al terror que se siente al ser padre o madre por primera vez. Afortunadamente, lo que prevalece es la alegría. Pero al principio, la inseguridad y el miedo se hacen los dueños de la situación. Alan, un diseñador gráfico de treinta y tres años, recuerda, por ejemplo, el día en que su esposa Susan salió del hospital. Coincidió con que aquel día celebraban su cuarto aniversario. Susan, una escritora de veintisiete años, había tenido un parto bastante fácil, y su hermoso bebé de ojos azules, Aaron, comía bien y rara vez lloraba. Al segundo día, los papás estaban deseando abandonar el desorden del hospital y comenzar su vida como una familia.

«Cuando iba por el pasillo hacia su habitación iba silbando», recuerda Alan. «Todo parecía perfecto. Aaron había tomado el pecho justo antes de que llegara yo y ahora dormía en los brazos de Susan. Era justo como había imaginado que sería. Bajamos en el ascensor, y la enfermera dejó que empujara la silla de ruedas en la que iba Susan hasta la luz del sol. Cuando fui a abrir la puerta del coche, me di cuenta de que había olvidado montar la camita del bebé. Me llevó media hora colocarla correctamente. Por fin, puse cuidadosamente a Aaron en ella. Era un angelito. Ayudé a Susan a entrar en el coche, agradecí a la enfermera su paciencia y me senté en el lugar del conductor».

«De repente, Aaron comenzó a hacer ruiditos desde el asiento trasero: no lloraba realmente; yo no había oído aquellos sonidos en el hospital, o tal vez fuera que no me había percatado de ello. Susan me miró y yo la miré. «¡Oh, Dios!» exclamé. "¿Y ahora qué hacemos?".»

Como Alan, todos los padres que conozco pasan por un momento en el que no saben qué hacer. A algunos se les presenta en el hospital, a otros de camino a casa, o incluso en el segundo o tercer día. Ocurren demasiadas cosas a la vez: la recuperación física, el impacto emocional, la realidad de cuidar de un bebé indefenso. Muy pocas personas están preparadas para la conmoción que suponen todos estos hechos. Algunas madres primerizas admiten: «Yo había leído todos los libros, pero nada me preparó». Otras recuerdan: «Tenía que pensar en tantísimas cosas... La verdad es que lloré mucho».

Los primeros tres o cinco días suelen ser los más difíciles, porque todo es nuevo y desalentador. Lo más típico es que los angustiados padres me bombardeen con preguntas del tipo: «¿Durante cuánto rato debo darle de mamar?» «¿Por qué levanta las piernas de ese modo?» «¿Le estoy cambiando bien?» «¿Por qué tiene ese color su caca?». Y, por supuesto, la pregunta más frecuente de todas: «¿Por qué llora?». Los padres, especialmente las madres, a menudo se sienten culpables porque creen que se supone que han de saberlo todo. La madre de un bebé de un mes me dijo lo siguiente: «Tenía mucho miedo de haber hecho algo mal, pero al mismo tiempo no quería que nadie me ayudara ni me dijera qué debía hacer».

Lo primero que digo a los padres —y que continúo diciéndoles— es que aminooooooren la marcha. Conocer a un bebé exige su tiempo. Exige paciencia y un ambiente tranquilo; exige fortaleza y aguante; exige respeto y amabilidad; exige responsabilidad y disciplina; exige atención y observación intensa; exige tiempo y práctica —equivocarse muchas veces hasta hacerlo bien—; y exige escuchar la propia intuición.

Observad cuántas veces repito la palabra «exige». Al comienzo el bebé exige mucho y ofrece poco. Os prometo que llegará un momento en que las recompensas y alegrías de ser padres no tendrán fin, pero eso no ocurre en un día, queridos. Al contrario, las iréis viendo con el paso de los meses y los años. Y lo que es más, la experiencia de cada persona es diferente. Como observó una de las madres de mi grupo mirando retrospectivamente los primeros días que estuvo en casa: «No sabía si estaba haciendo las cosas bien y, además, todo el mundo define "bien" de una forma diferente».

También cada bebé es distinto, motivo por el cual explico a las madres que vienen a verme que lo primero que han de hacer es comprender al suyo, no al que han soñado durante los últimos nueve meses. En este capítulo os ayudaré a imaginar qué podéis esperar de vuestro bebé. Pero primero unas indicaciones elementales sobre los primeros días en casa.

POR FIN EN CASA

Dado que me veo a mí misma como un abogado de toda la familia, no sólo del bebé, parte de mi trabajo consiste en ayudar a los padres a ver la situación con más perspectiva. Lo que digo a mamás y papás desde el principio es que esto no va a durar eternamente. Os calmaréis, ganaréis confianza en vosotros mismos, sacaréis el mejor padre y madre que lleváis dentro y, lo creáis o no, llegará el momento en que vuestro hijo duerma toda la noche de un tirón. No obstante, por ahora debéis rebajar vuestras expectativas. Tendréis días buenos y no tan bueno y tenéis que estar preparados para ambos. No os afanéis por alcanzar la perfección.

Consejo: *Cuanto más organizados seáis antes de llegar a casa, más felices seréis después. Si aflojáis los tapones de las botellas y los tubos, abrís las cajas y desempaquetáis todas las cosas nuevas, ¡después no tendréis que hacerlo con el bebé a cuestas!*

COMPROBACIONES DE VUELTA A CASA

Uno de los motivos por los que a mis bebés les va bien es que todo está preparado para ellos desde un mes antes de que nazcan. Cuanto más preparados y tranquilos estéis al principio, más tiempo tendréis para observar a vuestro bebé y conocerle al individuo que es.

- Poned sábanas en la cunita o en el cuco.
- Montad el cambiador y poned a mano todo cuanto vayáis a necesitar: toallitas, pañales, algodón, alcohol.
- Poned a punto el armario del bebé. Desenvolvedlo todo, quitadle las etiquetas y lavadlo con un detergente suave que no contenga lejía.
- Llenad la nevera y el congelador. Una semana o dos antes de que cumpla el tiempo de embarazo haced una lasaña, un pastel de carne, sopas y otros platos que se puedan congelar sin problemas. Aseguraos de que tenéis a mano todos los alimentos que vayáis a necesitar: leche, mantequilla, huevos, cereales, comida para la mascota. Comeréis mejor, os saldrá más barato y además os evitaréis los viajecitos frenéticos al supermercado.
- No os llevéis demasiadas cosas al hospital. Recordad que cuando regreséis a casa iréis cargados con varias bolsas de más, y con el bebé.

Normalmente he de recordar a las madres que: «Es el primer día en que estás en casa, lejos de la seguridad del hospital, donde te ayudaban, respondían a tus preguntas y te iban a auxiliar cuando apretabas un botón. Ahora estás sola». Por supuesto, a menudo las madres están contentas de salir del hospital: puede que las enfermeras hayan sido bruscas o les hayan dado consejos contradictorios. Además, es probable que las frecuentes interrupciones del personal del hospital y de las visitas hicieran que les resultara imposible descansar. En cualquier caso, cuando la mayoría de madres llegan a casa están o bien asustadas o bien confundidas, exhaustas, doloridas, o tal vez todas estas cosas a la vez.

Por lo tanto, yo recomiendo una reentrada lenta. Cuando pases por la puerta respira profundamente y céntrate. Haz que las cosas sean sencillas. (Te daré este consejo muchas veces.) Piensa en esto como en el comienzo de una nueva aventura, y en ti y en tu pareja como en exploradores. Y sé realista por todos los medios: el período posparto es difícil, un terreno rocoso. A excepción de una extraña minoría, todo el mundo da algún traspiés durante el camino. (La recuperación de la madre durante el período posparto se trata también en el capítulo 7.)

Créeme, sé que en el momento que llegues a casa sentirás que la situación te supera, pero si sigues mi sencillo ritual de vuelta a casa es menos probable que acabes frenética. (No obstante, recuerda que esto no es más que un avance. Como he indicado, más adelante me extenderé sobre el tema.)

Comienza el diálogo paseando a tu bebé por la casa para enseñársela. Esto va bien, querida: un paseo de reconocimiento como si fueras la cuidadora de un museo y el bebé fuera un visitante distinguido. Recuerda lo que te he dicho acerca del respeto: tienes que tratar a tu pequeñín como a un ser humano, como a alguien que tiene la capacidad de comprender y sentir. Por supuesto que él habla un idioma que puede que no entiendas pero, aún así, es importante que lo llames por su nombre y que cada vez que hables con él lo hagas en forma de diálogo, no dándole una conferencia.

Así pues, da una vuelta con él en bazos y muéstrale el lugar en el que va a vivir. Habla con él; con voz amable y suave, explícale qué es cada habitación: «Esto es la cocina, donde papá y yo cocinamos. Esto es el cuarto de baño, donde nos duchamos». Y así sucesivamente con todos los cuartos de la casa. Puede que al hacerlo te sientas un poco idiota: a muchos padres novatos les invade la timidez cuando empiezan a dialogar con sus bebés, pero eso no es malo. Lo único que tienes que hacer es ir practicando y te sorprenderás de lo fácil que te resulta. Sólo tienes que intentar recordar que lo que tienes en brazos es un ser humano pequeñito, una persona cuyos sentidos están vivos, un ser diminuto que ya conoce tu voz e incluso sabe cómo hueles.

Mientras estés paseando, pide al padre o a la abuela que prepare manzanilla, té o alguna infusión tranquilizante. Cómo no, el té es mi favorita. En mi país, cuando una madre llega a casa, la vecina de al lado le hace una visita y pone al fuego una tetera. Se trata de una tradición muy inglesa y muy civilizada que he enseñado a todas las familias con las que he tratado. Después de tomarte una tacita de té tendrás muchas ganas de explorar a esa criatura.

LIMITAD LAS VISITAS

Salvo en el caso de los parientes y amigos más cercanos, es mejor que convenzáis a todos de que no os visiten los primeros días. Si vuestros padres viven lejos y se han trasladado a vuestra casa, lo mejor que pueden hacer por vosotros es cocinar, limpiar y hacer recados. Hacedles ver que si necesitáis ayuda con el bebé se la pediréis, pero que os gustaría utilizar ese tiempo para conocer a vuestro pequeño por vosotros mismos.

Baña al bebé con una esponja y dale el pecho. (La información y los consejos sobre la lactancia aparecen en el capítulo 4, y encontrarás todo lo relativo al baño con esponja en las páginas 217-220.) Recuerda que tú no eres la única que está asustada. Tu bebé también ha pasado lo suyo. Imagina que eres un pequeño ser humano que sale a la brillante luz de una sala de partos. De repente, con velocidad y fuerza enormes, unos extraños cuya voz es desconocida tiran del pequeño cuerpo, lo empujan y le pegan. Al cabo de unos cuantos días en una maternidad, rodeado de otros seres diminutos, ha de viajar del hospital a la casa. Si el bebé es adoptado, probablemente el viaje haya sido más largo.

Consejo: *Las maternidades son bastante cálidas, casi como el útero, de modo que aseguraos de que la temperatura en el nuevo «útero» del bebé esté alrededor de los 22 grados.*

Ésta es la oportunidad perfecta para escudriñar tu milagro de la naturaleza. Tal vez sea la primera vez que veas a tu bebé desnudo. Toma conciencia de todas y cada una de sus partes. Explora cada dedito de las manos y de los pies. Continúa hablando con él. Estableced vínculos afectivos. Dale el pecho o el biberón. Obsérvale mientras se va quedando dormido. Empieza a acostumbrarlo a dormirse en la cunita o en el cuco. (En el capítulo 6 encontrarás muchísimos trucos para dormirlo.)

«Pero es que tiene los ojos abiertos», protestaba Gail, una peluquera cuya hija de dos días parecía tener la vista fija en la fotografía de un bebé recostado en los topes de la cuna. Le sugerí a Gail que se fuera de la habitación y descansara, pero ella dijo: «Aún no se ha dormido». He oído la misma protesta de boca de muchas madres novatas, pero puedo asegurar que el pequeño no ha de estar dormido para que lo dejes en la cuna y salgas del cuarto. «Mira», le dije, «Lily está echada junto a su novio. Ahora tú has de hacer lo mismo».

SABOREA CADA MINUTO

Tienes el plato lleno; no amontones cargas adicionales. En lugar de enfadarte contigo misma por no haber enviado las invitaciones del bautizo o las notas de agradecimiento, es mejor que te marques metas diarias más llevaderas. Establece un orden de prioridades haciendo listas de tareas que marques como «urgente», «para hacer más tarde» y «puede esperar hasta que me encuentre mejor». Si estás tranquila y eres honesta cuando califiques cada tarea, te sorprenderá la cantidad de cosas que acabarán en la última lista.

Echa una cabezadita. No deshagas las bolsas, no llames por teléfono y no mires la casa y pienses en todas las cosas que tienes que hacer. Estás exhausta. Cuando tu hijo esté dormido, aprovéchate de ello. La verdad es que junto a ti tienes uno de los grandes milagros de la naturaleza. Los bebés necesitan unos cuantos días para recuperarse de la conmoción que supone el nacimiento. No es extraño que un recién nacido de uno o dos días de vida duerma durante seis horas seguidas, y eso te da un poco de tiempo para recuperarte de tu propio trauma. No obstante, ten cuidado: aunque parezca que todo es fantástico, puede que se trate de la calma que precede a la tempestad. Es posible que el pequeño haya absorbido medicamentos de tu cuerpo o que al menos esté cansado por haber tenido que pasar por el canal del parto, aunque lo hayas traído al mundo con un parto natural. Aún no es él mismo pero, como leerás en las páginas siguientes, su temperamento real no tardará en manifestarse.

¿Quién es vuestro bebé?

«En el hospital era un angelito», protestaba Lisa al tercer día del nacimiento de Robbie. «¿Por qué llora tanto ahora?» Si me hubieran dado una libra cada vez que una madre o un padre ha pronunciado esas palabras ya sería rica. Llegado este momento, he de recordar a la madre que el bebé que creía conocer rara vez actúa del mismo modo una vez está en casa.

La verdad es que todos los pequeños, como los adultos, son diferentes a la hora de comer, dormir, responder a estímulos y tranquilizarse. Se le puede llamar temperamento, personalidad, disposición, naturaleza: comienza a manifestarse en algún momento entre el tercer y el quinto día, e indica el tipo de persona que es y será.

Mi experiencia directa me confirma este hecho, ya que mantengo el contacto con muchos de «mis» bebés. Conforme les voy viendo crecer y convertirse en niños y adolescentes, invariablemente veo huellas de su personalidad infantil en el modo en que saludan a la gente, en cómo afrontan nuevas situaciones, incluso en el modo en que se relacionan con sus padres y amigos.

Davy, una criatura escuálida de cara encendida que sorprendió a sus padres viniendo al mundo con dos semanas de antelación, necesitaba estar resguardado del ruido y la luz, y para que se sintiera seguro tenían que tenerlo en brazos más tiempo del normal. Ahora es un niño y continúa siendo un poco tímido.

Anna, una niña de cara brillante que dormía toda la noche a los once días, se lo puso tan fácil a su mamá, una madre soltera que la había concebido mediante inseminación artificial, que a la semana de que hubiera nacido su hija me dijo que ya no me necesitaba. Ahora que Anna tiene doce años, continúa dando la bienvenida al mundo con los brazos abiertos.

Después están los gemelos, dos chicos que no podrían haber salido más diferentes el uno del otro. Sean aceptó sin problemas el pecho de su madre y siempre sonreía en el momento justo, mientras que su hermano Kevin tuvo problemas para mamar durante el primer mes y a todas horas parecía estar enfadado con el mundo. Perdí el contacto con aquella familia cuando el padre, un ejecutivo de una empresa petrolífera, fue trasladado a ultramar, pero me han llegado voces de que Sean continúa teniendo una disposición más alegre que Kevin.

NATURALEZA O EDUCACIÓN

El investigador de Harvard, Jerome Kagan, que estudia el temperamento de los bebés y los niños pequeños, apunta que a él, como a la mayoría de los científicos formados en el siglo xx, le enseñaron a creer que el entorno social podía ser más fuerte que la biología. Sin embargo, la investigación que ha llevado a cabo durante las dos últimas décadas no indica lo mismo:

En *Galen's Profecy* (Galeno fue un científico de después del siglo ii que por primera vez estableció categorías de temperamento), Kagan escribió: «Admito que de vez en cuando me provoca tristeza observar que algunos niños sanos y atractivos que nacen en familias afectuosas y gozan de seguridad económica comienzan su vida con un carácter que hará que les sea difícil estar tan relajados y ser tan espontáneos y capaces de reír de corazón como desearían. Algunos de estos niños tendrán que luchar contra su impulso natural de ser ariscos y preocuparse por las tareas del día siguiente».

Además de mis observaciones clínicas, muchos psicólogos han documentado la consistencia del temperamento y han propuesto modos de describir varios tipos. Jerome Kagan, de Harvard, y otros psicólogos investigadores han demostrado que lo cierto es que hay niños más sensibles, más difíciles, más gruñones, más dulces o más predecibles que otros. Estos aspectos del temperamento afectan al modo en que el bebé percibe y manipula su entorno y, lo que tal vez sea más importante que entiendan los padres novatos, a lo que lo hace sentirse bien. El truco consiste en ver al bebé claramente y en conocerlo y aceptarlo tal como es.

Os aseguro que el temperamento es una *influencia* , no una sentencia de por vida. Nadie dice que un hijo travieso vaya a continuar escupiendo la leche a sus padres cuando crezca, o que una niña aparentemente frágil vaya a ser la fea del baile

45

toda la vida. No nos atrevemos a anular a la naturaleza (la química cerebral y la anatomía se ocupan de ello), pero la educación representa un papel preeminente en el desarrollo. Además, para que apoyéis y eduquéis completamente a vuestro bebé es necesario que comprendáis el equipaje que ha traído consigo al mundo.

A lo largo de los años, he ido descubriendo que, en general, los niños encajan en uno de los cinco grandes patrones de temperamento, que yo denomino *angelito, de libro, susceptible, movido* y *gruñón,* que describo un poco más abajo. Para ayudaros a situar a vuestro bebé, he realizado un cuestionario de veinte preguntas aplicable a bebés sanos de entre cinco días y ocho meses. Tened en cuenta que durante las primeras dos semanas pueden darse cambios aparentes en el temperamento que serán temporales. Por ejemplo, la circuncisión (que se suele hacer cuando el pequeño tiene ocho días) o cualquier trastorno de nacimiento como la ictericia, que hace que los bebés duerman mucho, puede oscurecer la auténtica naturaleza de vuestro hijo.

Yo sugiero que los dos miembros de la pareja contesten el cuestionario... por separado. Si eres padre o madre soltera, solicita la ayuda de tu madre o tu padre, un hermano, otro pariente, un buen amigo o una cuidadora de bebés; en resumen, alguien que haya pasado algún tiempo con tu bebé.

¿Por qué es necesario que sean dos personas las que rellenen el cuestionario? En primer lugar, sobre todo si se trata del padre y de la madre, os garantizo que ambos tienen un punto de vista diferente. Después de todo, no hay dos personas que vean las cosas exactamente igual.

En segundo lugar, tendemos a proyectarnos en nuestros bebés y, en ocasiones, nos identificamos bastante con su temperamento y vemos sólo lo que queremos ver. Sin que os deis cuenta, podéis estar demasiado centrados en determinados rasgos de vuestro hijo o no percataros de otros. Por ejemplo, si uno de vosotros de niño era tímido y le tomaban el pelo, puede que sea mucho más sensible al hecho de que su hijo llore en presencia de extraños. Resulta un poco doloroso imaginar que tu hijo tendrá que soportar la misma ansiedad social y las mofas por las que tú pasaste, ¿no es cierto? Sí, queridos, cuando se trata de nuestros hijos nos proyectamos hasta ese punto, y nos identificamos con ellos. La primera vez que un pequeñín le da a un balón con la cabeza, es probable que su padre diga: «Mira mi futbolista». Y si el chico se calma fácilmente con la música, la madre, que toca el piano desde que tenía cinco años, dirá: «Se nota que tiene mi oído para la música».

Os pido por favor que no discutáis si vuestras respuestas divergen. Esto no es una competición para ver quién es más listo y quién conoce mejor al bebé, sino una manera de que entendáis a ese pequeño ser humano que ha entrado en vuestras vidas. Una vez hayáis puntuado vuestras respuestas a partir de las instrucciones que aparecen más abajo, veréis cuál es la descripción que mejor concuerda con vuestro bebé. Naturalmente, siempre hay bebés que tienen un poquito de aquí y otro poquito de allá. La idea no es encasillar a vuestro hijo (eso sería muy impersonal) sino poneros al tanto de algunas de las cosas que yo busco en un bebé, por ejemplo reacciones, disposición, patrones de llanto y de sueño, etcétera, aspectos todos ellos que me ayudan a determinar qué necesita cada bebé.

CUESTIONARIO PARA CONOCER A VUESTRO BEBÉ

En cada una de las siguientes preguntas, escoged la respuesta que os parezca más apropiada, es decir, la afirmación que describa el comportamiento de vuestro hijo la mayoría del tiempo.

1. Mi bebé
   A. rara vez llora
   B. llora sólo cuando tiene hambre, está cansado o sobreestimulado
   C. llora sin motivo aparente
   D. llora muy fuerte y, si no lo atiendo, el llanto se vuelve enseguida de rabia
   E. llora mucho

2. Cuando es hora de dormir, mi bebé
   A. se tumba tranquilamente en la cuna y se queda dormido
   B. normalmente se duerme con facilidad en cuestión de unos veinte minutos
   C. se alborota un poco y parece dormirse, pero continúa despierto
   D. está muy intranquilo y a menudo necesita que lo envuelva o lo coja
   E. llora mucho y parece ofenderse cuando lo pongo en la cuna

3. Cuando se despierta por la mañana, mi bebé
   A. rara vez llora: juega en la cunita hasta que voy a buscarlo
   B. hace gorgoritos y mira alrededor
   C. necesita que le prestemos atención inmediata; de lo contrario se pone a llorar
   D. grita
   E. gimotea

4. Mi bebé sonríe
   A. a todas las cosas y a todo el mundo
   B. cuando se le incita a ello
   C. cuando se le incita a ello, pero a veces empieza a llorar a los pocos minutos de estar riendo
   D. mucho, y también suele hacer muchos sonidos de bebé, y muy fuertes
   E. sólo cuando se dan las circunstancias apropiadas

5. Cuando salgo con mi bebé
   A. se porta muy bien
   B. está bien, siempre y cuando el lugar al que lo lleve no sea demasiado bullicioso o desconocido
   C. arma un escándalo tremendo
   D. sólo quiere que le preste atención
   E. no le gusta que lo muevan demasiado

6. Cuando un amable desconocido lo arrulla, mi bebé
   A. sonríe inmediatamente
   B. se toma un instante y después suele sonreír bastante deprisa
   C. suele llorar al principio, a menos que el extraño lo convenza de lo contrario
   D. se excita mucho
   E. casi nunca sonríe

7. Cuando se oye un ruido fuerte, como el ladrido de un perro o una puerta que se cierra de golpe, mi bebé
   A. nunca se pone nervioso
   B. lo nota, pero no se preocupa
   C. se estremece visiblemente y a menudo se pone a llorar
   D. llora muy fuerte
   E. se pone a llorar

8. La primera vez que le di un baño
   A. estaba como pez en el agua
   B. le sorprendió un poco la sensación, pero le gustó casi al instante
   C. estaba muy sensible: se agitaba un poco y parecía tener miedo
   D. estaba furioso: daba golpes por todas partes y salpicaba
   E. no le gustó nada y lloró todo el rato

9. El lenguaje corporal de mi bebé es típicamente
   A. relajado y alerta casi siempre
   B. relajado la mayoría del tiempo

C. tenso y muy reactivo ante los estímulos externos

D. brusco: suele dar golpes con los brazos y piernas dondequiera que esté

E. rígido: suelen tener tiesos los brazos y las piernas

10. Mi bebé produce sonidos fuertes y agresivos

A. de vez en cuando

B. sólo cuando juega y está muy excitado

C. casi nunca

D. a menudo

E. cuando está enfadado

11. Cuando le cambio el pañal, lo baño o lo visto

A. siempre se lo toma con calma

B. se lo toma bien si lo hago despacio y le doy tiempo para darse cuenta de lo que estoy haciendo

C. a menudo se pone de mal humor, como si no soportara estar desnudo

D. se mueve mucho e intenta coger todo lo que hay en el cambiador

E. lo odia: vestirlo es siempre una batalla

12. Si de repente entro con mi bebé en un lugar donde hay una luz muy brillante, como la del sol o la de un fluorescente

A. se lo toma con calma

B. a veces puede asustarse

C. pestañea en exceso o intenta girar la cabeza para no ver la luz

D. se excita mucho

E. actúa como si estuviera preocupado

13a. *Si le das el biberón:* Cuando le doy de comer

A. siempre chupa lo apropiado, presta atención y suele acabar en veinte minutos

B. es un poco imprevisible durante los estirones de crecimiento pero, por lo general, come bien

C. es muy lento y tarda mucho en acabarse el biberón

D. coge el biberón con agresividad y tiene tendencia a comer más de la cuenta

E. suele ponerse de mal humor, y las comidas duran mucho tiempo

13b. *Si le das el pecho:* Cuando le doy de comer

A. se coge al pecho enseguida: fue muy fácil desde el primer día

B. le llevó un día o dos cogerse al pecho de forma adecuada, pero ahora lo hace bien

C. siempre quiere chupar pero suelta el pecho constantemente, como si se le olvidara cómo alimentarse

D. come bien siempre y cuando lo coja como a él le gusta

E. se le ve molesto e inquieto, como si yo no tuviera toda la leche que quiere

14. La frase que mejor describe la comunicación entre mi bebé y yo es

A. siempre me hace saber exactamente lo que necesita

B. la mayoría de las veces es fácil interpretar sus señales

C. me confunde; a veces, incluso se echa a llorar al verme

D. impone sus gustos y aversiones muy claramente y, a menudo, con fuerza

E. suele atraer mi atención con un llanto fuerte y enfadado

15. Cuando vamos a una reunión familiar, y mucha gente quiere cogerlo, mi bebé

A. es muy adaptable

B. en cierto modo es selectivo en lo referente a quién le puede coger

C. llora con facilidad si lo cogen demasiadas personas

D. puede llorar o incluso intentar dar sacudidas para irse de los brazos de alguien si no está cómodo

E. no acepta que nadie, salvo mamá o papá, le coja en brazos

16. Cuando regresamos a casa después de haber salido, mi bebé

A. se acomoda fácil e inmediatamente

B. tarda unos minutos en aclimatarse

C. tiende a ponerse muy nervioso

D. a menudo se excita y cuesta tranquilizarlo

E. se enfada y se comporta desconsoladamente

17. Mi bebé

A. se puede entretener él solito durante largos períodos de tiempo mirando cualquier cosa, incluso los barrotes de la cuna

B. puede jugar por su cuenta durante unos quince minutos

C. le cuesta entretenerse en un entorno poco familiar

D. necesita mucha estimulación para entretenerse

E. no se entretiene fácilmente con nada

18. Lo más destacable de mi bebé es

A. lo bien que se porta y lo fácil de llevar que es

B. que se va desarrollando con precisión según los estándares, como decían los libros

C. que es susceptible a todo

D. que es agresivo

E. que tiene mal humor

19. Mi bebé parece

A. sentirse prácticamente seguro en su propia cama (cuna)

B. preferir su cama

C. sentirse inseguro en su cama

D. actuar trágicamente, como si su cama fuera una cárcel

E. ofenderse cuando lo ponemos en su cama

20. La frase que mejor describe a mi bebé es que

A. uno apenas se da cuenta de que en la casa hay un bebé: es muy tranquilo

B. es fácil de manejar y predecible

C. es una cosita muy delicada

D. temo el momento en que empiece a gatear, porque va a meterse por todas partes

E. es un alma vieja: actúa como si ya hubiera estado aquí

Para puntuar el cuestionario que acabas de hacer, escribe A, B, C, D o E en un trozo de papel, cuenta las veces que has utilizado cada letra y apúntalo; cada una de ellas corresponde a un tipo de bebé.

A = bebé angelito
B = bebé de libro
C = bebé susceptible
D = bebé movido
E = bebé gruñón

IDENTIFICAR EL TIPO AL QUE PERTENECE VUESTRO BEBÉ

Cuando hagáis el recuento de letras, es posible que hayáis escogido más una o dos. Cuando leáis las descripciones que aparecen a continuación, recordad que estamos hablando de un modo de estar en el mundo, no de un comportamiento ocasional o asociado con una dificultad, como un cólico o un acontecimiento de desarrollo muy determinado, por ejemplo la salida de los dientes. Probablemente, reconozcáis a vuestro bebé en los pequeños esbozos que aparecen a continuación, o puede que tenga un poco de aquí y otro poco de allá. Leed las cinco descripciones. He ejemplificado cada perfil con un bebé conocido que encaja con él casi exactamente.

El bebé angelito. Como es de esperar, éste es el tipo de bebé que toda mujer embarazada por primera vez imagina que tendrá: un encanto. Pauline responde a estas características: es apacible, se pasa el día sonriendo y es poco exigente. Resulta fácil interpretar sus señales. No le preocupa encontrarse en un entorno desconocido y es extremadamente fácil de tratar: de hecho, se la puede llevar a cualquier lugar. Come, juega y duerme sin problemas y no suele llorar cuando se despierta. La mayoría de las mañanas la encuentras balbuciendo en su

53

cuna, hablando con un peluche o entretenida mirando una raya de la pared. A menudo, un bebé angelito también puede tranquilizarse solo, pero si se agota, tal vez porque sus señales han sido malinterpretadas, todo lo que hay que hacer es acunarlo y decirle: «Ya veo que estás agotado». Entonces se le canta una nana, se prepara el cuarto para que resulte agradable, tenga poca luz y esté tranquilo y él mismo se pondrá a dormir.

El bebé de libro. Se trata de un bebé predecible y, como tal, resulta bastante fácil de manejar. Oliver lo hace todo en el momento preciso, de modo que con él hay pocas sorpresas. Llega a todas las etapas importantes según los estándares marcados: a los tres meses, duerme durante toda la noche, a los cinco, se pone boca arriba y a los seis se sienta. Pasará por períodos de crecimiento como un reloj: períodos durante los que tendrá más apetito porque estará aumentando de peso o experimentando un salto evolutivo. Con tan sólo una semana de vida, es capaz de jugar a solas durante períodos de tiempo cortos, de unos quince minutos, hace muchos gorgoritos y mira alrededor. Y sonríe cuando alguien le sonríe. Aunque Oliver tiene períodos normales de mal humor, como dicen los libros, es fácil tranquilizarle. Tampoco cuesta conseguir que se duerma.

El bebé susceptible. Para un bebé supersensible como Michael, el mundo es una ristra interminable de desafíos sensoriales. Se estremece al oír por la ventana el ruido de una moto que acelera, el estruendo del televisor, el ladrido del perro de la casa de al lado. Guiña los ojos o gira la cabeza para que no le dé una luz brillante. A veces, llora sin motivo aparente, incluso con su madre. En estos momentos, en su lenguaje de bebé, está gritando: «¡Ya basta: necesito un poco de paz y tranquilidad!». A menudo, se pone nervioso cuando lo han cogido varias personas o después de haber salido. Puede jugar solo unos minutos, pero necesita la seguridad de saber que cerca hay alguien a quien conoce bien (mamá, papá, una abuelita). Puesto que este tipo de bebé suele chupar mucho, la madre puede malinterpretar sus señales y creer que tiene hambre cuando le bastaría con un chupete. También mama de forma irregular y, a veces, actúa como si no recordara cómo hacerlo. A la hora de la siesta y a media noche, Michael suele tener dificultades para quedarse dormido. Lo más fácil es que los bebés susceptibles como él no sigan los calendarios previstos porque sus sistemas son muy frágiles. Hacer una siesta demasiado larga, saltarse una comida, una visita inesperada, un viaje, un cambio de leche en polvo: cualquiera de estos factores puede hacer que Michael entre en un bucle. Para calmar al bebé susceptible, tienes que recrear el útero. Envuélvelo con dulzura, acurrúcalo sobre tu hombro, susúrrale al oído un rítmico *xiii...xiii...xiii* (como el ruido que debe de hacer el líquido en el útero) y dale suaves palmaditas en la espalda, como si se tratara del latido de un corazón. (Por cierto, esto calma a la mayoría de los bebés, pero funciona especialmente bien con los susceptibles.) Si tienes un bebé susceptible, cuanto antes aprendas a interpretar sus señales y su llanto, más sencillo será todo. Este tipo de bebés adoran el orden y la previsibilidad; nada de sorpresas, gracias.

El bebé movido. Se trata de un bebé que parece haber salido del útero sabiendo lo que le gusta y lo que no, y no dudará un momento antes de hacéroslo saber. Los bebés como Karen son muy gritones y, a veces, incluso parecen agresivos. A menudo, grita a mamá o a papá cuando se despierta por la mañana. Odia estar tumbada sobre la barriga o el pompis y dice: «Cambiadme» vocalizando escandalosamente su incomodidad. Además, balbucea mucho y en voz muy alta. Su lenguaje corporal tiende a ser un poco brusco. Karen suele necesitar que la cojan en brazos para dormirse porque sus revoltosos brazos y piernas la excitan y la mantienen despierta. Si se pone a llorar y no se interrumpe el ciclo, es como un punto sin retorno, y su llanto lleva sólo a más llanto hasta que llega a un extremo de rabia febril. Es probable que un bebé movido agarre el biberón ya a edad temprana. También se percatará de los demás bebés antes de que éstos lo perciban y, en cuanto sea lo bastante mayor para agarrar las cosas con firmeza, cogerá también sus juguetes.

El bebé gruñón. Tengo la teoría de que los bebés como Gavin han estado antes aquí (como solemos decir de ellos, son almas viejas) y no todos están contentos de regresar. Puede que me equivoque, claro está, pero sea cual sea el motivo, os aseguro que este tipo de bebé está francamente furioso contra el mundo y nos lo hace saber. Gavin lloriquea cada mañana, no ríe demasiado durante el día y protesta cada noche cuando lo van a acostar. Las canguros no le duran mucho tiempo, porque tienden a tomarse el mal humor del hombrecito como algo personal. Al comienzo, odiaba que lo bañaran y siempre que alguien intentaba cambiarlo o vestirlo se ponía nervioso e irritable. Su madre había intentado darle el pecho, pero la leche le bajaba lentamente hasta el pezón y salía despacio, y Gavin era muy impaciente. Aunque cambió y empezó a darle biberones, alimentarlo continúa siendo difícil debido a su carácter malhumorado. Para tranquilizar a un bebé gruñón, suele ser necesario que el padre o la madre sean pacientes, porque estos bebés se enfadan mucho, y su llanto es especialmente fuerte y largo, de modo que el *xiii...xiii...xiii* tiene que superar a los gritos. Odian que los envuelvan y os lo harán notar claramente. Cuando un bebé gruñón alcanza un estado de sofoco extremo, en lugar de intentar hacerle callar con un *xiii...xiii...xiii* es mejor decirle: «Vale, vale, vale», de forma rítmica, mientras se le va balanceando adelante y atrás.

Consejo: *Cuanto mezas a un niño, independientemente del tipo de bebé que sea, balancéalo adelante y atrás, no de un lado a otro o de arriba abajo. Antes de nacer, el bebé chapoteaba adelante y atrás dentro de la barriga cuando caminabas, de modo que está acostumbrado a este tipo de movimiento y se siente cómodo con él.*

Fantasía frente a realidad

Estoy segura de que habéis reconocido a vuestro bebé en las descripciones que aparecen arriba, o puede que sea una mezcla de dos tipos. En cualquier caso, esta información ha de guiaros e iluminaros, nunca alarmaros. Además, es menos importante colgarle una etiqueta que saber qué se puede esperar y cómo afrontar el temperamento específico de vuestro bebé.

Pero esperad un momento... ¿decís que no es el bebé con el que habíais soñado? ¿Resulta más difícil de calmar? ¿Se retuerce más? ¿Parece más irritable? ¿No le gusta que lo cojan? Estáis confusos, incluso algo enfadados. Puede que hasta tengáis remordimientos. No estáis solos. Durante los nueve meses de embarazo, prácticamente todos los padres llegan a formarse una idea del bebé que esperan: qué aspecto tendrá, en qué tipo de niño se convertirá cuando crezca, qué tipo de persona acabará siendo. Esto sucede sobre todo en el caso de madres y padres mayores que han tenido problemas para concebir o que han esperado hasta los treinta o los cuarenta años para tener descendencia. Sarah, de treinta y seis años, que tuvo un bebé de libro, me aseguró cuando Lizzie tenía cinco semanas que: «Al principio, sólo me divertía un veinticinco por ciento del tiempo que pasaba con ella. Creía realmente que no la quería tanto como debía.» Nancy, una abogada cercana a la cincuentena, madre de Julian, en aquella época un bebé angelito, se quedó, sin embargo, «pasmada al ver lo difícil que era todo y lo pronto que pensé "no puedo hacer esto"». Recuerda haber mirado a su hijo de cuatro días rogándole: «Por favor, cariño, ¡no nos mates!».

El período de adaptación puede durar unos días o semanas, o quizás incluso más, en función de cómo fuera la vida antes de que llegara el bebé. Independientemente de lo que dure, todos los padres (espero) acaban llegando a un punto en el que aceptan al bebé que tienen, y la vida que esto implica. (Puede que los padres muy pulcros tengan problemas a la hora de arreglar el desastre, y quizá los muy organizados no sepan qué hacer en este caos; en el siguiente capítulo, me referiré más a ese tema.)

Consejo: *Mamá, resulta de ayuda hablar con cualquier persona que te recuerde que los altibajos son normales: buenos amigos que hayan pasado por lo mismo, hermanas y tu propia madre si tienes una buena relación con ella. Papá, en tu caso, hablar con los amigos puede no ser de tanta ayuda. Los hombres que están en mis grupos de «Papá y yo» me dicen que los padres primerizos tienden a competir entre sí, especialmente en lo referente a la falta de sueño y de relaciones sexuales.*

¿AMOR A PRIMERA VISTA?

Las miradas se encuentran desde cada lado de la habitación y os enamoráis al instante, o al menos eso es lo que ocurre en las películas de Hollywood. Sin embargo, a muchas parejas reales no les sucede esto. Lo mismo ocurre con las madres y los bebés. Algunas madres se enamoran al instante, pero a otras les lleva un tiempo. Estás exhausta, impresionada y tienes miedo, y quizá lo más difícil de todo es que quieres que sea perfecto. Pues bien, rara vez lo es, de modo que no te desanimes. Amar a un bebé lleva tiempo; como ocurre en el caso de los adultos, el amor verdadero llega cuando uno conoce bien a la otra persona.

Resulta interesante ver que prácticamente no tiene importancia el tipo de bebé que tengáis. Las expectativas de los padres son tan altas que ningún bebé, ni siquiera un angelito, estaría a la altura de las circunstancias. Por ejemplo, tanto Kim como Jonathan trabajaban y tenían cargos de mucha responsabilidad. Cuando la pequeña Claire vino al mundo, yo no habría podido imaginar un bebé mejor: comía bien, jugaba sola, dormía profundamente, y sus llantos eran fácilmente reconocibles. Yo imaginaba que me quedaría sin trabajo bastante deprisa pero, lo creáis o no, Jonathan estaba preocupado. «¿No es demasiado pasiva?», me preguntaba. «¿Tiene que dormir tanto? Si es tan tranquila, ¡la verdad es que no se va a parecer en absoluto a mi familia!» Sospecho que Jonathan también estaba algo desilusionado por no poder competir contra sus amigotes de la Maratón de Privación de Sueño Americana. No obstante, le aseguré que debía tener en cuenta la bendición que le había caído del cielo: bebés angelito como Claire son muy agradables. ¿Quién no querría uno?

Claro está que lo más frecuente es que el sobresalto se produzca cuando los padres imaginaban que tendrían un bebé tranquilo y apacible y éste resulta ser bastante diferente. Durante los primeros días, mientras el recién nacido aún no hace más que dormir, creen que su sueño se ha hecho realidad. Entonces, de repente todo cambia y tienen entre manos a un bebé vigoroso e impulsivo. Lo primero que dicen es: «¿Qué hemos hecho?». Después viene: «¿Qué podemos hacer?». El primer paso es confesar la desilusión, y después las expectativas de acuerdo con ello.

> Consejo: *Pensad en vuestro bebé como en el portador del más bello desafío de la vida. Después de todo, todos y cada uno de nosotros tenemos multitud de lecciones que aprender en la vida y nunca sabemos quién o qué va a enseñárnoslas. En este caso, va a ser nuestro bebé.*

A veces, los padres no son conscientes de todo esto y se vienen abajo. O, si lo son, puede que sientan demasiada vergüenza para verbalizar su decepción. No quieren admitir que su bebé no es tan adorable o no se porta tan bien como ellos habían soñado, o que no sienten el amor a primera vista que imaginaban que sentirían. He visto a innumerables parejas pasar por esto, y puede que oír algunas de sus historias os haga sentir mejor.

Mary y Tim. Ésta es la historia de una mujer agradable y apacible que se mueve con gracia y tiene una disposición maravillosa. Su esposo también es muy tranquilo y ecuánime, además de una persona sensata. Cuando nació su hija Mable, fue un bebé angelito durante los tres primeros días. La primera noche durmió durante seis horas y la segunda casi lo mismo. Sin embargo, cuando regresaron a casa la auténtica personalidad de Mable comenzó a salir a la luz. Dormía de forma más esporádica, costaba tranquilizarla y, a veces, le costaba muchísimo dormirse. Pero eso no era todo. Al menor ruido, daba un respingo y se ponía a llorar. Cuando las visitas querían cogerla en brazos, se revolvía y no paraba de quejarse. De hecho, a veces lloraba sin motivo aparente.

Mary y Tim no podían creer que hubieran engendrado un bebé tan inquieto. Continuaron hablando acerca de los bebés de sus amigos, que dormían la siesta sin dificultad, se entretenían solos durante períodos largos de tiempo y se les podía sacar a pasear en coche. Estaba claro que aquél no era el caso de Mable. Mi labor consistía en ayudarles a ver a Mable como la personita que era realmente: un bebé susceptible. A Mabel, le gustaba la previsibilidad porque su sistema nervioso central no estaba completamente desarrollado, de modo que necesitaba que sus padres se tomaran su tiempo y mantuvieran una calma extrema a su alrededor. Con el fin de que ella se adaptara a su entorno, Mary y Tim tenían que ser amables y pacientes. Su pequeña era una personita delicada que tenía un carácter propio y único. Su sensibilidad no era un problema, sino más bien su forma de enseñarles cómo era. Además, considerando el temperamento de su madre y su padre, sospechaba que la manzana no había caído tan lejos del árbol. Como Mary, la pequeña Mable necesitaba ir a un ritmo más lento; como Tim, exigía serenidad.

Estos puntos de vista y algo de ánimos ayudaron a Mary y a Tim a adaptarse al bebé con el que vivían en lugar de continuar deseando que Mable actuara de forma más similar a como lo hacían los hijos de sus amigos. Hicieron que alrededor de la pequeña el tiempo fuera más lento, restringieron la cantidad de personas que podían cogerla en brazos y empezaron a observarla más de cerca.

Entre otras cosas, Mary y Tim descubrieron que Mable les enviaba unas señales muy claras. Cuando comenzaba a agobiarse, giraba la cara y dejaba de mirar a quien la mirara a ella o a cualquier cosa móvil. A su manera de bebé, Mabel estaba diciendo a sus padres: «¡Ya basta de estímulos!». Su madre se dio cuenta de que, si actuaba con rapidez cuando percibía aquellas señales, era más fácil hacer que Mable hiciera la siesta; en cambio, si se le escapaba la pista, Mable comenzaba a quejarse e indefectiblemente, le llevaba mucho tiempo tranquilizarla. Un día que fui a visitarles, Mary, orgullosa de compartir conmigo las novedades acerca de Mable, involuntariamente dejó de percatarse de las señales que le hacía llegar su hija, y ésta se puso a llorar. Afortunadamente, su madre le dijo respetuosamente: «Lo siento, cariño. No te estaba prestando atención».

Jane y Arthur. Esta adorable pareja, una de mis favoritas, había esperado siete años para tener un hijo. James también parecía un bebé angelito en el hospital. Sin embargo, una vez en casa lloraba cuando lo cambiaban, cuando lo bañaban, lloraba, lloraba y no dejaba de llorar, al parecer, con cualquier pretexto. Jane y Arthur son una pareja muy divertida y con un gran sentido del humor, pero no podían formar ni siquiera una sonrisa torcida cuando miraban a James. Les parecía un miserable. «Se pasa el día llorando y cuando le doy el pecho está impaciente. La verdad es que estamos deseando que llegue la hora de su siesta», me confesó Jane.

Pronunciar aquellas palabras les preocupaba. Es duro reconocer que tu bebé parece tener un nubarrón sobre la cabeza. Como muchos padres, Jane y Arthur creían que tenía algo que ver con ello. Lo que les sugerí fue que retrocedieran en el tiempo y miraran a James como a un individuo. «Yo veo a un pequeñín que intenta decir: "Eh, mamá, date prisa en cambiarme el pañal" y "¡Oh, no! No me des de comer otra vez" y "¿Pero cómo? ¿Otra vez a la bañera?"». Cuando proporcioné una voz a su bebé gruñón, el sentido del humor de Jane y Arthur entró en juego. Les hablé de mi teoría de las «almas viejas» en lo referente a los bebés gruñones. Se rieron como si supieran de qué les estaba hablando. «¿Sabes una cosa?», me dijo Arthur, «mi padre es así y lo queremos mucho por ello. Pensamos en él como en un personaje». De repente, el pequeño James dejó de parecerles un monstruos, que había entrado en sus vidas para dar al traste con ellas deliberadamente. En su lugar, era James, una persona con un temperamento y unas necesidades, como todo el mundo, un ser humano que merecía ser respetado.

A partir de entonces, cuando llegaba la hora del baño, en lugar de temerlo, Jane y Arthur lo hacían todo más despacio, daban más tiempo a James para que se acostumbrara al agua y le iban hablando todo el rato: «Ya sé que no te parece divertido, pero no tardará en llegar el día que llores cuando te saquemos del agua». También dejaron de envolverlo en la toalla. Aprendieron a anticiparse a sus necesidades y se dieron cuenta de que, si eran capaces de evitar un arrebato, todos lo agradecerían. A los seis meses, James tiene tendencia a estar de mal humor, pero al menos sus padres lo aceptan como parte de su naturaleza y saben atajar sus comportamientos más extremos. El pequeño James tiene suerte de que lo entiendan a una edad tan temprana.

Historias como éstas ilustran dos de los aspectos más importantes del acto de susurrar a los bebés: el respeto y el sentido común. Del mismo modo que no se pueden dar prescripciones generales a todo el mundo, tampoco se puede hacer con los bebés. No podéis llegar a la conclusión de que, porque al hijo de una hermana le gustara que lo cogieran de una manera determinada cuando ella daba el pecho o que lo envolvieran con la sábana cuando lo dejaban en la cunita, a nuestro bebé tenga que gustarle lo mismo. No podéis suponer que porque la hija de una amiga sea risueña y acepte con facilidad a los extraños, vuestra hija tenga que hacer lo mismo. Olvidaros de las ilusiones que os habíais hecho. Tenéis que afrontar la realidad de quién es vuestro hijo y saber qué es lo mejor para él. Os prometo que, si lo observáis y escucháis con atención, vuestro bebé os dirá exactamente lo que necesita y cómo podéis ayudarlo a superar las situaciones difíciles.

Finalmente, este tipo de empatía y entendimiento hará un poco más fácil la vida de vuestro hijo porque le estaréis ayudando a potenciar sus puntos fuertes y a compensar los flacos. Y aquí llega la buena noticia: independientemente del tipo de bebé que tengáis, todos los niños están mejor cuando llevan una vida tranquila y predecible. En el próximo capítulo, os ayudaré a establecer un plan que hará que vuestra familia prospere.

2

CON «EASY» ES MÁS FÁCIL

Come cuando tengas hambre. Bebe cuando tengas sed. Duerme cuando tengas sueño.

MÁXIMA BUDISTA

Tenía la impresión de que ella sería más feliz si tenía un comienzo estructurado. Además, vi que funcionaba con el bebé de una amiga mía.

MADRE DE UN BEBÉ DE LIBRO

RELAJAOS Y TRIUNFARÉIS: UN PROGRAMA ESTRUCTURADO
Todos los días recibo llamadas telefónicas de padres angustiados, confundidos, superados y, sobre todo, faltos de sueño. Me bombardean con preguntas y me ruegan que les dé soluciones porque la calidad de vida de su familia se está viendo resentida. Independientemente de cuál sea el problema específico, siempre les sugiero la misma solución: un programa estructurado.

Por ejemplo, cuando me llamó Terry, una ejecutiva del mundo de la publicidad de treinta y tres años, estaba realmente convencida de que Garth, su hijo de cinco meses, comía mal. Me dijo: «No mama bien. Tarda casi una hora porque suelta el pecho y después le cuesta volver a cogerlo».

Lo primero que le pregunté fue: «¿Sigues una secuencia regular?».

Su duda me proporcionó la respuesta: un fuerte y claro no. Prometí a Terry que me dejaría caer por su casa aquella tarde para oír y observar. Pero estaba casi segura de que, a pesar de que disponía de poquísima información, ya sabía lo que ocurría.

«¿Un horario?», repitió Terry cuando al fin le propuse mi solución. «No, no, un horario no», protestó. «He trabajado toda mi vida y, en cada trabajo, he tenido que seguir un programa muy ajustado. ¿Me voy del trabajo para estar con mi hijo y ahora me dices que tengo que ponerle un horario?»

Lo que yo le sugería no era que pusiera fechas límite ni que estableciera fronteras disciplinarias estrictas, sino unos cimientos flexibles pero sólidos que hicieran que Garth cambiara a medida que fueran haciéndolo las necesidades. «No me refiero a un horario como te lo imaginas, sino a un programa estructurado, una planificación que implique organización y regularidad. No te estoy diciendo que vivas pegada al reloj, en absoluto. Pero sí que es necesario que aportes seguridad y orden a la vida de tu hijo.»

Notaba que Terry continuaba siendo algo escéptica, pero empezó a cambiar de idea cuando la tranquilicé diciéndole que mi método no sólo solventaría el problema de Garth, sino que también le enseñaría a comprender el lenguaje de su hijo. Le expliqué, que si le daba de comer prácticamente cada hora, significaba que estaba malinterpretando las señales que le enviaba el pequeño. Ningún niño normal necesita comer cada hora. Sospechaba que probablemente Garth era más eficiente comiendo de lo que imaginaba su madre. Cuando soltaba el pecho, quería decir «He acabado», pero ella seguía intentando hacer que chupara. ¿Acaso ella no protestaría en semejantes circunstancias?

También me di cuenta de que Terry estaba muy ocupada. Eran las cuatro de la tarde y todavía iba con uno de sus pijamas de flores. Estaba claro que no tenía tiempo para ella, ni siquiera un cuarto de hora para ducharse. (Ya sé que, si acabas de tener un bebé, es probable que vayas por casa en pijama a las cuatro de la tarde, pero espero que no sea así cuando tu hijo tenga ya cinco semanas.)

Detengámonos justo en este punto. (Más tarde os explicaré qué le pasó a Terry.) Puede que el hecho de ayudar a Terry a establecer un plan parezca una solución demasiado simple. Pero, lo creáis o no, independientemente de la cuestión que me presenten (problemas de alimentación, patrones de sueño irregulares o cólico mal diagnosticado), a menudo un plan estructurado es todo cuanto se necesita para solucionar el problema. Y si, por cualquier circunstancia, continuáis pasando una temporada difícil, al menos habréis dado un paso adelante en la dirección correcta.

Terry estaba ignorando, sin darse cuenta, las señales que le enviaba Garth. También estaba dejando que fuera él quien marcara el ritmo en lugar de establecer un plan que el pequeño pudiera seguir. Sí, ya sé que hoy en día la tónica es hacer lo que manda el bebé, tal vez para reaccionar contra los programas estrictos con los que un día crecieron los bebés occidentales. Desgraciadamente, esta filosofía da a los padres la impresión errónea de que cualquier tipo de estructura o programa inhibirá la expresión o el desarrollo naturales de su bebé. Sin embargo, yo digo a las madres y a los padres: «Por Dios, no es más que un bebé. No sabe qué es bueno para él y qué no». (Recordad, queridos lectores, que hay una gran diferencia entre respetar a vuestro bebé y permitir que tome el mando de la situación.)

Además, puesto que abogo por un enfoque familiar, siempre digo a los padres: «Vuestro bebé es parte de vuestra vida, no al revés. Si permitís que el pequeño marque el ritmo y coma y duerma cuando le apetezca, en seis semanas vuestra casa será un caos». Por lo tanto, yo siempre sugiero comenzar desde el principio a crear un ambiente seguro y lógico y a marcar un ritmo que el bebé pueda seguir. Lo llamo EASY porque, de hecho, es muy sencillo.

Hacer las cosas más fáciles para todo el mundo
EASY,* que en inglés significa fácil, es el programa estructurado que establezco con todos mis bebés, idealmente desde el primer día. Pensad en él como en un período recurrente, de más o menos tres horas, en el que cada uno de los siguientes segmentos ocurre en este orden:

1. *Comer*. Tanto si tu bebé toma el pecho, como si toma el biberón o ambos, la alimentación es su primera necesidad. Los bebés son pequeñas máquinas de comer. En relación con su peso corporal, comen dos o tres veces las calorías que come una persona obesa. (En el capítulo 4, me extenderé más en los aspectos relativos a la comida.)

2. *Actividad*. Hasta los tres meses, es probable que vuestro bebé coma y duerma durante el setenta por ciento del tiempo. Cuando no lo haga, estará en el cambiador, en la bañera, lo estaréis arrullando en su cunita o sobre una manta, estará en el cochecito para salir a dar un paseo o mirando por la ventana en su sillita. No parece demasiada actividad desde nuestro punto de vista, pero es lo que hacen los bebés. (Más información sobre actividades en el capítulo 5.)

3. *Dormir*. Tanto si duermen de un tirón como si lo hacen a rachas, todos los bebés necesitan aprender a dormirse y, para

* En inglés, fácil, es a su vez un acrónimo: E=*eat* (comer), A=*activity* (actividad), S=*sleep* (dormir), Y=*you* (tú).

fomentar su independencia, deben hacerlo en sus propias camas. (Véase capítulo 6.)

4. *Tú*. Una vez dicho y hecho todo esto, es decir, cuando el bebé está dormido, es vuestro turno. ¿Os parece imposible o poco razonable? No lo es. Si seguís mi programa EASY tendréis periódicamente un tiempo para vosotros, para descansar, rejuveneceros y, cuando hayáis empezado a recuperaros, para hacer cosas. Recordad que, durante las seis primeras semanas (el período posparto), la madre necesitará recuperarse, tanto física como emocionalmente, del trauma que supone dar a luz. Las madres que intentan volver corriendo a la vida que llevaban antes, o cuyos horarios de amamantamiento no les permiten disponer de ningún tiempo para descansar, acaban pagándolo. (Más sobre el tema en el capítulo 7.)

Comparado con muchos sistemas de cuidado de bebés, el programa EASY es un término medio razonable y práctico, un alivio al que la mayoría de los padres dan la bienvenida desde las salvajes oscilaciones del péndulo de las modas referentes a la paternidad, que parece alternar entre dos extremos. Por un lado, están los expertos del amor duro, que creen que «enseñar» a un bebé correctamente implica una guerra: los padres han de dejarlos llorar y hacer que se sientan frustrados durante un tiempo. No deben «malograrlos» cogiéndolos en brazos cada vez que lloran. Han de hacerles seguir un horario estricto y obligarlos a encajar en su vida, hacer que vivan en función de las necesidades de sus padres. En el lado opuesto, en representación de la visión que en la actualidad es más popular, se encuentran quienes abogan por seguirles la corriente al bebé, los que dicen a las madres que les den de comer «a voluntad», un término que creo que habla por sí solo: se acaba teniendo un bebé que no para de pedir. Los partidarios de esta doctrina creen que, para tener un bebé

bien equilibrado, se han de satisfacer todas sus necesidades...,
lo cual, si se sigue al pie de la letra, se acaba traduciendo en
abandonar la propia vida.

UN HORARIO **EASY**

Todos los bebés son diferentes, pero, durante sus tres primeros meses de vida, el plan que os propongo a continuación es bastante típico. A medida que vuestro bebé vaya comiendo mejor y disfrute jugando solo durante períodos más largos, no dudéis en modificarlo un poco.

Comer: de 25 a 40 minutos de pecho o biberón; un bebé normal que pese unos 2.750 gramos o más puede tardar unas dos horas y media o tres en querer volver a comer.

Actividad: 45 minutos (incluye cambiarle los pañales, vestirlo y darle un baño diario).

Dormir: 15 minutos para dormirse; siestas de entre media hora y una hora; los períodos irán aumentando progresivamente por la noche pasadas las dos o tres primeras semanas.

Tú: Una hora o más para ti cuando el bebé esté dormido; el tiempo va siendo mayor conforme el bebe crece, necesita menos tiempo para comer, juega solo y hace siestas más largas.

Lo cierto es que ninguno de estos enfoques funciona. Con el
primero, no respetas al bebé, mientras que con el segundo,
no te respetas a ti mismo. Y lo que es más, el método EASY,
es un punto clave para un enfoque familiar, ya que asegura
la satisfacción de las necesidades de cada miembro, no sólo
las del bebé. Miras y observas cuidadosamente, respetando

las necesidades de tu hijo y al mismo tiempo lo aclimatas a la vida familiar. (En la tabla de la página siguiente, aparece un esquema general con las diferencias entre el método EASY, los horarios de comidas rígidos y los regidos por la voluntad del bebé.)

ESQUEMA GENERAL DEL MÉTODO EASY

A voluntad	EASY	Horario rígido
Hacer lo que pida el bebé: alimentarlo de 10 a 12 veces al día, cuando llore.	Programa flexible pero estructurado que abarca unas dos horas y media o tres para comidas, actividad, sueño y tiempo para los padres.	Mirar el reloj para cumplir un horario predeterminado o unas horas determinadas de comida, que normalmente llevan unas tres o cuatro horas más.
Impredecible: el bebé manda.	Previsible: los padres establecen un ritmo que el bebé pueda seguir, y éste sabe qué puede esperar.	Previsible, pero provoca ansiedad: los padres establecen un horario que el bebé puede no seguir.
Los padres no aprenden a interpretar las señales del bebé; se malinterpretan muchos lloros como hambre.	Como es lógico, los padres pueden anticiparse a las necesidades del niño y, por lo tanto, es más probable que entiendan sus diferentes llantos.	Se pueden ignorar los lloros si no coinciden con el horario; los padres no aprenden a interpretar las señales de los bebés.
Los padres no tienen vida propia: el bebé marca el horario.	Los padres pueden planear sus vidas.	Los padres se ven gobernados por el reloj.
Los padres están confundidos; a menudo reina el caos en la casa.	Los padres tienen más confianza en su labor como padres porque comprenden las señales que les envía su hijo y sus llantos.	A menudo los padres se sienten culpables, angustiados e incluso enfadados si el bebé no se ajusta al horario.

Los seres humanos de cualquier edad somos criaturas de costumbres: funcionamos mejor dentro de patrones o acontecimientos regulares. La estructura y la programación son aspectos normales de la vida diaria. Todo tiene un orden lógico. Como dice mi abuela: «No se pueden añadir huevos al pudín una vez que está cocido». En nuestras casas, lugares de trabajo, escuelas, incluso en nuestros centros religiosos, hay sistemas que nos hacen sentir seguros.

Pensad por un momento en vuestras actividades diarias. Sin ser conscientes de ello, probablemente realizáis rituales recurrentes cada mañana, a la hora de la cena y cuando os vais a dormir. ¿Cómo os sentís cuando uno de ellos se ve interrumpido? Aunque se trate de algo sin importancia como un problema con las tuberías que haga que no os podáis duchar por la mañana, una roca que ha caído en la carretera y os obliga a tomar una ruta diferente o un ligero retraso en la hora de comer, esas alteraciones pueden mandar al garete el resto del día. Así pues, ¿por qué habría de ser diferente con los bebés? Ellos necesitan un plan tanto como nosotros, y éste es el motivo por el que funciona EASY.

A los bebés, no les gustan las sorpresas. Sus delicados sistemas funcionan mejor cuando comen, duermen y juegan a unas horas determinadas todos los días y en el mismo orden. Puede variar un poco, pero no mucho. A los niños, especialmente cuando son pequeños, también les gusta saber qué va a ser lo siguiente. Tienden a no reaccionar bien ante las sorpresas. Considerad la revolucionaria investigación sobre la percepción visual que realizó el doctor Marshall Haith, de la Universidad de Denver. En ella, señaló que los ojos de los bebés, aunque ligeramente miopes durante el primer año, están muy coordinados ya desde el nacimiento y que, cuando se les presentan patrones predecibles en una pantalla de televisión, empiezan a buscar cosas que van a suceder antes de que ocurran. Siguiendo la trayectoria de los movimientos que realizan los ojos de los bebés, Haith ha demostrado que «cuando una imagen es predecible un bebé se crea unas expectativas más fácilmente. Cuando los confundes, se alteran». ¿Se puede generalizar esta conducta? Haith afirma que sí: los bebés necesitan y prefieren la planificación.

El método EASY hace que vuestro bebé se acostumbre al orden natural de las cosas: comida, actividad y descanso. He visto padres que ponen a sus hijos en la cama justo después de comer, a menudo porque el bebé se queda dormido tomando el pecho o el biberón. Yo no aconsejo esta práctica por dos motivos. En primer lugar, el bebé se crea una dependencia del pecho o del biberón y no tarda en necesitarlo para quedarse dormido. En segundo lugar, ¿vosotros queréis dormir después de cada comida? A menos que sea un día de fiesta y hayáis comido muchísimo, es probable que no. En cambio, lo que sí soléis hacer más a menudo es acabar de comer y realizar alguna actividad. Además, nuestros días de adultos están organizados entorno al desayuno; ir al trabajo, al colegio o a jugar; comer; seguir trabajando, en el colegio o jugando; salir del trabajo, del colegio o dejar de jugar; cenar; bañarnos; y a la cama. ¿Por qué no ofrecer la misma progresión natural a nuestro bebé?

La estructura y la organización dan sensación de seguridad a todos los miembros de la familia. Un programa estructurado ayuda a los padres a marcar un ritmo que su hijo pueda seguir y a crear un entorno que le ayude a saber qué va a suceder después. Con el método EASY, no hay rigidez (escuchamos al bebé y respondemos a sus necesidades específicas), pero mantenemos su día dentro de un orden lógico. Somos nosotros, y no el bebé, quienes disponemos el escenario.

Por la tarde-noche, por ejemplo, a la hora de la comida de las siete o las ocho, el bebé toma el pecho o el biberón en su habitación o en un rincón tranquilo de la casa reservado para sus comidas, lejos de los malos olores de la cocina, de la música alta y del jaleo de otros niños. Entonces entramos en la fase de actividad, que, por la tarde-noche, significa bañarlo. Se hace igual cada vez (véase páginas 217-220). Con el pijama o la camisita de dormir puestos, llega la hora de dormir, de modo que bajamos las luces de su habitación y ponemos una música suave.

La belleza de este sencillo plan es que, a cada paso, el bebé sabe qué es lo siguiente, como el resto de las personas. Eso significa que mamá y papá también pueden planear sus vidas; los otros hermanos, si los hay, no se ven relegados a un segundo plano; y, al final, todo el mundo recibe el amor y la atención que necesita.

El método EASY ayuda a los padres a interpretar las señales que reciben del bebé. Puesto que me he ocupado de muchos bebés, conozco su lenguaje. Cuando un bebé llora: «Tengo hambre; dadme de comer», me suena muy diferente de cuando dice: «Tengo sucio el pañal; cámbiame» o «Estoy cansado; ayúdame a tranquilizarme y a dormirme». Mi objetivo es ayudar a los padres a aprender cómo escuchar y observar para que ellos también puedan comprender el lenguaje de los niños. No obstante, eso requiere tiempo, práctica y un poco de prueba y error. Mientras tanto, con el método EASY podéis cuestionaros de forma inteligente qué es lo que quiere vuestro bebé incluso antes de que cojáis fluidez en el lenguaje de los bebés. (En el próximo capítulo, explicaré más cosas sobre cómo interpretar los gestos, llantos y demás sonidos de los bebés.)

Por ejemplo, digamos que vuestro bebé ha comido y lleva veinte minutos tumbado sobre una manta en la salita mirando fijamente líneas blancas y negras ondulantes (su manera de jugar). Si de repente empieza a llorar, podéis estar prácticamente seguros de que se está cansando y está preparado para lo siguiente: dormir. En lugar de meterle algo en la boca, llevarlo a dar un paseo en coche o ponerlo en una de esas sillitas o balancines que vibran y que no harán más que hacer que se sienta más miserable (explico por qué en la página 250-251), tenéis que ponerlo en la disposición adecuada, es decir, meterlo en la cuna, y entonces se quedará dormido él solito.

El método EASY establece unos fundamentos flexibles pero sólidos para vuestro bebé. EASY sienta algunas directrices y programas que los padres pueden adaptar de acuerdo con el temperamento de su bebé y, lo que es igual de importante, de acuerdo con sus propias necesidades. Por ejemplo, tuve que ayudar a la madre de la pequeña Greta, June, mediante cuatro versiones diferentes del método EASY, June dio el pecho a su hija tan sólo durante el primer mes y entonces empezó a darle leche maternizada. Un cambio como este en la alimentación a menudo requiere modificar el programa. Además, Greta era un bebé gruñón y su madre tenía que aprender a adaptarse a sus tan bien definidas preferencias. June se pasaba el día pendiente del reloj y se sentía culpable cada vez que Greta no respondía exactamente como ella había planeado, lo que complicaba aún más las cosas. Teniendo en cuenta todos estos factores, resulta comprensible que tuviéramos que modificar y ajustar la situación de acuerdo con ellos.

A pesar de que el mismo orden comer, actividad y dormir se mantiene siempre, conforme el bebé va creciendo se van produciendo cambios. En la página 70, he hecho un típico horario EASY para un recién nacido, que generalmente es aplicable hasta que el bebé tiene tres meses. En este punto, la mayoría de pequeños comienzan a estar despiertos más rato, hacer menos siestas durante el día, maman con más eficiencia y, por lo tanto, tardar menos tiempo en comer. Pero para entonces los padres ya conocen a su bebé y les resulta sencillo acomodarlo a su programa.

El método EASY facilita la paternidad cooperativa, con o sin pareja. Cuando la persona que más se cuida de un recién nacido, normalmente la madre, no tiene tiempo para ella misma, es probable que se queje o de esté resentida contra su pareja por no compartir la carga. Veo aflorar estas dificultades en muchos de los hogares que visito. No hay nada más enloquecedor para una mujer que acaba de tener un hijo y que intenta desahogar sus frustraciones con su pareja que oír: «No sé de qué te quejas. Sólo tienes que cuidar del bebé».

«He tenido que ir con ella en brazos todo el día, y ha llorado dos horas seguidas», dice la madre.

Lo que realmente quiere es poder protestar tranquilamente y entonces ya se habrá acabado todo. Pero su compañero tiene soluciones en la cabeza y quiere arreglar la situación, de modo que vuelve al ataque con una sugerencia del tipo: «Te compraré un colgador» o «¿Por qué no la has sacado a dar una vuelta?». Al final, ella se enfada y se siente infravalorada. Él acaba frustrado y se siente hostigado; lo único que es capaz de pensar es: ¿Qué quiere de mí? Lo que él desea hacer en este preciso instante es esconderse tras un periódico o ponerse a ver su partido de baloncesto favorito en la tele. Llegado este punto, es probable que ella esté subiéndose por las paredes y, en lugar de preocuparse por las necesidades del bebé, ambos están inmersos en su propio drama.

El método EASY viene al rescate. Cuando la situación está estructurada, el padre sabe cómo ha pasado el día su compañera y, lo que es igual de importante, puede formar parte del programa. Me he percatado de que, a los hombres, se les dan mejor las tareas cuando se trata de cosas concretas. De modo que, si el padre suele llegar a casa hacia las seis, la madre puede echar un vistazo a las cosas que ha de hacer dentro de su programa y decidir qué tareas puede hacer el padre. A muchos hombres, les encanta bañar a sus hijos por la noche y darles de cenar.

Aunque resulta mucho menos común, en cerca del veinte por ciento de las familias con hijos jóvenes, el padre se pasa todo el día en casa y es la madre quien llega por la tarde del trabajo. En cualquier caso, yo sugiero que, independientemente de quién regrese a casa después del trabajo, los tres pasen media hora juntos. Después hay que animar a quien se ha pasado todo el día en casa para que vaya a dar un paseo, sólo para despejarse.

Consejo: *cuando regreséis del trabajo, deberíais cambiaros siempre de ropa, aunque os paséis el día en una oficina. La ropa retiene olores exteriores que pueden perturbar los delicados sentidos del bebé (y no os tenéis que preocupar por si queda desordenada).*

En el caso de Ryan y Sarah, el método EASY acabó con las frecuentes peleas que sostenían acerca de qué era lo mejor para el pequeño Teddy. Ryan viajaba mucho cuando ayudé por primera vez a Sarah a hacer que Teddy entrara en un programa. Cuando Ryan regresaba a casa, era comprensible que quisiera pasar mucho tiempo con su hijo en brazos. El pequeño Teddy no tardó demasiado en acostumbrarse a que su padre lo llevara siempre en brazos y para cuando tenía tres semanas a Sarah le resultaba prácticamente imposible dejarlo solo. Sin quererlo, el padre de Teddy lo había acostumbrado a esperar que lo cogieran mucho en brazos, sobre todo antes de echar sus siestas y de ponerse a dormir por la noche. Cuando Sarah me telefoneó, le expliqué que lo que debía hacer era reprogramar a Teddy para que durmiera sin lo que yo denomino un «apoyo» humano (ver páginas 235-238), especialmente porque su marido estaba a punto de volver a marcharse de viaje y dejaría a la pobre madre a cargo de todo. Al ser Teddy tan joven, sólo nos llevó dos días hacer que entrara en vereda. Afortunadamente, Ryan comprendió el método EASY, de modo que cuando regresó de su viaje él y su esposa se pusieron a trabajar juntos.

¿Y qué ocurre con las madres y padres solteros? Es cierto que lo suelen pasar mal al principio, porque nadie les espera entre bastidores para hacerles sentir bien. Pero, a pesar de que a veces estaba emocionalmente agobiada, Karen, de treinta y ocho años, pensaba que le iba mejor que a algunas parejas. «No tengo que luchar con nadie sobre qué hacer o cómo hacerlo», apuntó. Cuando conseguimos que Matthew se adaptara al método EASY, a Karen empezó a resultarle menos complicado pedir ayuda a los demás porque, como recuerda: «Lo había escrito todo; siempre que los amigos o la familia venían a hacer de canguro sabían exactamente qué necesitaba Matthew, a qué hora hacía la siesta, cuándo jugaba y todo lo demás. No había que adivinar nada».

Consejo: *Si eres un padre o una madre soltera, los amigos son tu salvavidas. En el caso de quienes no quieran o no puedan ayudar en el cuidado del bebé, recluta su ayuda para las tareas domésticas, ir a comprar o hacer recados. Recuerda que tienes que pedirlo. No esperes que te lean la mente y no vayas a sentirte ofendido porque no lo hagan.*

Me doy perfecta cuenta de que la idea de mantener un programa estructurado puede oponerse abiertamente a lo que os hayan explicado vuestros amigos o hayáis leído en otros libros. En la mayoría de los casos, la idea de planear el día de una personita diminuta no es demasiado popular; incluso hay quien opina que es cruel. Y, sin embargo, muchos de esos libros, del mismo modo que los parientes y amigos, suelen sugerir que se establezca algún tipo de plan a los tres meses de edad del bebé. Para entonces, expone el razonamiento, uno ya sabe que su bebé ha ganado el peso que necesitaba y que ha desarrollado un patrón de sueño bastante regular.

¡Tonterías! ¿Por qué esperar? El infierno se instala por estas fechas. Además, a la edad de tres meses, no ocurre nada reflexivo de forma automática. Si bien es cierto que la mayoría de bebés ha alcanzado determinados logros de desarrollo para entonces, el programa no es cuestión de edad, sino algo que se aprende. Algunos bebés, normalmente los angelitos y los de libro, entran por sí solos en un horario antes de llegar a esta edad. Otros puede que no lo hagan. A los tres meses, en lugar de haberse acostumbrado, habrán desarrollado lo que se interpreta como problemas de alimentación o sueño, dificultades que podrían haberse evitado por completo, o al menos haberse minimizado, si se les hubiera proporcionado una estructura desde su más tierna infancia.

Con EASY, sois vosotros quienes guiáis a vuestro bebé y, al mismo tiempo, vais aprendiendo cuáles son sus necesidades. Para cuando tiene tres meses, ya conocéis sus patrones de comportamiento, comprendéis su lenguaje y entonces podéis instaurar buenos hábitos. Mi abuelita me enseñó que se ha de empezar tal como se tiene la intención de continuar. Es decir, imaginad cómo queréis que sea vuestra familia y empezad a ser de este modo cuando regreséis del hospital con el bebé. Digamos que, si queréis acoger mi idea ser padres como un enfoque familiar, en el que se satisfacen las necesidades del bebé y, al mismo, tiempo éste se integra inmediatamente en la vida familiar, tenéis que utilizar mi método EASY. Si escogéis otro enfoque, depende de vosotros.

Pero el problema es que a menudo los padres no se dan cuenta de que están haciendo una elección; se meten en lo que yo denomino «paternidad de circunstancias». Hasta pasadas las primeras semanas, no piensan en decidir si esto es lo que realmente quieren o puede que no sean conscientes de que su comportamiento y su actitud afecta al modo en que se relacionan con su bebé. No empiezan tal como tienen intención de continuar. (Más información acerca de la paternidad de circunstancias y la resolución de los problemas que puede ocasionar, en el capítulo 9.)

A decir verdad, suelen ser los adultos, no los bebés, quienes crean situaciones difíciles. Como padres, siempre debéis llevar el mando. Después de todo, vosotros sabéis más que vuestro bebé. A pesar de que los niños vengan con un temperamento único, las acciones de los padres marcan una diferencia. Yo he visto cómo bebés angelito y de libro se convierten en pequeños terremotos porque están confundidos por el desorden. Independientemente del tipo de bebé que tengáis, recordad que los hábitos que desarrolle están en vuestras manos, de modo que pensad bien lo que hacéis.

También resulta de ayuda pensar en función de vuestras propias actividades. ¿Qué ocurre cuando vuestro día se va al garete por culpa de un acontecimiento u obstáculo inesperado en vuestro régimen habitual? Os irritáis y frustráis, y tal vez incluso perdáis los nervios, lo que a su vez puede afectar a vuestro apetito y a la calidad de las horas que dormís. Pues bien, el recién nacido no es diferente, con la excepción de que él no puede establecer su propio programa. Vosotros tenéis que hacerlo por él. Cuando creéis un plan lógico para el bebé, éste se sentirá más seguro, y vosotros menos agobiados.

PATERNIDAD CONSCIENTE

Los budistas hablan del estado de conciencia, que significa atender completamente a lo que nos rodea y estar del todo presentes en cada momento. Yo sugiero que apliquéis esta idea a la hora de afrontar la paternidad de vuestro recién nacido. Intentad ser más conscientes de los hábitos que puede que estéis estableciendo.

Por ejemplo, recomiendo a los padres que duermen a sus hijos en brazos que hagan lo mismo con un saco de patatas de nueve quilos durante media hora. ¿Es eso lo que queréis hacer dentro de unos meses?

A aquellos que se pasan el día encima del bebé para que se divierta, me gustaría preguntarles: «¿Cómo queréis que sea vuestra vida cuando el bebé sea algo mayor?». Tanto si planeáis regresar al trabajo como si queréis quedaros en casa, ¿seréis felices si necesita constantemente que le prestéis atención? ¿No creéis que sería bonito tener un poco de tiempo para vosotros mismos? Si es así, tenéis que seguir unos pasos ahora para apoyar su independencia.

IMPROVISADORES Y PLANIFICADORES

En ocasiones, los padres rechazan al principio la idea de un programa estructurado. Cuando les digo: «Vamos a introducir inmediatamente una estructura en la jornada del bebé», ahogan un grito de horror.

«¡No!», puede que exclame una madre. «Los libros dicen que hemos de dejar que el bebé mande y asegurarnos de que tiene todas sus necesidades cubiertas. De otro modo, estará inseguro.» De alguna manera, se han hecho la idea equivocada de que hacer que un bebé siga un programa significa ignorar su ritmo natural o dejar que llore. No se dan cuenta de que ocurre todo lo contrario: utilizar el método EASY ayuda a los padres a interpretar aún mejor las necesidades de los pequeños y a satisfacerlas.

Algunos padres también descartan la idea de un plan estructurado porque están convencidos de que borrará la espontaneidad de sus vidas. Hace poco, visité a una pareja joven que se sentía de ese modo. Su estilo de vida, el típico de muchas parejas de entre veinte y treinta años que abrazan lo que ven como «paternidad natural», me indicaba que no querían sentir que estaban encerrados. Chloe, que había sido higienista dental, había dado a luz en casa con la ayuda de una comadrona. Seth, un prodigio de la informática, había escogido a propósito un trabajo con horario flexible que le permitía trabajar en casa la mayoría del tiempo y compartir así el cuidado del bebé. Y cuando les pregunté cosas como: «¿Cuándo desayuna la pequeña Isabella?» y «¿A qué hora duerme la siesta?», los dos se me quedaron mirando con expresión confusa. Tras una pausa, Seth acabó contestando: «Bueno, depende de cómo tengamos el día».

Las parejas que al principio se resisten al método EASY tienden a caer en los extremos de lo que yo llamo la línea de la improvisación/planificación. Algunos improvisadores aprecian su estilo espontáneo, como les ocurría a Chloe y Seth. Otros puede que sean desorganizados por naturaleza y sientan que no pueden cambiar. (Eso simplemente no es cierto, y estáis a punto de ver por qué.) También los hay como Terry, padres que intentan cambiar de un estilo de vida estructurado a un orden más distendido. En cualquier caso, cuando hablo de «programa estructurado», ellos oyen «horario» y piensan en cuadros de trabajo y en pasarse la vida mirando el reloj. Creen erróneamente que les estoy pidiendo que abandonen cualquier vestigio de la espontaneidad que pueda haber en su vida.

Cuando conozco a padres que son del todo desorganizados o que viven sus vidas dejándose llevar, les digo con toda franqueza: «Para que podáis transmitir a un niño buenos hábitos, antes habéis de tenerlos vosotros. Yo os puedo enseñar a interpretar el llanto de vuestro bebé y a satisfacer sus necesidades, pero nunca le daréis sensación de seguridad y tranquilidad a menos que también deis algunos pasos para proporcionarle un entorno adecuado».

En el extremo opuesto de la línea de la improvisación/planificación, se encuentran los planificadores, padres que siguen los libros al pie de la letra, como Dan y Rosalie, ambos ejecutivos de altos vuelos de Hollywood. Su casa está limpia como una patena y tienen el tiempo programado hasta el último minuto. Durante el embarazo de Rosalie, imaginaron que el bebé encajaría perfectamente en su esquema de vida. Pero, a las pocas semanas de que llegara la pequeña Winnifred, las cosas no iban como ellos habían previsto. Rosalie me explicó que «Winnie suele mantener su horario, pero a veces se despierta antes de tiempo o tarda más en comer. Entonces se nos desmonta todo el día. ¿Me puedes enseñar a hacerla volver a la normalidad?». He intentado hacer entender a Rosalie y Dan que, aunque subrayo la importancia de la regularidad, también creo en la flexibilidad. «Tenéis que sintonizar con las señales que os envíe vuestra hija», les dije. «Se está acostumbrando al mundo: no podéis esperar que vaya a vuestro ritmo.»

La mayoría de los padres acaba captando la idea. No me sorprende en absoluto que tras varias semanas o meses de intentar hacerlo a su manera, madres y padres que en un principio habían rechazado el método EASY me vuelvan a llamar, bien porque su vida es un desorden, bien porque su bebé siempre está de mal humor y no saben qué necesita, bien por ambas cosas a la vez. Si, en el pasado, una madre era planificadora, muy organizada y eficiente y ha intentado hacer que su bebé encaje en su antigua vida, normalmente no entiende por qué no funciona. Y si era una improvisadora que ha seguido el camino de ir por donde la llevara su bebé, ha dejado que un niño indefenso se hiciera cargo de todo y ahora se pregunta por qué no tiene tiempo ni para ducharse, ni para vestirse, ¡ni siquiera para respirar! No ha hablado ni ha comido con su compañero desde hace semanas. Mi respuesta en cualquiera de los dos casos es: transforma el caos en calma, o deshazte de parte de tu necesidad de control, con el método EASY.

¿CUÁL ES TU CIP?
Está claro que algunos de nosotros somos planificadores por naturaleza, a otros les gusta vivir al límite e improvisarlo todo, y la mayoría están en algún lugar entre estos dos puntos. ¿Qué hay de vosotros? Para que podáis averiguarlo, he ideado un breve cuestionario que os puede ayudar a saber en qué punto de la línea de la improvisación/planificación os encontráis. Cada punto está basado en lo que he visto en los hogares de muchas familias que he conocido a lo largo de los últimos veinte años. Observando cómo llevan la casa los padres y cómo conducen su vida diaria, soy capaz de decir cómo se adaptarán a un plan estructurado una vez que llegue el bebé.

CIP (COEFICIENTE DE IMPROVISACIÓN/PLANIFICACIÓN)

En cada pregunta, rodea con un círculo el número que mejor te describa según la siguiente clave.

5 = siempre
4 = normalmente sí
3 = a veces
2 = normalmente no
1 = nunca

Vivo según un horario.	5 4 3 2 1
Prefiero que la gente llame en lugar de dejarse caer por mi casa sin más.	5 4 3 2 1
Cuando hago la compra o la colada, lo ordeno todo enseguida.	5 4 3 2 1
Doy prioridad a mis tareas diarias y semanales.	5 4 3 2 1
Mi mesa de trabajo está muy organizada.	5 4 3 2 1
Cada semana voy a comprar comida y otras cosas que sé que necesitaré.	5 4 3 2 1
Me da mucha rabia que la gente llegue tarde.	5 4 3 2 1
Procuro no tener más trabajo del que puedo realizar.	5 4 3 2 1
Antes de comenzar un proyecto dispongo todo lo que voy a necesitar.	5 4 3 2 1
Limpio y ordeno los armarios a intervalos periódicos.	5 4 3 2 1
Cuando acabo una tarea, guardo en su sitio todo lo que estaba utilizando.	5 4 3 2 1
Hago planes.	5 4 3 2 1

Para averiguar tu CIP (Coeficiente de Improvisación/Planificación), suma los puntos y divide por 12. Tu puntuación estará entre 1 y 5, y se corresponderá con un punto en la línea. Esto es importante porque, si estás en uno de los dos extremos, puede que seas uno de estos padres que al principio tienen problemas con mi método EASY, bien porque te encuentres en el lado demasiado rígido, bien porque estés en el demasiado despreocupado. Eso no significa que no puedas implementar un plan estructurado, sino sólo que habrás de dedicar más esfuerzo y paciencia para implantarlo en tu vida que los padres que estén más hacia el centro. En las descripciones que aparecen a continuación, explico la puntuación y los desafíos a los que puedes tener que enfrentarte:

De 5 a 4: Probablemente seas una persona muy organizada. Tienes un lugar para cada cosa y te gusta que todo esté en su sitio. Estoy segura de que la idea de un plan estructurado no representa ningún problema para ti, incluso te parece bien. No obstante, puede que te cueste incorporar flexibilidad a tu jornada o hacer cambios en las actividades que llevas a cabo normalmente, teniendo en cuenta el temperamento y las necesidades de tu bebé.

De 4 a 3: Eres bastante organizado, aunque no eres un fanático del orden ni de la estructura. A veces, la casa o tu lugar de trabajo se desordena un poco, pero al final acabas guardándolo todo, arreglándolo, ordenándolo o haciendo lo que sea para restablecer el orden. Cuando hagas que tu bebé siga el método EASY, es probable que ganes tiempo sin estrés. Y puesto que parece que ya eres flexible, no te costará adaptarte si tu bebé tiene otras ideas.

De 3 a 2: Tiendes a ser algo disperso y desorganizado, pero estás lejos de ser una causa perdida. Es posible que, para conseguir un plan estructurado necesites escribir tu programa para no desviarte del camino. Anota las horas exactas a las que tu hijo come, juega y duerme todos los días. Puede que también quieras hacer una lista de las cosas que tienes que hacer. (En la página 85, aparece una tabla que te ayudará.) La buena noticia es que ya estás acostumbrado a un poco de caos, de modo que la vida con tu bebé no te dará tantas sorpresas.

De 2 a 1: Eres un improvisador nato. Conseguir un plan estructurado va a ser todo un reto. Definitivamente, has de escribirlo todo, lo que significa que habrás de llevar a cabo un cambio radical en tu modo de vida. ¡Pero es que tener un bebé es un cambio radical!

CAMBIAR LOS VICIOS
A excepción de unos pocos casos (véase el cuadro), la mayoría de los padres podemos cambiar nuestros vicios. Yo creo que, a los padres que están en medio de la línea, les va bien, tal vez porque por naturaleza son el grupo más flexible. Pueden apreciar los beneficios de la organización y al mismo tiempo tolerar algo de caos.

CUANDO EL MÉTODO EASY PARECE DIFÍCIL

Es raro, pero a veces algunos padres tienen muchos problemas para establecer un programa estructurado. Esto suele ocurrir por una de las siguientes razones:

- *No tienen perspectiva.* Dentro de un esquema general de la vida, el período en el que somos bebés no ocupa más que un momento. Los padres que ven el método EASY como una sentencia de por vida, se quejan y nunca entienden ni disfrutan a su bebé.

- *No están comprometidos.* Vuestro programa puede ir cambiando con el tiempo, o puede que tengáis que ir haciendo ajustes a causa de las ne-

87

cesidades particulares de vuestro hijo o las vuestras propias. Aún así, todos los días debéis intentar mantener lo mejor posible esta estructura: comida, actividad, sueño y tiempo para vosotros. Ya sé que es un poco aburrido, pero funciona.

• No son capaces de adoptar un término medio práctico. Tanto si creen que han de hacer que el bebé se amolde a sus necesidades como si comulgan con la filosofía de que el bebé (y el caos) mandan siempre en casa.

Si pueden liberarse de su propio anhelo de perfección, los padres que obtienen resultados más altos de lo esperado o que son muy quisquillosos también pueden encontrar alivio en el método, ya que se basa en la gestión y la organización. No obstante, a menudo han de trabajar un poco para ser más flexibles. Me alegro mucho de haber visto a los padres más desorganizados del mundo aferrarse a la lógica y a los beneficios del método EASY.

Hannah. Hannah, cuyo CIP era de 5 cuando la conocí, ha hecho un largo camino. Literalmente, daba de comer a su hija reloj en mano. Siempre seguía las reglas y, cuando en el hospital, le dijeron que diera de comer a Miriam diez minutos de cada pecho (cosa en la que no creo en absoluto; véase página 154), eso era exactamente lo que hacía. Cada vez que le daba el pecho a su hija, ponía a su lado un despertador. Cuando sonaba la fatídica alarma, apartaba a Miriam de un pecho y la ponía en el otro. Al cabo de otros diez minutos, volvía a sonar la alarma y entonces le quitaba el pecho y la llevaba a su habitación para que hiciera una siesta. Para mi horror, Hannah volvía a poner el despertador y me explicaba: «Entro cada diez minutos. Si aún está llorando, la tranquilizo. Entonces la dejo otros diez minutos y vuelvo a hacer lo mismo, hasta que al final se queda dormida». (Tened en cuenta que no importaba que Miriam se pasara llorando nueve de aquellos diez minutos; mandaba el reloj.)

«¡Tira ese maldito despertador!», le dije, con todo el tacto y la sensibilidad de que pude hacer acopio. «Vamos a oír el llanto de Miriam para descubrir qué nos intenta decir. Observaremos cómo come, miraremos su cuerpecito, y dejaremos que sus señales nos indiquen qué necesita.» Le expliqué mi programa EASY y la ayudé a ponerlo en marcha. Le llevó unas cuantas semanas acostumbrarse (Miriam, claro está, mostró un alivio inmediato), pero su hija no tardó en comer y jugar un poco por su cuenta. Hannah sólo llevaba a Miriam a la cuna cuando la pequeña mostraba signos de cansancio.

Terry. Si bien al principio le horrorizaba la idea de un plan estructurado, Terry estaba en el 3,5 de la línea. La verdad, yo creo que debía de estar más cerca del 4, porque durante muchos años había sido una ejecutiva con mucha responsabilidad. Tal vez las respuestas que dio a las preguntas mostraran cómo quería ser. En cualquier caso, una vez que consiguió superar su resistencia, nos concentramos en hacer que Garth siguiera una pauta a la hora de comer. Ayudé a Terry a ver que su pequeño comía bastante bien y que, cuando no dejaba ir el pecho, era porque seguía mamando. No tardó en diferenciar entre su llanto de hambre y los quejidos de cansancio; y creedme, son diferentes. También le sugerí que rellenara una tabla en la que aparecieran las comidas, el tiempo de actividades y las siestas de Garth, así como de su propio tiempo (véase página 85). Disponer de un plan, ver los progresos de su día en blanco y negro y saber qué esperar ayudó a Terry a ser más competente a la hora de interpretar el llanto de Garth y también le permitió encontrar más tiempo para ella misma. Sentía que era mejor madre; de hecho, sentía que toda su vida iba mejor.

Al cabo de dos semanas, me llamó por teléfono. «Sólo son las 10h 30 de la mañana, Tracy, y ya estoy levantada, vestida y lista para salir a hacer mis recados», me dijo orgullosa. «¿Sabes? Lo más divertido es que, aunque me preocupaba ser espontánea, mi vida era totalmente impredecible. En cambio, ahora sí que tengo tiempo de ser espontánea.»

Trisha y Jason. Tanto Trisha como Jason eran asesores que trabajaban en casa y estaban cerca del 1 en la línea de la improvisación/planificación. Eran una pareja muy dulce de unos treinta y cinco años cada uno, pero ya en la primera visita que les hice, cuando me senté en su salón, me sentí empujada a cerrar las puertas de sus respectivos despachos para no ver dónuts pasados, tazas de café vacías y papelotes a diestro y siniestro. Estaba claro que en aquella casa reinaba el caos. Había ropa sucia en todas las sillas, y el suelo estaba cubierto de calcetines, jerséis y demás artículos de la vida diaria. En la cocina, los armarios estaban abiertos y los platos sucios se amontonaban en el fregadero. Al parecer, nada de aquello preocupaba a Trisha ni a Jason.

A diferencia de algunas parejas que se niegan a aceptarlo, ellos dos, que estaban en el noveno mes de embarazo, sabían que, cuando llegara el bebé, todo iba a ser diferente. Los ayudé a entender los cambios concretos y específicos que tendrían que llevar a cabo en su estilo de vida una vez hubiera nacido el bebé. Su pequeña no sólo necesitaría cosas propias y sagradas en las que pudiera comer, jugar y dormir sin recibir más estímulos de la cuenta, sino que Trisha y Jason tendrían que respetar su necesidad de constancia.

Elisabeth nació un sábado y llegó a su casa al día siguiente. Les había dado una lista de artículos que habrían de tener a mano. En su favor diré que compraron la mayoría de ellos. En cambio, fueron algo menos eficientes en lo referente a la habitación de la pequeña, a desenvolver todos los paquetes y a dejar a mano todo lo que pudieran necesitar. A pesar de estos pocos fallos técnicos, y debo admitir que para mi sorpresa, Jason y Trisha fueron increíblemente buenos a la hora de seguir el plan del método EASY. También ayudó el hecho de que Elisabeth fuera una niña de libro. Cuando tenía dos semanas, sus padres ya no tenían ningún problema para mantenerla en el buen camino. A las siete semanas, ya dormía cinco o seis horas por la noche sin despertarse.

No nos equivoquemos: Trisha y Jason continúan siendo básicamente Trisha y Jason. Pero al menos comenzaron bien. Su casa está algo más ordenada, pero en su mayoría sigue pareciendo un campo de batalla. Además, Elisabeth crece muy bien porque sus padres le han creado un entorno seguro y cómodo y han marcado un ritmo que ella puede seguir. Asimismo, Terry continúa siendo Terry, incapaz de decidirse entre su amor por Garth y el miedo a perder su carrera. Sospecho que debería reevaluar la decisión que tomó de no volver a trabajar. Si lo hace, con el método EASY, ella y Garth pasarán por una transición suave. En cuanto a Hannah, también continúa siendo Hannah. Ya no pone el despertador, pero su casa está inmaculada; Miriam aún no anda, pero hasta ahora nadie diría que allí vive un bebé. Al menos Hannah habla el lenguaje de su hija.

¿SE AMOLDA VUESTRO BEBÉ AL MÉTODO «EASY»?

Naturalmente, lo bien que avance un bebé también depende del propio bebé. Mi primera hija, Sara, era un bebé movido muy exigente y que necesitaba muchos cuidados; se despertaba cada hora. Era muy perspicaz y, en cuanto abría los ojos, quería que hiciera cosas con ella. Me dejaba agotada. Lo único que pudimos hacer para afrontar la situación fue establecer una estructura lógica. Teníamos un ritual para ir a la cama del que nunca me apartaba. Si alguna vez lo hacía, Sara perdía el norte y se desataban todos los demonios. Entonces llegó su hermana, Sophie, que fue un bebé angelito desde el principio. Acostumbrada a las travesuras de Sara, yo estaba siempre preocupada por la tranquilidad constante de mi nuevo bebé. A decir verdad, muchas mañanas me descubría inclinada sobre la cuna de Sophie para comprobar si respiraba. Y allí estaba ella, con los ojos como platos y balbuceando a sus muñecos. ¡Apenas tuve que pensar en establecer un programa con aquella pequeñaja!

¿Qué podéis esperar de vuestro bebé? No hay manera de saberlo a ciencia cierta, pero de una cosa estoy segura: nunca me he topado con un bebé que no se desarrolle satisfactoriamente con el método EASY, ni un hogar que no mejore con un programa estructurado. Si tenéis un bebé angelito o un bebé de libro, es probable que su reloj interno le haga empezar con buen pie sin que tengáis que esforzaros demasiado. Pero los demás tipos de bebé necesitan un poco más de ayuda. Esto es lo que podéis esperar de vuestro bebé:

Angelito. No sorprende a nadie que un bebé de disposición apacible y flexible se adapte fácilmente a una jornada estructurada. Emily era ese tipo de niña. En cuanto llegó a casa desde el hospital, empezamos a utilizar con ella el método EASY, y la primera noche que pasó en la cuna, durmió desde las 11 de la noche hasta las 5 de la madrugada y así siguió hasta las tres semanas, antonces empezó a dormir de 11 de la noche a 7 de la mañana. Su madre era la envidia de todas sus amigas. Yo he visto casos similares de típicos bebés angelito que con tres semanas duermen toda la noche.

De libro. Se trata de un bebé que se puede moldear con facilidad porque es muy predecible. Una vez que se le inicia en un programa, lo seguirá sin desviarse demasiado. Tommy se despertaba de forma regular para comer y dormía felizmente desde las 10 de la noche hasta las 4 de la madrugada, a las seis semanas dormía hasta las 6 de la mañana. Por lo que he podido comprobar, los bebés de libro suelen dormir toda la noche cuando tienen siete u ocho semanas.

Susceptible. Éste es el bebé más frágil, y le encanta la previsibilidad de un programa. Cuanto más lógicos seáis, mejor os entenderéis con él y antes dormirá toda la noche, cosa que suele suceder a las ocho o diez semanas si interpretáis correctamente sus señales. No obstante, si no las veis, tened cuidado. Cuando un bebé susceptible no está inmerso en un programa estructurado, resulta difícil interpretar sus lloros, y eso no hará más que irritarle. En el caso de Iris, casi cualquier cosa puede hacer que la pequeña se ponga nerviosa, desde una visita que no estaba prevista hasta un perro que ladre en la calle. Su madre tiene que prestar mucha atención a sus señales. Si no se da cuenta de un signo de hambre o de cansancio (véase página 242) y espera demasiado para darle de comer o ponerla en la cunita, este susceptible bebé se altera muchísimo en cuestión de minutos y después es muy difícil tranquilizarlo.

Movido. Este bebé, que tiene mente propia, puede parecer que opone resistencia a vuestro horario. O tal vez cuando penséis que habéis conseguido implementar un buen programa él decida que no le gusta. Entonces tendréis que tomaros un día para observar sus señales: ver qué os pide y hacer que vuelva a coger el camino. Los bebés movidos os muestran lo que les va bien y lo que no. Bart, por ejemplo, empezó de repente a quedarse dormido en el pecho de su madre cada vez que intentaba darle de mamar y ella se las veía y se las deseaba para despertarlo (hay que decir que el pequeño llevaba cuatro semanas siguiendo el método EASY). Sugerí a Pam que se tomara un día para escuchar y observar a su hijo con atención. Lo que vio claramente fue que Bart dormía durante períodos más cortos durante el día, de modo que, cuando se despertaba, no había dormido todo lo que necesitaba. También se dio cuenta de que, en lugar de escuchar sus señales, ella intervenía demasiado rápido cuando el pequeño comenzaba a despertarse. Cuando, en lugar de salir corriendo hacia él, esperó un poco, se percató de que el pequeño se volvía a dormir otro ratito y después estaba más atento durante las comidas. Así fue cómo consiguió que se adaptara a un horario. A un bebé movido, le lleva unas doce semanas dormir toda la noche de un tirón porque tiene miedo de perderse algo. A veces, también le cuesta bastante relajarse.

Gruñón. Se trata de un bebé al que puede no gustarle ningún tipo de plan, ya que le desagradan la mayoría de cosas. Pero si podéis hacerlo entrar en vereda y sois constantes, le haréis mucho más feliz. Este tipo de bebé es muy extremista, pero es probable que, con EASY, tengáis menos problemas a la hora de bañarlo, vestirlo e incluso darle de comer, porque al menos el pequeñajo sabrá qué debe esperar, y probablemente también estará más contento. A los bebés gruñones se les diagnostica a menudo cólicos cuando lo que en realidad necesitan es estructura y perseverancia. Stuart era un bebé de este tipo. No le gustaba entretenerse solo, ni que lo cambiaran y, cuando le daban de comer, no dejaba de refunfuñar. El ritmo natural de Stuart le iba bien a él, pero no a su madre, ya que a ella no le gustaba especialmente levantarse a media noche sin motivo aparente. Así pues, introdujo el método EASY y entonces sus días se hicieron más predecibles, comenzó a dormir durante períodos más prolongados por la noche y la verdad es que se hizo un poco más agradable durante el día. Los bebés gruñones a menudo duermen toda la noche a las seis semanas. De hecho, parecen más felices cuando están en la cama, lejos del ajetreo de la casa.

Me gustaría recordaros, como hice cuando me referí a estos «tipos» en el capítulo 1, que vuestro bebé puede presentar características de más de un tipo. En cualquier caso, no debéis considerar estas descripciones como algo inamovible. Sin embargo, me he percatado de que algunos bebés siguen con más facilidad que otros el programa EASY. Y también los hay, como mi hija Sara, que necesitan un programa estructurado más que otros.

¿CÓMO PODEMOS APRENDER A VER QUÉ NECESITA NUESTRO BEBÉ? Ahora sabéis a qué ateneros y tenéis una idea de qué podéis esperar de vuestro bebé. Es un comienzo, pero Roma no se construyó en un día. Las primeras semanas de un programa estructurado pueden ser algo inestables: la empresa requiere tiempo y paciencia, así como perseverancia para no salirse del plan trazado. Aquí tenéis algunos consejos que os conviene recordar:

Escribidlo todo. Una de las herramientas que doy a los padres, y que resulta de especial utilidad a los improvisadores, es mi tabla EASY. Los ayuda a saber tanto el punto del proceso en el que se encuentran como lo que el bebé y la madre están haciendo. Es especialmente importante que rellenéis la tabla durante las seis primeras semanas de vida de vuestro hijo. Recordad que también se ha de anotar la recuperación de la madre. Como explicaré con más detalle en el capítulo 7, para la madre es tan crucial descansar durante estas seis semanas como aprender a cuidar de su bebé.

Pasados unos días o una semana, veréis exactamente qué hace vuestro bebé. Puede que notéis que da un estirón, por ejemplo, porque come más. O puede que notéis que mama durante más tiempo. Si de repente se pasa cincuenta minutos o una hora colgado del pecho cuando solía acabar de comer en media hora, tendréis que averiguar si realmente come o si está recostado y utiliza el pecho para dormirse. La única manera de conocer la respuesta es tomarse un tiempo para observarlo: así es cómo las madres y los padres empiezan a aprender el lenguaje de los niños y los hábitos de su bebé.

VUESTRA TABLA EASY

FECHA

COMER						ACTIVIDAD		DORMIR	TÚ
¿A qué hora?	¿Cuánto? (gramos)	¿En el pecho derecho?	¿En el pecho izquierdo?	EVACUACIÓN INTESTINAL	MICCIÓN	¿Qué y durante cuanto tiempo?	Baño (¿mañana o tarde?	¿Cuánto rato?	¿Descansos? ¿Recados? ¿Constataciones? ¿Comentarios?

Esto no es más que una sencilla tabla diseñada básicamente para las madres. Cuando leáis los capítulos 4, 5 y 6, que ahondan más en los temas de las comidas, las defecaciones, las micciones, las actividades y demás aspectos de la jornada de vuestro bebé, encontraréis directrices adicionales para medir sus progresos. Podéis adaptar esta tabla a vuestra situación particular. Por ejemplo, si el padre y la madre os dedicáis al cuidado del bebé al cincuenta por ciento, es posible que queráis indicar quién hace cada cosa. Si vuestro bebé ha sido prematuro o tiene algún problema determinado (véase páginas 322 y ss.), puede que necesitéis añadir otra columna en la que indiquéis cualquier cuidado especial que requiera. Lo importante es recordar que se ha de ser constante: la tabla sólo os ayudará a no desviaros del camino.

Conoced a vuestro bebé como persona. El desafío al que tenéis que enfrentaros es el de conocer a vuestro bebé como el individuo único y especial que es. Si vuestro bebé se llama Rachel, no penséis en él como «el bebé», sino como una persona llamada Rachel. Sabéis en qué orden debería avanzar el día de Rachel: comidas, actividades, siestas. Pero también tiene que aprender a abordarlo. Esto puede significar días de probar, de cogerla en brazos para observar qué está haciendo realmente.

Consejo: *Recordad que vuestro bebé no es realmente «vuestro», sino una persona separada: un regalo que os ha sido concedido para que cuidéis de él.*

Tomáoslo con calma. Los bebés responden a movimientos lentos, sencillos y suaves. Éste es su ritmo natural, y hemos de respetarlo. En lugar de intentar hacer que vuestro bebé se adapte a vuestro ritmo, reducid la marcha vosotros hasta ir a su paso. De este modo, seréis capaces de ver y escuchar en lugar de entrar corriendo. Además de ser bueno para él, es bueno para vosotros que aligeréis la marcha o cojáis el ritmo de su tempo, menos estresante. Por eso, sugiero que respiréis profundamente tres veces antes de coger en brazos a vuestro bebé. En el próximo capítulo, profundizaré en los temas de disminuir el ritmo y prestar más atención.

3

PLAN «SLOW» PARA AMINORAR LA MARCHA (Y APRENDER A COMPRENDER EL LENGUAJE DE VUESTRO BEBÉ)

> *Creemos que una madre que sabe leer las señales de su bebé y de entender lo que el bebé intenta comunicarle será capaz de proporcionarle un entorno de crecimiento que enriquezca su desarrollo y facilite la cognición más adelante.*

DOCTOR BARRY LESTER, «The Crying Game», *Brown Alumni Magazine*

BEBÉS: EXTRAÑOS EN UNA TIERRA EXTRAÑA

Intento ayudar a los padres a ponerse en la piel de sus bebés, y lo hago explicándoles que un recién nacido es como un visitante en un país extranjero. Les pido que imaginen que viajan a una tierra extraña y fascinante. El paisaje es bello, y la gente es agradable y abierta, se les ve en los ojos y en las caras sonrientes. Pero obtener lo que necesitáis puede ser bastante frustrante. Entráis en un restaurante y preguntáis: «¿Dónde está el cuarto de baño?» y os muestran una mesa y os ponen un plato de pasta bajo la nariz. O al contrario: buscáis una buena comida y el camarero os lleva al aseo.

Desde el momento en que viene al mundo, así es cómo se siente un recién nacido. No importa lo bien decorada que esté su habitación ni lo cálidos y bienintencionados que sean sus padres: los niños se ven bombardeados por sensaciones que no les resultan familiares y que no comprenden. La única forma de comunicación de los bebés, su lenguaje, son los llantos y los movimientos corporales.

También es importante recordar que los bebés crecen a su ritmo, no al nuestro. A excepción de los bebés de libro, el desarrollo de la mayoría de pequeños no sigue un calendario preciso. Es necesario que los padres adopten una posición más objetiva y observen los progresos de sus hijos; se trata de apoyarlos, no de entrar corriendo y rescatarlos cada vez que parece que algo no va bien.

FRENAR

Cuando me piden que ayude a los padres a averiguar por qué su bebé protesta o llora, sé que la madre y el padre están ansiosos y quieren que haga algo inmediatamente. Sin embargo, para su sorpresa, yo les digo: «Alto. Vamos a intentar imaginar qué nos está diciendo». Al principio, me quedo un poco atrás para ver los movimientos del pequeño: cómo agita los bracitos y las piernecitas, cómo enrolla la lengua y después la saca de la boquita, cómo arquea la espalda. Cada gesto significa algo. Presto mucha atención a la forma de llorar y a los sonidos que hace. El tono, la intensidad y la frecuencia forman parte del lenguaje de los bebés.

También asimilo el entorno. Imagino cómo es *ser* este bebé. Además de prestar atención a su apariencia exterior, a los sonidos y a los gestos que produce, miro por la habitación, me fijo en la temperatura y escucho los ruidos que hay en la casa. Observo el aspecto que tienen sus padres (nerviosos, cansados o enfadados) y escucho lo que dicen. Puede que les haga algunas preguntas del tipo:

«¿A qué hora le habéis dado la última comida?»

«¿Soléis llevarle a pasear antes de ponerlo a dormir?»

«¿Levanta las piernas hasta el pecho de esta manera muy a menudo?»

Entonces espero. Uno no se entromete en la conversación de un adulto sin saber exactamente qué se estaba diciendo, ¿no es cierto? Lo que se hace es esperar un momento para ver si es apropiado interrumpirla. Pero, a menudo, con los bebés, los adultos tienden a lanzarse de cabeza. Los arrullan, los mecen, les quitan el pañal, los acarician, los engatusan o los zarandean; puede que hablen demasiado alto o demasiado deprisa. Creen que son solícitos, pero no lo son: lo que hacen no aporta beneficio alguno. Y, a veces, debido a que actúan como consecuencia de su propia incomodidad en lugar de responder a las necesidades del niño, sin darse cuenta incrementan la angustia del pequeño.

Con los años, he aprendido el valor de evaluar antes de entrar corriendo; mantenerme al margen durante unos minutos se ha convertido casi en mi segunda naturaleza. No obstante, reconozco que los padres primerizos, que no están acostumbrados al sonido de los lloros y vierten su ansiedad sobre los bebés, sufren mucho. Por este motivo, he inventado otro acrónimo para ayudar a padres y demás adultos a frenar: SLOW.* La palabra recuerda que no hay que correr, y cada letra ayuda a recordar qué hay que hacer.

Parar. Manteneos al margen y esperad un instante. No tenéis que lanzaros en picado y coger a vuestro bebé en el preciso momento en que comienza a llorar. Respirad profundamente tres veces para centraros y mejorar vuestra percepción. También os ayudará a quitaros de la cabeza la voz y los consejos de

---

* En inglés, lento, es a su vez un acrónimo: S=*stop* (parar), L=*listen* (escuchar), O=*observe* (observar), W=*what's up?* (¿Qué ocurre?).

otras personas, que a menudo os lo ponen difícil a la hora de ser objetivos.

Escuchar. El lenguaje de vuestro bebé es el llanto. Este momento de duda no es para sugerir que deberíais dejar que el pequeño llorara, sino para escuchar qué os está diciendo.

Observar. ¿Qué os está diciendo su lenguaje corporal? ¿Qué sucede a su alrededor? ¿Qué pasaba justo antes de que vuestro hijo «dijera» algo?

¿Qué ocurre? Si reunís todos los factores (lo que habéis visto y oído así como el punto del programa diario en el que se encuentra el bebé) seréis capaces de saber qué os intenta decir.

SLOW

Siempre que vuestro bebé proteste o llore, probad esta sencilla estrategia, que necesita sólo unos pocos segundos.

Parar. Recordad que el llanto es el lenguaje de vuestro bebé.

Escuchar. ¿Qué significa este llanto en particular?

Observar. ¿Qué está haciendo vuestro bebé? ¿Qué más está pasando?

¿Qué ocurre? A partir de lo que oigáis y veáis, evaluad y actuad.

¿POR QUÉ PARAR?
Cuando el bebé llora, la inclinación natural de los padres es salir a rescatarlo. Puede que creáis que está angustiado o, lo

que es peor, puede que creáis que este llanto es malo. Debéis dominar estos sentimientos y reemplazarlos por un instante de reflexión. Os explicaré tres motivos importantes por los que os recomiendo que os detengáis.

1. *El bebé necesita desarrollar su propia «voz»*. Todos los padres quieren que sus hijos sean expresivos, es decir, que sean capaces de pedir lo que necesiten y hablar de lo que sientan. Desgraciadamente, muchas madres y padres esperan a que el niño empiece a desarrollar el lenguaje verbal para enseñarle a desarrollar esta capacidad tan importante. Sin embargo, las raíces de la expresión crecen en la más tierna infancia, cuando los bebés comienzan a «conversar» con nosotros mediante arrullos y llantos.

Teniendo esto en cuenta, considerad lo que ocurre cuando, en respuesta a cada llanto una madre se acerca el pequeño al pecho o le pone un chupete. No sólo acalla la voz del bebé, convirtiéndolo básicamente en un bobo, sino que inconscientemente le enseña a no pedir ayuda. Después de todo, cada tipo de llanto es una demanda del bebé, que dice: «Satisfaced mi necesidad». Ahora bien, dudo que vosotros le endiñéis un calcetín en la boca a vuestra pareja cuando dice que está cansada. En cambio, eso es básicamente lo que estamos haciendo a un bebé si le metemos algo en la boca en lugar de esperar un segundo y escuchar lo que está diciendo.

La peor parte de todo esto es que, al entrar corriendo al rescate del hijo, el padre le enseña sin querer a no tener voz. Cuando los padres no se paran realmente a escuchar y aprender cómo distinguir diferentes maneras de llorar, esos llantos, que numerosos estudios al respecto han probado que se diferencian ya desde el nacimiento, con el tiempo se acaban haciendo indistinguibles. En otras palabras, cuando no se responde al bebé o si a cada llanto se contesta con comida, el pequeño aprende que no importa cómo llore, ya que el resultado siempre será el mismo. Al final, acaba abandonando y todos sus llantos suenan de la misma manera.

2. *Tenéis que fomentar la capacidad para relajarse de vuestro bebé.* Todos sabemos la importancia que tiene en la vida adulta saber relajarse. Cuando estamos bajos de ánimo, tomamos un baño caliente, vamos a que nos hagan un masaje, leemos un libro o damos un paseo a paso ligero. Cada uno tiene su propio método de relajación, pero es importante saber qué es lo que te ayuda a relajarte o a dormirte. En los niños de diferentes edades, también vemos pruebas de esta capacidad. Puede que un niño de tres años se chupe el pulgar o agarre su peluche preferido cuando ya haya tenido suficiente actividad por ese día; en cambio, un adolescente puede que se encierre en su habitación y se ponga a escuchar música.

Bueno, ¿y qué hay de los bebés? Obviamente, no pueden salir a dar una vuelta o poner la tele para tranquilizarse, pero han nacido con equipamiento relajante (sus llantos y el reflejo de succión), y hemos de ayudarles a aprender cómo utilizarlo. Los bebés de menos de tres meses pueden no ser capaces de encontrarse los dedos, pero está clarísimo que pueden llorar. Entre otros propósitos, llorar es un modo de bloquear nuestra estimulación externa, motivo por el que los bebés lloran cuando están agotados. De hecho, cuando somos adultos, continuamos haciendo lo mismo. ¿Nunca habéis dicho: «Estoy tan harto que gritaría»? Lo que realmente queréis hacer es cerrar los ojos, taparos las orejas con las manos, abrir la boca y gritar, cosa que hará que todo lo demás quede bloqueado.

Ahora bien, no estoy abogando por que dejemos a los bebés llorar hasta que se queden dormidos, ni mucho menos. Creo que esta conducta sería tanto cruel como irresponsable. Pero sí que podemos utilizar su llanto de cansancio como señal: hacer que en su habitación haya menos luz y ruido para aislarlos de lo que pueda molestarlos. Además, a veces un bebé llora durante unos segundos —yo lo llamo llanto del «bebé fantasma»— (véase página 253) y después se pone a dormir el solito. Básicamente, lo que ha hecho ha sido relajarse él mismo. Si entramos corriendo en la habitación, es muy fácil que acabe perdiendo esta capacidad.

3. *Tenéis que aprender el lenguaje de vuestro bebé.* El plan SLOW es una herramienta que os ayudará a conocer a vuestro bebé y entender qué necesita. Si esperáis hasta distinguir realmente el llanto del pequeño y el lenguaje corporal que lo acompaña, podréis satisfacer las necesidades de vuestro bebé mejor de lo que lo haríais si os limitarais a ponerle un pecho en la boca o siguierais meciéndolo sin entender de veras lo que le ocurre.

No obstante, debo volver a hacer hincapié en el hecho de que parar unos segundos para llevar a cabo este proceso de evaluación mental no significa dejar que el bebé llore todo el tiempo. Sólo os estáis tomando un momento para aprender su lenguaje: así podréis satisfacer su necesidad y no lo dejaréis demasiado frustrado. De hecho, con este método acabaréis siendo tan buenos leyendo las señales que os envíe vuestro hijo que percibiréis el agobio antes de que tenga tiempo de descontrolarse. En resumen, pararse a mirar y escuchar y después evaluar cuidadosamente os da poder y os hace ser mejores padres.

LOS BENEFICIOS PROBADOS DE SINTONIZAR

El profesor de psiquiatría y comportamiento humano Barry Lester, del Centro de Desarrollo Infantil de la Brown University, lleva más de veinte años estudiando el llanto de los bebés. Además de clasificar los diferentes tipos de llanto, el doctor Lester ha llevado a cabo estudios en los que pedía a las madres que identificaran los llantos de su bebé de un mes. Cuando la percepción de la madre concordaba con la clasificación del investigador, se anotaba una coincidencia. Pues bien, los bebés cuyas madres obtuvieron más coincidencias tenían puntuaciones más elevadas en las pruebas mentales a los dieciocho meses de edad que los bebés cuyas madres consiguieron menos coincidencias, y habían aprendido entre el doble y el triple de palabras.

Un manual para escuchar

Necesitaréis algo de práctica para distinguir los diferentes tipos de llanto de vuestro bebé, pero recordad que escuchar implica también prestar atención a todo el cuadro para encontrar las claves de su significado. Supongamos que no estáis siguiendo el programa EASY; asumida esta premisa, a continuación os doy algunos consejos que os ayudarán a escuchar más atentamente:

Tened en cuenta la hora del día. ¿En qué momento del día ha empezado vuestro bebé a protestar o a llorar? ¿Acababa de comer? ¿Había estado jugando? ¿Durmiendo? ¿Es posible que tuviera el pañal mojado o sucio? ¿Puede que estuviera excitado? Revivid mentalmente lo que ocurrió antes o incluso el día anterior. ¿Acaso hizo algo nuevo, como darse la vuelta solo o gatear? (En ocasiones, un avance de este tipo o cualquier otro tipo de salto evolutivo afecta al apetito del bebé, a los patrones de comportamiento o a la actitud; véase página 160.)

Tened en cuenta el contexto. ¿Qué más ha ocurrido en la casa? ¿Ha estado ladrando el perro? ¿Alguien ha pasado la aspiradora o ha utilizado algún aparato ruidoso? ¿Había mucho ruido fuera? Cualquiera de estos aspectos puede haber alterado o asustado al bebé. Si alguien estaba cocinando, ¿es posible que emanaran olores desagradables de la cocina? ¿Había en el aire algún olor fuerte, como un ambientador o un aerosol? Los bebés son muy sensibles a los olores. También debéis tener en cuenta la temperatura de la habitación. ¿Había corriente? ¿Llevaba puesta el bebé demasiada ropa o tal vez poca? Si lo habéis tenido fuera de casa más rato que de costumbre, ¿ha estado sometido a visiones, sonidos u olores que no le resultaran familiares o a personas desconocidas?

Teneos en cuenta a vosotros mismos. Los bebés absorben las emociones de los adultos, especialmente las de su madre. Si estás más angustiada, cansada o enfadada de lo que es habitual, esto podría afectar al bebé. O tal vez hayas recibido una llamada telefónica preocupante o le hayas gritado a alguien. Si entonces le diste de mamar al bebé, es casi seguro que notara la diferencia en tu conducta.

Recordad también que, cuando un bebé llora, la mayoría de nosotros no somos objetivos en absoluto. La verdad es que no es muy diferente de lo que hacemos al ver a un adulto angustiado: proyectamos en esa persona lo que creemos que siente, basándonos en nuestras propias experiencias. Una persona puede ver la fotografía de una mujer que se lleva las manos al estómago y decir: «Está sufriendo», mientras que, al ver la misma fotografía, otra persona puede pensar: «Le acaban de dar una buena noticia: está embarazada». Cuando oímos llorar a un bebé, también nos proyectamos. Creemos saber lo que siente y, si la connotación es negativa, puede que nos pongamos tensos y nos preocupemos por lo que debemos hacer. El bebé capta nuestra inseguridad y nuestra ira. Una madre supo que estaba crispada cuando se descubrió «meciendo el cuco del bebé con demasiada fuerza».

Seamos realistas. Está bien no saber cómo hacer algo; está bien preguntarse cómo se ha de actuar. También está bien enfadarse. Tener dudas y sentimientos sólo os hace ser padres normales. Lo que no está bien es que proyectéis vuestra ansiedad o rabia en el bebé. Yo siempre digo a las madres: «Ningún bebé ha muerto nunca por llorar. Aunque signifique dejar a tu bebé llorar unos segundos más, primero sal de la habitación y tómate esos minutos extra para calmarte».

Consejo: *Para poder tranquilizar a un bebé, es necesario estar tranquilo uno mismo. Respira profundamente tres veces, sé consciente de tus sentimientos, intenta comprender de dónde provienen y, lo más importante, deja que la ansiedad y la ira te abandonen.*

¿BEBÉ QUE LLORA = MALA MADRE? NO, QUERIDA, NO ES ASÍ

Janice, de treinta y un años, una profesora de un parvulario de Los Ángeles con la que yo trabajaba, se las tenía con el plan SLOW porque no conseguía pasar de la primera letra. Siempre que Eric lloraba, Janice sentía que le tenía que rescatar. Como era de prever, lo que hacía era darle el pecho o ponerle el chupete. Una y otra vez le decía lo mismo a Janice: «Espera un poco, cariño, y así entenderás qué te está diciendo». Pero era como si no pudiera dominarse. Al final, un día se dio cuenta ella solita de lo que sucedía y compartió su punto de vista conmigo.

«Cuando Eric tenía dos semanas, tuve una conversación con mi madre, que entonces estaba en Chicago. Cuando nació, vino a verlo con mi padre y mi hermana, pero se marcharon después de que circuncidaran a Eric. A los pocos días, mientras hablábamos por teléfono, mi madre oyó llorar a Eric. "¿Qué le pasa?", me preguntó en un tono muy condescendiente. "¿Qué le estás haciendo?"»

A pesar de su dilatada experiencia con los hijos de otras personas, Janice aún se sentía insegura acerca de su aptitud como madre de su bebé, pero fue la velada insinuación de su madre lo que acabó de empujarla al borde del abismo. Después de aquella llamada, Janice quedó convencida de que estaba haciendo algo mal. Y, por si fuera poco, al final de la conversación su madre añadió: «Cuando tú eras pequeña no llorabas nunca. Yo era una madre excelente».

Allí estaba, uno de los malentendidos más grandes y dañinos que haya oído nunca: bebé que llora equivale a malos padres. Janice llevaba ese mensaje grabado en la mente; ¿quién podía culparla por intentar rescatar a Eric? No ayudaba demasiado que la hermana de Janice tuviera un bebé angelito que apenas lloraba. Eric, un bebé susceptible, era mucho más sensible: cualquier estímulo, por pequeño que fuese, agitaba su mundo. Sin embargo, Janice no podía ver su situación con claridad porque la angustia la ofuscaba.

No obstante, una vez que hubimos hablado sobre ello la perspectiva de Janice comenzó a cambiar. En primer lugar, recordó que su madre había tenido quien los cuidara las veinticuatro horas del día, tanto a ella como a sus hermanos, cuando eran pequeños. Tal vez el tiempo había cambiado la memoria de su madre, o quizás, la ayuda doméstica le había quitado de delante cualquier bebé llorón. A pesar de todo, la realidad es que todos los bebés lloran, a menos que algo vaya mal (véase el cuadro de la página siguiente). La verdad es que, en cantidad moderada, el llanto es bueno para los bebés: las lágrimas contienen un antiséptico que previene las infecciones oculares. El llanto de Eric era una indicación de que simplemente estaba intentando comunicar sus necesidades.

Llorar es normal y saludable, pero deberíais llamar al médico si:

● Un bebé normalmente alegre llora durante dos horas o más.

● Un llanto excesivo va acompañado de:

    Fiebre
    Vómitos
    Diarrea
    Convulsiones
    Flojedad
    Piel pálida o azul
    Dolor poco común o erupción

● Vuestro bebé no llora nunca o su llanto es extremadamente débil y suena más como el de un gatito que como el de un bebé.

Por supuesto, cuando Eric gemía a Janice le costaba mucho acallar la voz que gritaba en su cabeza: «¡Mala madre! ¡Mala madre!». Pero conocer la fuente de su angustia ayudó a Janice a meditar sus acciones en lugar de intentar silenciar a su bebé inmediatamente. La reflexión la ayudó a separar a su hijo del torbellino de emociones que estaba experimentando. También la ayudó a verlo más claramente como el chiquitín dulce y sensible: tenía poco que ver con el bebé angelito de su hermana, pero era un regalo igual de maravilloso y adorable.

Otra cosa que también ayudó a Janice fue intercambiar historias con otras madres primerizas de mi grupo, porque así vio que no estaba sola. Además, me encuentro con muchos padres que, al principio, tienen problemas con el método SLOW, porque apenas pueden pasar de la primera letra: no pueden pararse o, si lo hacen, tienen problemas para escuchar y observar, porque están preocupados intentando hacer que sus propios sentimientos no los abrumen.

POR QUÉ A VECES RESULTA DIFÍCIL ESCUCHAR

Existen muchas razones por las que a los padres les cuesta escuchar a un bebé que llora y ser objetivos acerca de lo que oyen. Tal vez uno o más de los siguientes aspectos sea aplicable a vosotros. Si es así, al principio puede que tengáis problemas para escuchar. Animaos: a menudo todo lo que se necesita para cambiar de perspectiva es estar alerta.

Tenéis la voz de otra persona en la cabeza. Puede que sean vuestros padres (como en el caso de Janice), o vuestros amigos, o una cuidadora determinada a la que habéis visto o de la que habéis oído hablar en los medios de comunicación. Además, a la experiencia de ser padres, aportamos toda una vida de interacciones pasadas, lo cual a su vez modela nuestro punto de vista sobre lo que se supone que un «buen padre o madre» ha de hacer o no. Esto incluye cómo se relacionaban con vosotros cuando erais pequeños, cómo se llevan vuestros amigos con sus hijos, qué habéis visto en la televisión y en las películas y qué habéis leído en los libros. Todos oímos a los demás en la cabeza. Lo que ocurre es que no hemos de escucharles.

> Consejo: *Sed conscientes de los «debería» que escondéis y aprended que no tenéis que obedecerlos. Puede que sean acertados para el bebé de otra persona, para otra familia, pero no para el vuestro.*

Por cierto, la voz de vuestra cabeza también puede decir: «Haz esto al revés de cómo lo hacen tal y cual», pero eso también limita mucho. Después de todo, casi nadie es un mal padre o madre en todo. Intentar no ser como una determinada persona lo convierte a él o a ella en un estereotipo de cartón. Digamos que la madre de uno de vosotros dos era más estricta con vosotros de lo que vosotros sois con vuestros hijos. Puede que también fuera increíblemente organizada o creativa. ¿Por qué echar a perder al bebé?

> Consejo: *La auténtica felicidad de ser padres se da cuando nos sentimos aptos y capaces para seguir nuestra propia voz interior. Mantened los ojos bien abiertos e informaos; considerad todas las opciones y todos los estilos de paternidad. Después, decidid lo que es apropiado para vosotros y vuestra familia.*

Atribuís intenciones y sentimientos adultos a vuestro bebé cuando llora. La pregunta que los padres me hacen con más frecuencia cuando un bebé llora es: «¿Está triste?». O me dicen cosas del tipo: «Es como si llorara para interrumpirnos mientras cenamos». Para un adulto, las señales del llanto están llenas de sentimiento, normalmente de tristeza, alegría y a veces rabia desbordantes. Aunque el hecho de que un adulto llore suela tener una connotación negativa, es normal y saludable tener una buena llorera de vez en cuando. En realidad, durante su vida cada uno de nosotros produce cerca de ¡treinta cubos de lágrimas! No obstante, los motivos por los que lloramos son diferentes de los que tienen los bebés. Ellos no lloran por tristeza. No lloran para manipular a los demás. No quieren desquitarse con uno ni arruinarle el resto del día a propósito. No han estado expuestos a las mismas experiencias que nosotros. Llorar es su manera de deciros: «Necesito ir a dormir» o «Tengo hambre» o «Ya basta» o «Tengo un poco de frío».

> Consejo: *Si notáis que estáis proyectando sentimientos o intenciones de adulto en vuestro bebé, pensad en el pequeño como si se tratara de un cachorrito que ladra o de un gatito que maúlla. No creeríais que alguno de ellos está sufriendo, ¿verdad? Pen-*

saríais sólo que están «hablando» con vosotros. Haced lo mismo con el bebé.

Proyectáis vuestros propios motivos o problemas sobre el bebé. Ivonne, cuyo bebé protesta antes de irse a dormir, ni siquiera aguanta oír los ruiditos por el transmisor que pone en la habitación del pequeño; en cuanto oye algo, sale corriendo. «Oh, pobre Adam», dice en cuanto lo ve. «¿Te sientes solo aquí sin nadie? ¿Tienes miedo?» El problema no es el pequeño Adam, sino Ivonne. Lo que significa realmente «Oh, pobre Adam» es «Oh, pobre de mí». Su marido viaja mucho, y nunca se le ha dado demasiado bien estar sola. En otra casa, Donald se preocupa en exceso cada vez que llora su hijo Timothy, de tres semanas. «¿Tiene fiebre?», me pregunta. «¿Levanta la pierna de esa manera porque le duele?» Por si esto fuera poco, entonces Donald da el siguiente paso: «Oh, no. Probablemente vaya a tener colitis como yo».

UN BEBÉ SANO LLORA

Qué puede querer decir	Qué no quiere decir
Tengo hambre.	Estoy enfadado contigo.
Estoy cansado.	Estoy triste.
Estoy excitado.	Me siento solo.
Necesito un cambio de escena.	Estoy aburrido.
Me duele la tripa.	Quiero desquitarme contigo.
Estoy incómodo.	Quiero interrumpir tu vida.
Tengo calor.	Me siento abandonado.
Tengo frío.	Tengo miedo a la oscuridad.
Ya no quiero más.	Odio mi cunita.
Necesito un abrazo o una palmadita.	¡Preferiría ser el bebé de otra persona!

Las obsesiones personales pueden debilitar nuestro poder de observación. El remedio consiste en saber cuál es nuestro talón de Aquiles y, siendo conscientes de ello, dejar de imaginar lo peor cada vez que el bebé llore.

Una persona a la que le cueste quedarse sola puede que piense que el bebé llora porque está solo. Si alguien es hipocondríaco tal vez le parezca que cada grito es señal de enfermedad. Cuando alguien es propenso a los accesos de ira, puede que piense que el bebé está enfadado también. Si se trata de un padre con la autoestima baja, es posible que a sus ojos el llanto del bebé indique que se siente mal consigo mismo. Puede que, si alguien se siente culpable por tener que irse a trabajar, interprete que su hijo llora porque le ha echado de menos. (Para descubrir los motivos por los que realmente lloran los bebés, véase cuadro de las páginas 119-121.)

Consejo: *Tomaos siempre un momento para preguntaros: «¿Estoy en auténtica sintonía con lo que mi bebé necesita o reacciono a mis propios sentimientos?».*

Tenéis un nivel de tolerancia bajo ante sonido que produce el llanto. Ésta puede ser la causa de que oigáis voces en la cabeza; era el caso de Janice. Pero afrontémoslo, el tono de un bebé que llora puede cansar mucho. El llanto de un bebé no suena en mis oídos como algo negativo: tal vez porque me he pasado la mayor parte de mi vida adulta rodeada de pequeñines, pero casi todos los padres, al menos al principio, ven el hecho de llorar como una cosa negativa. Observa este fenómeno siempre que pongo mi cinta de tres minutos de llanto de bebé a los padres que van a las clases preparto.

Al principio ríen con nerviosismo; después empiezan a revolverse en sus asientos y a cambiar de postura; al final de la cinta, a juzgar por al menos la mitad de las miradas de la habitación (a menudo de los hombres) se nota que están incómodos, cuando no visiblemente turbados. En este punto, siempre pregunto: «¿Cuánto rato ha estado llorando este bebé?». A nadie le ha parecido nunca menos de seis minutos. En otras palabras, siempre que un bebé llora, a la mayoría de personas les parece que lo hace el doble de tiempo.

Además de eso, algunos padres tienen una tolerancia al ruido más baja que otros. Su respuesta comienza como algo meramente físico, pero entonces la mente se pone a actuar también. El llanto taladra el silencio del adulto y el padre primerizo piensa automáticamente: «¡Oh, Dios mío! ¡No sé qué hacer!». A menudo, los papás que no toleran los llantos me piden que «haga algo», aunque las madres también dicen que su día ha ido cuesta abajo si su bebé ha pasado la mañana de mal humor.

Leslie, que tiene un hijo de dos años, admite que: «Ahora que Ethan me puede pedir las cosas, todo es mucho más fácil». Recuerdo cuando Leslie era madre primeriza. No podía soportar que su bebé llorara, no sólo por el ruido; también las lágrimas del pequeño le rompían el corazón, porque estaba convencida de que, de alguna manera, había sido ella la causante del sufrimiento. Me llevó tres semanas de vivir con Leslie convencerla de que el llanto era la voz de Ethan.

Por cierto, no sólo las madres intentan silenciar a los bebés con el pecho. Cada vez que el recién nacido Scott lloraba durante más de unos segundos, Brett, un padre con el que trabajé hace poco, insistía en que su esposa diera de mamar al pequeño. No sólo Brett tenía un umbral de ruido bajo, sino que, además, no dominaba la angustia de su esposa ni la suya propia. A pesar de que ambos eran ejecutivos de alto nivel, el bebé había desmontado su confianza. Además de esto, ambos estaban convencidos de que el hecho de que Scott llorara no era nada bueno.

Consejo: *Si sois especialmente sensibles al ruido puede que tengáis que trabajar para aceptarlo: ésta es vuestra vida en estos momentos. Tenéis un bebé, y los bebés lloran. No durará eternamente. Cuanto antes aprendáis su lenguaje, menos llorará, aunque no dejará de hacerlo por completo. Mientras tanto, no convirtáis este hecho en algo negativo. También podéis poneros tapones en los oídos o llevar cascos: no evitarán que oigáis al bebé, pero sí que disminuirán el sonido un poco. Como observó una amiga mía de Inglaterra: «He oído más Mozart que llantos».*

Os avergonzáis de que vuestro hijo llore. Debo decir que este sentimiento tan común parece afligir a las mujeres más que a los hombres. Presencié una muestra de ello en la sala de espera de un dentista en la que estuve sentada unos veinticinco minutos. Frente a de mí había una madre con un bebé que debía de tener unos tres o cuatro meses. Vi que la madre le daba primero un juguete y después, cuando el crío se aburría de él, le sacaba otro. El pequeño comenzó a protestar, de modo que la madre probó con un tercer juguete. Vi que la atención del bebé iba disminuyendo rápidamente. También vi que la madre empezaba a temerse lo que vendría después: en su cara se dibujó una expresión que quería decir: «¡Oh, no! Sé lo que viene ahora». Y tenía razón. El pequeño comenzó protestar y el llanto se convirtió enseguida en el típico de un bebé cansado. En este momento, la madre miró a su alrededor y, avergonzada, dijo a todos los presentes en la sala de espera: «Lo siento mucho».

Me supo tan mal por ella que me acerqué y me presenté. «No tienes que disculparte, querida. Lo que está haciendo tu pequeño es hablar. Te está diciendo: "Mamá, sólo soy un bebé y he llegado al límite de mi atención. ¡Necesito dormir!"».

Consejo: *Cuando salgáis de casa, es buena idea que llevéis un cochecito o un cuco para disponer de un lugar seguro en el que el bebé pueda dormir cuando esté cansado.*

Lo que aparece a continuación debe tenerse muy en cuenta, de modo que he pedido a mi editora que lo imprima en mayúsculas para que todos los padres y madres lo vean (haced cartelitos como éste y colgadlos por toda la casa, el coche y la oficina, y poned uno también en la cartera):

UN BEBÉ QUE LLORA NO EQUIVALE A SER MAL PADRE
Recordad también que vosotros y el bebé sois personas separadas: no os toméis su llanto como algo personal, no tiene nada que ver con vosotros.

Tuviste un parto difícil. ¿Recordáis a Chloe y a Seth, de quienes os hablé en el capítulo dos? Chloe estuvo de parto veinte horas porque Isabella estaba encallada en el canal del parto. Nueve meses después Chloe aún estaba apenada por su bebé: o al menos eso creía. Lo que de verdad ocurría era que había traspasado su propia decepción a Isabella. Había imaginado que daría a luz en casa sin ninguna dificultad. He observado frecuentemente esa tristeza persistente y los remordimientos en otras madres. En lugar de centrarse en el bebé que acaba de venir al mundo, se bloquean a causa de la autocompasión que sienten porque la realidad no ha alcanzado sus expectativas. Tienden a revivir mentalmente el parto. Se sienten culpables, sobre todo si el bebé tuvo algún problema, y se sienten indefensas. Pero, como no se dan cuenta de lo que está ocurriendo en realidad en su mente, no pueden superarlo.

Consejo: *Si ya han pasado dos meses desde que nació el bebé y continúas imaginando el momento del parto o explicando la historia a cualquiera que quiera escuchar, intenta pensar o hablar de ello de otro modo. En lugar de centrarte en el «pobre bebé», admite tu propia decepción.*

Cuando conozco a una madre primeriza que sé que no ha acabado de asimilar el parto, le sugiero que una charla con un pariente cercano o un buen amigo puede ser suficiente para hacerla cambiar de perspectiva. Como le dije a Chloe, intentando validar su experiencia pero al mismo tiempo instándola a abandonar el drama: «Veo lo difícil que fue. No obstante, no puedes ni arreglarlo ni cambiarlo, de modo que ahora has de moverte».

AFILAR EL PODER DE OBSERVACIÓN: UNA GUÍA COMPLETA

El llanto de un bebé va acompañado de gestos, expresiones faciales y posturas corporales. Para saber «leer» a vuestro bebé, se requieren prácticamente todos vuestros órganos sensoriales (oídos, ojos, dedos, nariz), así como la mente, que ayuda a reunirlo todo. Con el fin de ayudar a los padres a aprender a observar, lo cual les permitirá interpretar el lenguaje corporal de sus hijos, he realizado un inventario mental de todos los bebés que he conocido y cuidado. Además de cómo sonaba su llanto, me pregunté qué aspecto tenían cuando estaban hambrientos, cansados, angustiados, cuando tenían frío, calor o el pañal mojado. Imaginé a mis diminutos pupilos en vídeo, pero sin sonido, lo cual me obligó a centrarme en el aspecto que tenían sus caras y cuerpos.

A continuación, aparece una visión completa de lo que observé en mi vídeo imaginario. Es preciso tener en cuenta que este lenguaje corporal es el que utilizan los bebés hasta que tienen cinco o seis meses, momento en el que comienzan a tener más control sobre su cuerpo: por ejemplo, puede que se chupen el dedo para tranquilizarse. Aparte de esto, la comunicación continúa siendo básicamente la misma incluso después de esta edad. Además, si empezáis ahora, para entonces conoceréis a vuestro bebé y es muy probable que comprendáis el dialecto de su cuerpo en particular.

Lenguaje corporal	Traducción
CABEZA	
• Se mueve de lado a lado	• Está cansado
• Gira la cabeza para no ver un objeto	• Necesita un cambio de paisaje
• Se pone de lado y estira el cuello hacia atrás (con la boca abierta)	• Tiene hambre
• Si está en posición erguida, cabecea, como una persona que se está quedando dormida en el metro	• Está cansado
OJOS	
• Rojos, inyectados en sangre	• Está cansado
• Se le cierran lentamente y los abre de par en par; vuelve a cerrarlos lentamente y a abrirlos de par en par de nuevo, y así sucesivamente	• Está cansado
• Mirada perdida: ojos abiertos y sin parpadear, como si los aguantaran con palillos de dientes	• Está muerto de cansancio; excitado
BOCA/LABIOS/LENGUA	
• Bosteza	• Está cansado
• Frunce los labios	• Tiene hambre
• Parece que va a gritar pero no lo hace; al final, un jadeo precede a un lamento	• Tiene gases o le duele algo
• El labio de abajo tiembla	• Tiene frío
• Se chupa la lengua	• Se tranquiliza a sí mismo; a veces se confunde con hambre

Lenguaje corporal	Traducción
BOCA/LABIOS/LENGUA	
• Arquea la lengua hacia los lados • Arquea la lengua hacia arriba, como una lagartija; no chupa al mismo tiempo	• Tiene hambre • Tiene gases o le duele algo
CARA	
• Hace muecas y a menudo parece como si mascara un caramelo de café con leche; si está tumbado, puede que también jadee, ponga los ojos en blanco y tenga una expresión similar a una sonrisa • Roja; las venas de las sienes pueden sobresalir	• Tiene gases o le duele algo; o está evacuando • Ha llorado demasiado tiempo. Es consecuencia de aguantar la respiración; los vasos sanguíneos se dilatan
MANOS/BRAZOS	
• Se lleva las manos a la boca e intenta chupárselas • Juega con los dedos • Da golpes y no coordina en absoluto; puede llegar a arañarse • Agita los brazos y tiembla ligeramente	• Tiene hambre; si no ha comido desde hace dos horas y media o tres, ha de mamar • Necesita un cambio de escena • Está muy cansado o tiene gases • Tiene gases o le duele algo
TORSO	
• Arquea la espalda y busca el pecho o el biberón • Se revuelve y mueve el culito de un lado a otro • Se pone tenso • Tiembla	• Tiene hambre • Tiene el pañal mojado; también puede ser frío o gases • Tiene gases o le duele algo • Tiene frío

Lenguaje corporal	Traducción
PIEL	
• Pegajosa y sudada	• Tiene mucho calor; o bien ha llorado durante demasiado rato, cosa que hace que el cuerpo desprenda calor y energía
• Extremidades azuladas	• Tiene frío o gases o le duele algo y ha llorado demasiado tiempo; cuando el cuerpo desprende calor y energía, la sangre se va de las extremidades
• Una especie de granitos diminutos	• Tiene frío
PIERNAS	
• Da patadas fuertes sin coordinación	• Está cansado
• Las levanta hasta el pecho	• Tiene gases o algún otro dolor abdominal

¿QUÉ OCURRE?

En este punto, tenéis que reunir todos los datos e imaginar qué ocurre, consultad la tabla que empieza en la página anterior, que os ayudará a evaluar los sonidos y movimientos que realiza vuestro hijo. Cada bebé es único, por supuesto, pero hay varios signos universales que normalmente nos dicen lo que necesita un bebé. Si prestáis atención iréis comprendiendo el lenguaje de vuestro bebé.

A decir verdad, uno de los aspectos más gratificantes de mi trabajo es ver crecer a los padres, no sólo a sus bebés. Adquirir estas habilidades es más difícil para algunos padres que para otros. La mayoría de los padres con los que he trabajado aprenden a descodificar el lenguaje del bebé en cuestión de un par de semanas, si bien los hay que necesitan un mes.

Shelly. Shelly vino a mí porque estaba segura de que su hija tenía cólicos. Pero mientras íbamos hablando, salió a la luz el verdadero problema, y no era el cólico. Shelly era con toda seguridad «la más rápida del Oeste», como yo la denominaba cariñosamente. En cuanto Maggie hacía el menor ruido, Shelly la cogía en brazos y la mecía: antes, ya le había puesto un pecho en la boquita.

«No puedo dejarla llorar; si lo hago, me enfado y prefiero ponérmela al pecho que tomarla con ella», admitió Shelly. Yo también podía sentir la culpa de Shelly. «Debo de estar haciendo algo mal. Tal vez mi leche no sea buena.» Aquel cóctel letal de malos sentimientos hacía difícil que Shelly pudiera hacer siquiera una pausa, y mucho menos parar, escuchar y observar.

Para hacerle ver lo que estaba ocurriendo, primero pedí a Shelly que hiciera una tabla (véase página 96). En ella, tenía que anotar exactamente cuándo Maggie comía, jugaba y dormía. Sólo necesité mirar dos días para saber dónde radicaba el problema. Maggie comía literalmente cada veinticinco o cuarenta y cinco minutos. Su supuesto cólico estaba provocado por un exceso de lactosa, lo que significaba que su problema desaparecería por arte de magia si se le aplicaba el método EASY y comía a intervalos apropiados.

«Tu bebé perderá su capacidad de decir lo que quiere si no aprendes a sintonizar con lo que los diferentes lloros significan», le expliqué. «Todos empezarán a sonar como un gran llanto de "¡préstame atención!"»

Al principio, tuve que entrenar a Shelly ayudándola a identificar los diferentes llantos de Maggie. Tras unas cuantas sesiones, la madre estaba emocionadísima: era capaz de distinguir al menos dos de ellos: el de hambre, que era un ritmo continuo de *uaa, uaa, uaa,* y el de muerto de cansancio, que consistía en cortos estallidos parecidos a la tos que salían de la parte posterior de la garganta de Maggie, durante los cuales la pequeña se retorcía y arqueaba la espalda. Si Shelly no cogía a Maggie en este momento y la ayudaba a dormirse, esta protesta se convertía en alaridos supremos.

Como he indicado anteriormente, vuestro torbellino emocional puede interponerse, como le sucedió a Shelly. Utilizando la técnica SLOW la situación ha mejorado y sospecho que su habilidad irá a más. Y lo más importante, al ser consciente ayuda a la pequeña Maggie en tanto que ser individual con sentimientos y necesidades propios.

Marcy. Marcy, sin duda una de mis alumnas más destacadas, se convirtió en una campeona una vez que aprendió cómo sintonizar con su pequeño. En un principio, me llamó porque tenía los pechos hinchados y doloridos y parecía que su hijo era poco constante al mamar.

«Dylan sólo llora cuando tiene hambre», insistía la primera vez que nos vimos. Cuando me explicó que tenía hambre casi cada hora, supe que aún no distinguía los diferentes llantos de Dylan. Inmediatamente la ayudé a ver que tenía que hacer que su hijito de tres semanas entrara en un programa; eso haría que la jornada del pequeño tuviera una estructura predecible y, de paso, la suya también. Entonces, pasé una tarde con ella. En un momento determinado, Dylan empezó a emitir un llanto como si tosiera.

«Tiene hambre», anunció Marcy. Tenía razón: su bebe mamó bien, pero a los pocos minutos se quedó dormido.

Le pedí que lo despertara con delicadeza. Ella me miró como si le hubiera sugerido que lo torturara. Le enseñé a darle golpecitos en la mejilla (más trucos para despertar al bebé que se duerme durante la comida en la página 142). Dylan se puso a chupar otra vez. Se pasó un cuarto de hora de reloj mamando y, al final, hizo un buen eructo. Entonces lo tumbé en una manta y le acerqué varios muñecos de colores brillantes. Estuvo bastante contento durante unos quince minutos y entonces empezó a protestar. Aún no lloraba, sino que era más bien una queja.

«¿Lo ves?», dijo Marcy, «debe de tener más hambre».

«No querida, lo que ocurre es que se está cansando.»

Así que lo pusimos a dormir. (No entraré en detalles aquí porque en el capítulo 6 hablo de cómo poner a dormir a los bebés.) Baste con decir que en dos días Dylan era un niño plácido y comía cada tres horas. Y lo que es igual de importante, Macy era una mujer nueva. «Me siento como si hubiera aprendido una lengua extranjera compuesta de sonidos y movimiento», me confesó. Incluso comenzó a aconsejar a otras madres. «Tu bebé no llora sólo cuando tiene hambre», dijo a una madre de nuestro grupo de recién nacidos. «Tienes que mantenerte al margen un instante y esperar a ver qué está diciendo.»

Mantenerse a la velocidad del bebé

Sí, todo esto requiere práctica, pero os maravillaréis al ver de qué forma tan diferente reaccionaréis ante vuestro bebé una vez tengáis en mente este sencillo método. El plan SLOW también os hará cambiar de perspectiva. Os permitirá ver a vuestro bebé como la persona individual que es y os recordará que tenéis que escuchar su voz única. Tened en cuenta que emplear esta estrategia sólo os llevara unos segundos, pero, si los utilizáis, seréis los mejores padres que vuestro bebé podría haber esperado tener.

Cuando sepáis lo que el bebé dice y os dispongáis a responder, recordad el plan SLOW y moveos despacio y con suavidad en presencia del bebé.

Para ilustrar este punto en mi clase de padres primerizos, suelo hacer la siguiente demostración: pido a todo el mundo que se estire en el suelo. Sin decir nada, me dirijo hacia alguien, le cojo las piernas, se las levanto de golpe y se las lanzo hacia atrás, en dirección a su cabeza. Claro está, todo el mundo estalla en una carcajada, pero entonces les explico mis motivos: «¡Ésa es la sensación que tiene un bebé!».

Nunca hemos de asumir que está bien acercarse a un bebé sin presentarse o hacer algo sin avisar ni explicar qué estamos haciendo. Sencillamente, es poco respetuoso. De modo que, cuando vuestro pequeño llore y sepáis que es debido a que quiere que le cambien el pañal, explicadle qué es lo que vais a hacerle, transmitídselo y, cuando hayáis acabado, decidle: «Espero que ahora estés mejor».

En los próximos cuatro capítulos, trataré en detalle el tema de la comida, el cambio de pañales, el baño, los juegos y el sueño. Pero cualquier cosa que hagáis con o por vuestro pequeño, tomáosla con calma.

Causa	Escuchad	Observad	Otras maneras de evaluar / comentarios
Cansado o muerto de cansancio	Comienza como una protesta malhumorada de frecuencia irregular, pero, si no lo paráis pronto, aumenta hasta convertirse en el llanto propio de un bebé muerto de cansancio: primero, tres alaridos cortos seguidos por un llanto fuerte, después, dos respiraciones cortas y otro llanto más largo y agudo. Normalmente, si llora y llora y se le deja solo, acaba durmiéndose.	Guiños, bostezos. Si no lo ponéis a dormir, las señales físicas pueden incluir espalda arqueada, pataleo y agitación de brazos; puede agarrarse las orejas o las mejillas y arañarse la cara (un reflejo); si se coge en brazos, se revuelve e intenta darse la vuelta. Si continúa llorando, la cara se le encenderá de un rojo brillante.	De todos los llantos, los que más a menudo se malinterpretan son los de hambre. Por lo tanto, prestad mucha atención a cuándo aparecen. Puede que sea después de jugar o de que alguien lo haya arrullado. Cuando los bebés se retuercen, a menudo se cree equivocadamente que tienen cólicos.
Excitado	Llanto largo, fuerte, parecido al de un bebé muerto de cansancio.	Mueve los brazos y las piernas; vuelve la cabeza para no ver la luz; se dará la vuelta ante cualquiera que intente jugar con él.	Suele aparecer cuando el bebé se ha cansado de jugar y los adultos continúan intentando entretenerlo.
Necesita un cambio de escena	Protesta malhumorada que comienza con ruidos de preocupación, no con llanto directamente.	Se da la vuelta ante el objeto que está situado ante él; juega con los dedos.	Si empeora cuando se le cambia de posición, puede que esté cansado y necesite echar una siesta

Causa	Escuchad	Observad	Otras maneras de evaluar / comentarios
Dolor/gases	Chillido inconfundible, grito muy agudo que llega sin avisar; puede que contenga la respiración entre alarido y alarido y después comience otra vez.	Todo el cuerpo se tensa y se pone rígido, lo cual perpetúa el ciclo, porque entonces los gases no pueden pasar. Empuja las rodillas hacia el pecho, la cara se le contrae en una expresión de dolor, levanta la lengua como hacen las lagartijas.	Todos los recién nacidos tragan aire, y eso les hace tener gases. A lo largo del día, oiréis un pequeño sonido rechinante que sale de la parte trasera de la garganta y va acompañado de una mueca de dolor: en estos momentos, el bebé está tragando aire. Los gases también pueden ser provocados por patrones de alimentación irregulares (véase páginas 360-361).
Enfado: véase «excitado» y «cansado». Los bebés no están realmente enfadados; ésa es una proyección de los adultos. Sencillamente, no los interpretamos correctamente.			
Hambre	Ligero sonido como de tos que sale de la parte trasera de la garganta; entonces llega el primer lloro. Al principio, es corto y después se va haciendo más continuado, con un ritmo tipo uaa, uaa, uaa.	El bebé empieza a lamerse los labios sutilmente, saca la lengua y empieza a girar la cabeza a uno y otro lado; se lleva el puño a la boca.	La mejor manera para percibir el hambre es ver cuándo fue la última vez que comió el bebé. Si sigues el método EASY, te será más fácil. (Todo lo que necesitáis saber sobre la alimentación aparece en el capítulo 4.)

Causa	Escuchad	Observad	Otras maneras de evaluar / comentarios
Frío	Llanto a pleno pulmón mientras el labio de abajo tiembla.	Una especie de granitos diminutos en la piel; puede que tirite. Extremidades frías (manos, pies y nariz). La piel puede adoptar un matiz azulado.	A un recién nacido, le puede suceder después de bañarlo o cuando le estéis cambiando el pañal o vistiéndolo.
Tiene calor	Gimoteo de protesta que suena más como un jadeo, al principio leve, durante los cinco primeros minutos; si se le deja solo acabará llorando.	Está caliente, sudoroso y ruborizado, jadea en lugar de respirar con regularidad; pueden llegar a vérsele manchitas rojas en la cara y en la parte superior del torso.	A diferencia de este llanto, el de la fiebre es similar al llanto por dolor; cuando tiene fiebre, la piel está seca, no pegajosa. (Tomadle la temperatura para aseguraros.)
«¿Dónde estáis? Necesito que me abracéis.»	Los gorgoritos se vuelven de repente pequeños y cortos uaa que parecen los maullidos de un gatito; el llanto desaparece en el instante en que alguien lo coge en brazos.	Mira alrededor buscándoos.	Si lo captáis a la primera, no será necesario que cojáis al bebé en brazos. Una palmadita en la espalda y unas cuantas palabras dulces y tranquilizadoras son lo mejor, porque eso fomenta su independencia.
Ha comido demasiado	Protestas, incluso llanto, después de haber comido.	Devuelve leche con frecuencia.	A menudo, ocurre cuando la falta de sueño y la excitación se confunden con hambre.
Está evacuando	Gruñe o llora mientras le dan de comer.	Se retuerce y queda abatido; deja de comer; está evacuando.	Puede confundirse con hambre; la madre suele pensar que está haciendo algo mal.

4

COMER: EN CUALQUIER CASO, ¿DE QUIÉN ES LA BOCA?

Cuando una enfermera te dice que tu bebé tiene hambre, toca tu punto más débil. Gracias a Dios que leí y fui a clases.

MADRE DE UN BEBÉ DE TRES SEMANAS

Primero está la comida; después, la moral.

BERTOLT BRECHT

EL DILEMA DE LA MADRE

La comida es la fuente principal de la supervivencia humana. Los adultos tenemos múltiples alternativas, pero, sea cual sea la dieta que escojamos, siempre hay alguien que tiene algo que decir sobre ella. Por ejemplo, es muy posible que pudiera encontrar a cien personas que dieran su apoyo a una dieta vegetariana y se opusieran a las comidas con un alto contenido proteico. Seguro que no tendría problemas para encontrar a otras cien que creyeran a ciegas en una dieta rica en proteínas. ¿Quién tiene razón? En último término, no tiene importancia. A pesar de lo que digan los expertos, somos nosotros quienes hemos de tomar una decisión en lo que a nuestras dietas se refiere.

Desgraciadamente, las futuras madres se enfrentan a un dilema similar cuando han de decidir cómo alimentar a sus bebés. Dada la actual controversia entre lactancia materna y lactancia artificial, la elección se ve agravada por diferentes campañas publicitarias. Está claro que, en los libros sobre la lactancia materna o en las páginas web patrocinadas por la Liga Internacional de La Leche o por el Ministerio de Salud, ambos fervientes partidarios de la cultura del amamantamiento, el material que encontraréis va dirigido a dar al bebé leche humana. Pero también es muy probable que encontréis lo contrario en una página web patrocinada por un fabricante de leche maternizada. Afrontémoslo: si compras un manual sobre el arte de la cocina, es muy poco probable que encuentres información sobre cómo utilizar una batidora.

De modo que, como madre primeriza, ¿qué se supone que debes hacer? Intenta mantener una visión equilibrada y al final decide lo más apropiado para ti. Ten en cuenta todas las opiniones, pero sé precavida en lo referente a quién consultas y sobre qué; tienes que saber qué te están intentando vender. En cuanto a los amigos, escucha sus experiencias pero no prestes demasiada atención a las historias de terror. Es cierto que hay casos en los que un bebé que toma el pecho está mal alimentado, pero también los hay de leche artificial corrompida. No obstante, estos ejemplos distan mucho de ser la norma general.

En este capítulo, con el fin de conseguir que te hagas una idea más clara del panorama y puedas decidir, te proporciono información valiosa, eso sí, sin la ciencia y la estadística con las que los libros convencionales sobre lactancia materna suelen bombardear a las futuras mamás. Te animo a utilizar estos conocimientos y los consejos de sentido común que te ofrezco, pero sobre todo debes fiarte de tu instinto.

¿Decisión correcta/decisión incorrecta?

Una de las cosas que más entristece es que muchas madres, confundidas por lo que es «mejor» o lo que está «bien», a veces toman la decisión por razones incorrectas. Una y otra vez me llaman cuando nace un bebé para que haga de educadora de lactancia, y lo que descubro es que la madre se ha autoimpuesto un régimen de amamantamiento, ya sea porque su esposo o alguien de la familia la ha empujado a ello, porque tiene miedo de desprestigiarse ante sus amigos o porque ha leído u oído algo que la ha convencido de que realmente no hay otra alternativa.

Lara, por ejemplo, llamó a mi oficina porque había empezado mal. El pequeño Jasón no se cogía bien al pecho, y siempre que Lara intentaba darle de mamar, él se ponía a llorar. Su período posparto había sido especialmente malo porque le habían hecho una cesárea. No sólo tenía los pechos hinchados y doloridos, sino que además le dolía la operación. Mientras tanto, su marido, Duane, se sentía desorientado, indefenso y superado, y no es bueno que un hombre se sienta así.

Por supuesto, todo el mundo alrededor de la pareja daba su opinión. Los amigos que se dejaron caer por allí le aconsejaron que amamantara al pequeño. Una de sus amigas fue especialmente tajante. Ya sabéis a qué me refiero: de ésas que cuando tú les dices que te duele la cabeza te responden que ella tuvo migraña; y si a ti te han hecho la cesárea, a ella le hicieron la requetecesárea; si a ti te duelen los pezones, a ella se le infectaron. A Lara, la consoló hasta cierto punto.

Mientras tanto, allí estaba la madre de Lara, una mujer más bien austera que le decía a la menor de sus tres hijas que lo superara, que al fin y al cabo no era la primera mujer que daba el pecho a un bebé. Una de sus hermanas era igualmente antipática y no dejaba de insistir en que ella no había tenido ningún problema para hacer que sus hijos se cogieran al pecho. El padre de Lara no apareció, pero la madre anunció a todos que su padre estaba muy preocupado porque su hija lo estaba pasando mal y no podía volver a visitarla al hospital por segunda vez.

Al cabo de unos minutos de observar aquellas incursiones, pedí educadamente a todos que se marcharan e insté a Lara a que me explicara cómo se sentía.

«No puedo hacerlo, Tracy», me dijo mientras le rodaban por las mejillas lágrimas como puños. Lara me confesó que amamantar al bebé era demasiado duro. Durante los meses de embarazo, se había imaginado sosteniendo en brazos a un bebé que mamaba de su pecho rebosante de amor. La realidad no se parecía a la madona con su hijo que soñaba Lara. Ahora se sentía culpable y tenía miedo.

«Está bien», le dije. «Sí, es agobiante; y sí, es una responsabilidad. Pero, con mi ayuda, vas a superarlo.»

Lara sonrió débilmente. Para tranquilizarla más, le dije que todo el mundo pasa por una versión de lo que ella estaba experimentando. Como Lara, muchas mujeres no se dan cuenta de que dar de mamar es una habilidad que se aprende: requiere preparación y práctica. Y no todo el mundo puede o debe hacerlo.

DECIDIR CÓMO ALIMENTAR A TU BEBÉ

- Averigua las diferencias entre la leche maternizada y la leche materna.

- Considera la logística y tu propio estilo de vida.

- Conócete a ti misma: tu nivel de paciencia, hasta qué punto te parece cómoda la idea de dar el pecho en público, lo que sientes acerca de tus pechos y pezones, y cualquier otra idea preconcebida sobre la maternidad que pueda afectar a tu punto de vista.

- Recuerda que puedes cambiar de opinión y que siempre puedes decidir hacer ambas cosas (véase página 171).

TOMAR UNA DECISIÓN

En primer lugar, dar el pecho es más duro de lo que la mayoría de futuras madres imaginan. En segundo lugar, no lo es para todo el mundo. Como dije a Lara: «Se trata de satisfacer no sólo las necesidades del bebé, sino también las tuyas. Cuando la gente presiona a una madre que no quiere dar el pecho a su hijo o no se ha tomado su tiempo y no ha valorado los pros y los contras, este período no va a ser nada feliz.

La cuestión es que tenemos opciones. Existen argumentos fuertes tanto a favor de la leche maternizada como de la leche materna. Depende del individuo. Además, la elección no es simplemente fisiológica, sino también emocional. Yo insto a las mujeres a comprender tanto lo que está involucrado como lo que está en juego, tanto en el caso del bebé como de ellas mismas. Os recomiendo que busquéis una clase en la que podáis ver de veras cómo se da el pecho. Buscad a una madre que amamante a su hijo y escuchadla para haceros cargo de lo que os explique. Preguntad a vuestro pediatra, poneos en contacto con una comadrona o con una maternidad.

Recordad que los pediatras suelen estar predispuestos a un régimen de alimentación u otro. Por lo tanto, mientras exploréis vuestras opciones es mejor que consultéis a varios pediatras y no elijáis uno hasta que hayáis tomado una decisión acerca de la alimentación. En Los Ángeles, por ejemplo, conozco a varios médicos que fruncen el entrecejo cuando oyen hablar de la leche artificial; incluso los hay que no aceptan a una paciente que no dé el pecho a su hijo. Una madre que opte por la leche maternizada se puede sentir un poco incómoda con este tipo de médico. Por otro lado, si queréis dar el pecho a vuestros bebés y escogéis un pediatra que sepa poco sobre la lactancia materna tampoco os servirá de mucho.

Existen muchos libros sobre bebés que exponen las ventajas y desventajas de la leche artificial y la materna, pero he intentado tratar este tema de otro modo. Se trata de una decisión muy importante que parece desafiar a un enfoque racional. Por lo tanto, haré una lista de los puntos que se han de considerar y explicaré lo que opino de cada uno.

El vínculo madre-hijo. Las personas que abogan por la lactancia materna arguyen el vínculo como motivo por el que las mujeres han de dar el pecho. Os garantizo que las mujeres sienten una intimidad especial cuando su bebé mama, pero las madres que alimentan a sus hijos con biberón también se sienten cerca de sus hijos. Además, no creo que eso sea lo que consolide la relación entre una madre y su hijo. La auténtica intimidad se da cuando uno conoce a su bebé.

La salud del bebé. Muchos estudios pregonan los beneficios de la leche materna (siempre que la madre esté sana y bien nutrida). De hecho, la leche humana está compuesta en su mayoría por micrófagos, células que matan las bacterias, los hongos y los virus, y por otros nutrientes. Los partidarios de la lactancia materna suelen enumerar una ristra de enfermedades que la leche materna puede prevenir, incluidas infecciones de oído, infecciones de garganta por estreptococos, problemas gastrointestinales y de las vías enfermedades respiratorias superiores. Si bien estoy de acuerdo en que la leche humana es indudablemente buena para los bebés, no hay que exagerar. Los hallazgos de las investigaciones a menudo citadas representan probabilidades estadísticas; a veces, los bebés que maman también contraen estas enfermedades. Además, la composición de la leche materna varía significativamente a cada hora, a cada mes, y en cada mujer. También está el tema de que la leche artificial que existe hoy en día está más refinada y llena de nutrientes que nunca. Si bien no puede ofrecer al bebé una inmunidad natural, la leche artificial proporciona a los bebés la dieta recomendada de nutrientes que necesitan para crecer. (Véase también el cuadro «Las modas en la alimentación», que aparece en la página 138.)

La recuperación posparto de la madre. Tras el parto, dar el pecho supone varios beneficios para la madre. La hormona que se libera, la oxitocina, acelera la salida de la placenta y contrae los vasos sanguíneos del útero, lo que contribuye a disminuir la pérdida de sangre. Cuando la madre continúa dando el pecho al bebé, la liberación repetida de esta hormona hace que el útero recupere más rápidamente el tamaño que tenía antes del embarazo. Otra ventaja para la madre es que pierde peso más rápidamente tras el parto; la producción interna de leche quema calorías. No obstante, esto queda contrarrestado por el hecho de que una madre que da el pecho debe pesar entre dos y cuatro kilos más de lo normal para asegurar que el bebé reciba la nutrición adecuada. Con la leche maternizada, una no ha de preocuparse por esas cosas. Independientemente de cuánto coma una madre, se le hincharán los pechos y los tendrá muy sensibles. Una madre que alimenta a su bebé con biberón pasa por un período a veces doloroso cuando la leche de sus pechos baja, aunque una madre que amamanta a su hijo puede tener otros problemas con los pechos (véase páginas 161-162).

La salud a largo plazo de la madre. Los estudios sugieren que dar el pecho puede proteger a las mujeres contra el cáncer de mama premenopáusico, la osteoporosis y el cáncer de ovario.

El aspecto físico de la madre. Cuando el bebé viene al mundo, las mujeres suelen decir: «Quiero volver a tener mi cuerpo». No es una cuestión de pérdida de peso, sino de aspecto físico. A algunas mujeres, les parece que dar el pecho significa abandonar su cuerpo. Además, amamantar cambia el aspecto de los pechos de la mayoría de las mujeres aún más de lo que lo hace el embarazo. Cuando se da de mamar, se producen determinados cambios fisiológicos *irreversibles* que hacen posible que los pechos produzcan leche con más eficiencia: los conductos se empiezan a llenar de leche y, cuando el bebé se coge al pecho, los senos galactóforos laten y dicen al cerebro que mantenga una reserva permanente. (Véase cuadro «Cómo producen leche los pechos» en la página 147.) Algunas madres que tienen los pezones planos acaban teniéndolos enormes tras dar el pecho. Si bien cambian de nuevo cuando la mujer deja de dar el pecho, nunca vuelven a ser lo que habían sido. La mujeres de pechos pequeños que dan de mamar durante más de un año se quedan planas como una tabla; a las mujeres de pechos grandes, pueden quedárseles caídos. Por lo tanto, si a una mujer le preocupa su físico, puede que lo mejor sea que no dé el pecho. Es probable que le digan que esta postura es egoísta, pero ¿quiénes son los demás para hacerla sentir culpable?

Otro factor es la comodidad emocional y física que se pueda sentir con la idea de poner el pecho en la boca de un bebé. A veces, se da el caso de que a algunas mujeres no les gusta tocarse los pechos, ni siquiera sostenérselos, o no les gusta que les estimulen los pezones. Si una mujer se siente incómoda con esto, es muy probable que tenga problemas a la hora de dar de mamar.

Dificultades. Si bien dar el pecho es, por definición, «natural», la técnica es una habilidad que se aprende, más difícil, al menos al principio, que dar el biberón. Es importante que las madres practiquen el arte dar de mamar incluso antes de que nazca el bebé (véase página 147).

Comodidad. Oímos muchas cosas sobre lo cómodo que es dar el pecho. En parte es cierto, sobre todo a media noche (cuando el bebé llora, la madre no ha de hacer más que sacarse el pecho). Y si la madre sólo le amamanta, no tendrá que esterilizar biberones ni tetinas. Sin embargo, la mayoría de mujeres también se saca la leche de los pechos, lo que significa que han de invertir un tiempo en extraerse la leche y han de ir de un lado a otro con biberones a cuestas. Además, mientras que dar el pecho puede ser cómodo en el terreno propio, a muchas mujeres les resulta difícil encontrar tiempo y espacio para sacarse la leche en el trabajo. Finalmente, la leche materna siempre está a la temperatura adecuada. Aunque aquí hay algo que puede que no sepamos: no es necesario calentar la leche maternizada (al parecer los bebés no muestran una preferencia), de modo que, como mínimo la versión premezclada, es al menos tan cómoda como la leche materna. Asimismo, ambas requieren precauciones de guardado (sobre cómo guardar la leche materna véase página 155 y sobre cómo guardar la leche página 168).

Precio. Durante el primer año de vida del bebé, necesitaréis una media de 401,5 kilos 1 kilo y 100 gramos al día menos, claro está, cuando sea recién nacido. La leche materna es, sin lugar a dudas, la alternativa más barata porque es gratis. Aunque se tengan en cuenta los gastos de un asesor en materia de amamantamiento, las clases, los diversos accesorios y el alquiler de un extractor de leche, los gastos mensuales son de unos 60 euros, la mitad de lo que se suele gastar si se compra leche artificial. Se pueden comprar la mayoría de leches en polvo (que se han de mezclar con agua), concentradas (que requieren una parte igual de agua), o la versión lista para comer que, comprensiblemente, resulta la más cara, pues puede llegar a costar unos 180 euros al mes. (No incluyo el coste de los biberones ni de las tetinas, porque muchas madres que dan el pecho también los compran.)

LAS MODAS EN LA ALIMENTACIÓN

En la actualidad, dar el pecho es el último grito. Eso no significa que la leche artificial sea mala. De hecho, en los años de la posguerra, la mayoría de personas creía que la leche artificial era mejor para los bebés, y sólo un tercio de las madres amamantaba a sus hijos. En la actualidad, el sesenta por ciento de las madres dan el pecho, aunque menos de la mitad continúan haciéndolo cuando el bebé tiene seis meses. ¿Quién sabe? Mientras se escribe este libro, los científicos experimentan con vacas alteradas genéticamente capaces de producir leche humana. Si esto llega a ocurrir, tal vez en el futuro todo el mundo ofrezca leche de vaca.

De hecho, un artículo de 1999 publicado en el *Journal of Nutrition* sugiere «que puede que al final sea posible diseñar leches maternizadas que satisfagan mejor las necesidades de los bebés que la leche que mamen del pecho de su madre».

El papel de tu compañero. Algunos padres se sienten al margen cuando la madre da el pecho, pero la decisión ha de ser de la mujer. La verdad es que la mayoría de madres, independientemente de cómo alimenten a sus bebés, quieren que su compañero se implique, y él debería hacerlo. Implicarse es más cuestión de motivación e interés que de método de alimentación. El compañero puede participar tanto si la madre decide dar el pecho al bebé como si prefiere la leche artificial, siempre que ella tenga la intención de extraerse la leche del pecho.

Con ambos regímenes de alimentación, la ayuda del padre se traduce en un respiro muy necesario para la madre.

UN CONSEJO PARA EL PADRE

Puede que quieras que tu compañera dé el pecho porque tu madre o tu hermana lo hicieron, o porque creas que es mejor. O quizá no quieras que lo haga. En cualquier caso, tu compañera es un individuo; en su vida, ha de tomar decisiones, y éste es uno de esos momentos. Por querer dar el pecho, no te quiere menos, ni es una mala madre si no lo hace. No digo que no debáis discutir vuestras preocupaciones pero, en último término, la decisión es suya.

Contraindicaciones para el bebé. A partir de los resultados del seguimiento metabólico que se realiza de forma rutinaria a los recién nacidos para comprobar que no tienen determinadas enfermedades, tu pediatra puede advertirte contra la lactancia materna. De hecho, en algunos casos, se recomiendan leches maternizadas sin lactosa muy específicas. Asimismo, si un bebé tiene un grado muy alto de ictericia (provocado por un exceso de bilirrubina, una sustancia amarillenta que segrega el hígado), algunos hospitales insisten en que tome leche artificial (véase página 171). En cuanto a la alergia a las leches maternizadas, creo que la gente tiende a preocuparse en exceso por esa cuestión. Una madre puede decirme que a su hijo le ha salido un sarpullido o que tiene gases por culpa de una determinada marca de leche, pero los bebés que toman el pecho también desarrollan estos problemas.

Contraindicaciones para la madre. Algunas madres no pueden amamantar a su hijo porque se han operado los pechos (véase cuadro de la página siguiente), porque tienen una infección, como el SIDA, o porque toman un medicamento que pasa a la leche, como el litio o cualquier tranquilizante mayor. Aunque las investigaciones indican que los factores físicos como el tamaño de los pechos y la forma de los pezones son irrelevantes, algunas madres tienen más problemas que otras para conseguir un buen flujo y que el bebé se coja al pecho. La mayoría de problemas pueden tratarse (véase páginas 161-162), pero algunas madres no tienen paciencia para hacerlo.

Lo más razonable es pensar que, si bien es bueno que el bebé tome leche materna, especialmente durante el primer mes, si ésta no es la elección de la madre o si existe alguna razón por la que la madre no pueda darle el pecho, la alimentación con leche artificial es una alternativa perfectamente aceptable y, para algunos, la alternativa preferible. Puede que una mujer sienta que no tiene tiempo para dar el pecho a su hijo, o puede ser simplemente que la idea de amamantarlo no le atraiga. Especialmente cuando no se trata del primer hijo, puede temer que el hecho de dar el pecho al bebé vaya a perturbar el equilibrio de la familia: puede que su hijo mayor tenga celos.

En cualquier caso, cuando una mujer no quiere dar el pecho, hemos de apoyarla y no permitir que se sienta culpable. También hemos de dejar de usar la palabra «obligación» sólo cuando hablamos de amamantar. Cualquier tipo de régimen alimenticio requiere compromiso.

SI TE HAS OPERADO LOS PECHOS

- Si se trata de una reconstrucción o una reducción, entérate de si el cirujano cortó a través del pezón o tras el esternón. Aunque te cortaran el conducto galactóforo, el bebé aún puede mamar si utilizas también otro sistema mediante el que pueda succionar el pezón y tubo de alimentación simultáneamente.

- Busca un asesor en lactancia que te ayude a determinar si el bebé se coge al pecho correctamente y que, en caso necesario, te muestre cómo utilizar un sistema suplementario de alimentación.
- Pesa a tu bebé cada semana durante al menos las seis primeras para asegurarte de que gana peso a un ritmo apropiado.

DARLE DE COMER FELIZMENTE PARA SIEMPRE

Si se empieza bien, se tiene media batalla ganada (para conocer detalles sobre las primeras comidas: si das el pecho, véase página 149; si das leche artificial, véase página 167). Es importante reservar un lugar especial en casa sólo para dar de comer al bebé (la habitación del bebé o algún sitio tranquilo que esté lejos del ajetreo de la casa). Tómate tu tiempo. Respeta el derecho del bebé a comer tranquilamente. No hables por teléfono ni converses con Nelly por el balcón mientras das de mamar o el biberón a tu hijo. Se trata de un proceso interactivo y, por lo tanto, tú también has de prestar atención. Así es cómo uno conoce a su bebé, y así es cómo el bebé te conoce a ti. Además, a medida que tu hijo vaya creciendo, se irá haciendo más susceptible a las distracciones visuales o auditivas, y eso puede interferir con su alimentación.

Las madres suelen preguntarme: «¿Es malo que hable con el bebé mientras le doy de comer?». Por supuesto que no, siempre que lo hagas con tranquilidad y amabilidad. Piensa en ello como en una conversación a la luz de las velas. Habla en voz baja, sin decir nada brusco, y anímale: «Vamos, come un poquito más: tienes que comer un poquito más». Yo suelo hacer gorgoritos o les acaricio la cabeza. Haciendo esto no sólo entro en contacto con el bebé, sino que además lo mantengo despierto. Si un bebé cierra los ojos y deja de chupar, le digo: «¿Estás ahí?», o «Vamos, no hay que dormirse en el trabajo; ¡y éste es el único trabajo que tienes!».

El temperamento influye en el modo de comer de un bebé. Como era de prever, los bebés angelito y de libro suelen ser buenos comedores, aunque también lo son los movidos.

A menudo, los bebés susceptibles se quedan frustrados, sobre todo cuando toman el pecho. Estos pequeños no admiten demasiada flexibilidad. Si empiezas a dar de comer a un bebé susceptible en una posición, ha de continuar en ella hasta que acabe. Además, no puedes hablar en voz alta, de posición ni cambiar de habitación.

Los bebés gruñones son impacientes. Si les das el pecho, no les gusta esperar la bajada de la leche. A veces, tiran del pecho. En bastantes casos, se les da bien el biberón, siempre que la tetina deje pasar bastante leche (más información sobre tetinas en la página 172).

Consejo: *Cuando el bebé se quede medio dormido mientras come, prueba cualquiera de estas estrategias para volver a estimular su reflejo de succión: haz un movimiento circular suave en la palma de su mano con el pulgar; ráscale la espalda o la axila; pasea los dedos sobre su columna vertebral. Nunca le pongas un trapo húmedo en la frente para mantenerlo despierto ni le hagas cosquillas en los pies, como sugieren algunas personas. Eso es como si yo me metiera debajo de la mesa y fuera diciendo: «No te has comido todo el pollo, así que te voy a hacer cosquillas en los pies para que te lo acabes». Si ninguna de estas estrategias funciona, yo dejaría que el bebé durmiera media hora. Si tu bebé se duerme siempre mientras está comiendo y te cuesta despertarlo, pide consejo al pediatra.*

Como ya he explicado detalladamente en el capítulo 2, independientemente del régimen alimenticio que elija una madre, yo nunca soy partidaria de dar de comer al bebé cuando lo pida. Aparte del hecho de que el pequeño se acabará convirtiendo en un bebé absorbente, lo que suele suceder es que los padres, que aún no han sintonizado con los diferentes sonidos que realiza su bebé, creen siempre que llanto equivale a hambre. Por eso, tenemos un montón de bebés sobrealimentados, un problema que a menudo se malinterpreta como un cólico (véase página 357). En cambio, si haces que el bebé entre en un programa EASY, le podrás dar de comer cada dos horas y media o tres si le das el pecho o cada tres o cuatro si le das leche artificial, y sabrás que los llantos que puedan surgir entre cada toma deben a otros motivos.

En los apartados que siguen, trato con detalle varios temas relacionados con la lactancia materna, la alimentación con leche maternizada y la combinación de ambas cosas. Pero antes, a continuación, presento algunas cuestiones que surgen con independencia de la forma en que se alimente tu bebé.

Posiciones para comer. Tanto si le das el pecho como el biberón, debes acomodar a tu hijo en el hueco de tu brazo, más o menos a la altura del pecho (aunque le des el biberón), de manera que la cabeza le quede ligeramente elevada, el cuerpo en línea recta y no tenga que estirar el cuello para alcanzar el pecho o coger el biberón. El bracito que quede más cerca de ti ha de estar pegado a su cuerpo o rodearte el costado. Ten cuidado de no inclinarlo de modo que la cabeza le quede más baja que el cuerpo, esto haría que le costara mucho tragar. Si le das el biberón, tu bebé debería estar tumbado sobre la espalda; si mama, tendría que estar ligeramente girado hacia ti, con la cara sobre tu pezón.

Hipo. Todos los bebés tienen hipo, a veces después de comer, otras después de la siesta. Se cree que se produce cuando tienen la tripa llena o cuando comen deprisa, y esto es exactamente lo que ocurre a los adultos que engullen la comida.

El diafragma pierde el ritmo. No se puede hacer demasiado, excepto recordar que el hipo se va igual de rápido que llega.

Eructar. Tanto si maman como si toman el biberón, todos los bebés tragan aire. A menudo, se puede oír: es un sonido estrangulado, como una bocanada. El aire se concentra en forma de burbujita en la tripa del pequeño y, a veces, hace que se sienta lleno antes de que su estómago lo esté realmente; por eso, es necesario hacerle eructar. A mí, me gusta hacerlos eructar antes de darles el pecho o el biberón, porque los bebés tragan aire incluso cuando están tumbados, y después los vuelvo a hacer eructar cuando han acabado de comer. Si un bebé se queda a medio comer y empieza a protestar, a veces puede significar que tiene un poco de aire. En ese caso, es apropiado hacerle eructar a media comida.

Existen dos maneras de hacer eructar a un bebé. Una consiste en sentarlo bien recto en el regazo y frotarle suavemente la espalda mientras su barbilla descansa sobre tu mano. La otra forma, que me gusta más, consiste en aguantar al bebé recto, recostado sobre tu hombro y con los brazos relajados. Tendría que tener las piernas rectas hacia abajo y crear una ruta directa para que el aire se mueva libremente hacia arriba y salga. Frota suavemente hacia arriba la zona izquierda a la altura del estómago. (Dale alguna palmadita más abajo, en los riñones.) Con algunos bebés basta con frotarles; otros necesitan unas palmaditas.

Si le has dado palmaditas y frotado la espalda durante cinco minutos y no eructa, es muy posible que el bebé no tenga aire en la tripa. Si lo tumbas y comienza a retorcerse, vuélvelo a coger suavemente y saldrá un suculento eructo. A veces, alguna burbuja de aire viaja más allá del estómago y entra en los intestinos. Esto puede provocarle un gran malestar. Te darás cuenta de que le ocurre esto porque levantará las piernas hacia la barriguita, llorará y tensará todo el cuerpo. A veces, también oirás cómo saca gases, momento en el que su cuerpo se relajará.

Ingesta y ganancia de peso. Independientemente de lo que coman sus pequeños, las madres primerizas se suelen preocupar: «¿Come suficiente mi hijo?» Las madres que dan el biberón pueden ver lo que ingieren. Algunas madres que dan el pecho sienten un hormigueo o tienen la sensación de que las pellizcan, lo cual a veces acompaña al reflejo de la bajada de la leche, de modo que al menos saben que están produciendo leche. Pero si una mujer no tiene esa sensibilidad, y ciertamente muchas no la poseen, siempre le digo: «Ves que tu bebé chupa, pero también escuchas que traga». Las madres que den el pecho y estén preocupadas también pueden recoger su «cosecha», como sugiero en el cuadro de la página 154. En cualquier caso, si el bebé está contento cuando acaba de comer, es señal de que come adecuadamente.

También recuerdo a los padres que «lo que entra tiene que salir». El recién nacido mojará entre seis y diez pañales cada veinticuatro horas. La orina será de color amarillo pálido o casi transparente. También hará entre dos y cinco deposiciones, y las heces serán desde amarillentas hasta tostadas, de una consistencia similar a la mostaza.

> Consejo: *Si utilizáis pañales desechables, éstos absorben tan bien el pipí que se hace difícil decir cuándo el bebé ha orinado o de qué color es el líquido. Al menos durante los diez primeros días coloca un pañuelo en el pañal de tu hijo para saber si orina y la frecuencia con que lo hace.*

Finalmente, el mejor indicador de la alimentación es que el bebé gane peso, teniendo en cuenta que los recién nacidos pierden hasta el diez por ciento de su peso de nacimiento durante los primeros días. En el útero, recibían alimento a través de la placenta constantemente. Ahora, han de aprender a comer de forma independiente y, al comienzo, les lleva su tiempo. Sin embargo, la mayoría de los bebés que nacen cuando se cumplen los nueve meses de embarazo, si se les proporcionan los líquidos y las calorías apropiados, recuperan su peso de nacimiento cuando tienen entre siete y diez días. A algunos, les lleva más tiempo, pero, si tu bebé no ha recuperado este peso en dos semanas, tienes que consultar al pediatra. Dentro del ámbito clínico, los bebés que no recuperan el peso de nacimiento en tres semanas son considerados bebés con «dificultades de desarrollo».

Consejo: *Los bebés de menos de 2 kilos 750 gramos no pueden permitirse perder el diez por ciento de su peso. En estos casos, se les ha de dar un suplemento de leche maternizada hasta que la madre tenga leche.*

La media normal de ganancia de peso es de entre 115 y 200 gramos por semana. No obstante, antes de que os obsesionéis por el peso que va ganando el bebé, tened en cuenta que los bebés que maman tienden a ser más flacos y ganar peso más lentamente que los que toman el biberón. Hay madres angustiadas que compran básculas o las alquilan. Personalmente, yo creo que, si visitáis al pediatra de forma regular, basta con pesar al bebé una vez a la semana durante el primer mes y, a partir de entonces, una vez al mes. No obstante, si tenéis una báscula, recordad que el peso fluctúa de un día a otro, de modo que no peséis al bebé con más frecuencia que cada cuatro o cinco días.

Existen libros enteros dedicados a la lactancia materna. Si ya has tomado la decisión de dar el pecho a tu bebé, apuesto a que ya tienes varios en la estantería. Como cuando se aprende cualquier habilidad, las claves son la paciencia y la práctica. Lee, ve a clases de lactancia o únete a un grupo de apoyo a la lactancia materna. Además de comprender cómo el cuerpo produce la leche (véase cuadro), esto es lo que yo considero más importante.

CÓMO PRODUCEN LA LECHE LOS PECHOS

Inmediatamente después de nacer el bebé, el cerebro segrega prolactina, una hormona que inicia y mantiene la producción de leche. La prolactina y la oxitocina se liberan cada vez que el bebé succiona el pecho de la madre. La areola, la zona oscura que hay alrededor del pezón, es lo bastante áspera para que el bebé la pueda coger y lo bastante blanda para que pueda apretar fácilmente. Cuando el bebé succiona, los senos galactóforos (una especie de lagunas que hay dentro de la areola) mandan una señal al cerebro: «¡Produce leche!». Cuando el bebé chupa, los senos galactóforos laten y activan los conductos galactóforos, que conectan el pezón con los alvéolos, los saquitos del interior del pecho en los que se almacena la leche. Este suave apretón actúa de bomba y hace que la leche salga de los alvéolos, entre en los conductos galactóforos y, finalmente, llegue al pezón, que actúa como un embudo y conduce la leche a la boca del bebé.

Practica cuando estés embarazada. La principal (y a menudo única) causa de los problemas a la hora de dar el pecho es que el bebé no se coge bien. Yo prevengo a las madres con las que trabajo sobre esta circunstancia porque las conozco entre cuatro y seis semanas antes de que salgan de cuentas. Les explico cómo trabajan sus mamas y les enseño a colocarse dos tiritas circulares en el pecho, dos centímetros y medio por encima y por debajo del pezón respectivamente, que es precisamente por donde se cogerán el pecho cuando amamanten a sus hijos. Esto hace que se acostumbren a colocar los dedos de la manera apropiada. Inténtalo tú misma y practica.

Recuerda que los bebés no chupan la leche del pezón de forma manual; la leche se produce mediante la estimulación que proporciona el bebé al chupar. Cuanta más estimulación, más leche. Por lo tanto, para que la operación se realice con éxito, es vital que la posición sea correcta y el bebé se coja bien al pecho. Cuando se consiguen estas dos cosas, dar el pecho se convierte en algo natural. Sin embargo, si el bebé no está bien puesto o correctamente cogido al pecho, los senos galactóforos no pueden enviar el mensaje al cerebro y no se liberan las hormonas necesarias para producir leche. En consecuencia, no se descarga leche y tanto el bebé como la madre sufren.

Consejo: *Para que el bebé se agarre bien al pecho, debe poner los labios alrededor del pezón y de la areola. En lo que a la posición correcta se refiere, estírale el cuello ligeramente para que la nariz y la barbilla toquen tu pecho. Esto ayudará a mantenerle la nariz libre sin que te tengas que aguantar el pecho. Si tienes mucho pecho, ponte un calcetín debajo para mantenerlo en alto.*

Dale el pecho por primera vez lo más pronto posible después del nacimiento. La primera comida es importante, pero no por la razón que imaginas. El bebé no tiene por qué tener hambre. Sin embargo, la primera comida establece un cliché en su memoria sobre cómo cogerse al pecho correctamente. Si es posible, haz que en la sala de partos haya una enfermera, una asesora de lactancia materna, una buena amiga o tu madre (si dio el pecho) para ayudarte a darle de mamar la primera vez. Cuando una madre ha tenido un parto vaginal, intento hacer que el bebé mame allí mismo, en la sala de partos. Cuanto más se retrase más puede costar. Las primeras dos horas, el bebé está más alerta. Durante los dos o tres días posteriores al parto, el bebé sufre una especie de conmoción, la secuela de su viaje por el canal del parto, y es probable que sus patrones de alimentación y de sueño sean irregulares. Así pues, cuando una mujer ha sufrido una cesárea y no puede alimentar a su hijo hasta pasadas tres o cuatro horas del nacimiento, tanto la madre como el bebé están groguis. Es estos casos, conseguir que el bebé se coja bien al pecho suele requerir más tiempo y paciencia. (No recomiendo a los padres que durante este tiempo despierten al bebé para comer, a menos que se trate de casos de bebés que han nacido con menos peso del normal: menos de 2 kilos y medio.)

Los dos o tres primeros días, producirás calostro, el componente más energético de la leche materna. Es espeso y amarillo, más parecido a la miel que a la leche, y está repleto de proteínas. Durante este tiempo, cuando la leche materna es casi puro calostro, debes dar de mamar quince minutos de cada pecho. En cambio, cuando empieces a producir leche, habrás de cambiar de pecho en cada toma, no durante ellas (véase el cuadro siguiente).

LACTANCIA MATERNA: LOS PRIMEROS CUATRO DÍAS

Cuando los bebés pesan 2 kilos 750 gramos o más al nacer, doy a sus madres una tabla como ésta que les sirva de guía para las primeras comidas.

	Pecho izquierdo	Pecho derecho
Primer día: dale de mamar todo el día, siempre que lo pida	5 minutos	5 minutos
Segundo día: dale de mamar cada dos horas	10 minutos	10 minutos

	Pecho izquierdo	Pecho derecho
Segundo día: dale de mamar cada dos horas	10 minutos	10 minutos
Tercer día: dale de mamar cada dos horas y media	15 minutos	15 minutos
Cuarto día: comienza a darle de mamar sólo de un pecho cada vez y a acostumbrarlo al programa EASY	40 minutos máximo, cada dos horas y media o tres, cambiando de pecho a cada comida	

Conoce tu propia leche y cómo la producen tus pechos. Pruébala. De ese modo, si ha estado guardada, sabrás si se ha agriado o no. Presta atención a lo que sientes cuando tienes los pechos llenos. Cuando la leche sale de ellos, la sensación suele ser de hormigueo. Algunas madres tienen una bajada de la leche rápida, como suele conocerse el reflejo de expulsión de la leche, lo que significa que su leche fluye con rapidez. Los bebés de estas madres tienden a vomitar y atragantarse durante los primeros minutos que comen. Para evitar que la leche baje tan rápido, pon un dedo en el pezón, como si estuvieras cortando una hemorragia de un corte. Por otra parte, no te alarmes si no notas la bajada de la leche: la sensibilidad varía de una mujer a otra. Cuando las madres tienen un reflejo expulsión de la leche lento, los bebés parecen frustrados y pueden coger y soltar el pecho para intentar estimular el flujo. Una bajada de la leche lenta puede ser signo de tensión, de modo que intenta relajarte, tal vez escuchando una cinta de meditación antes de dar de mamar. Si eso no funciona, prepara tus pechos con una bomba manual hasta que veas que fluye la leche y entonces pon el bebé al pecho. Esto puede tardar unos tres minutos, pero evita que el bebé se frustre.

No cambies de pecho. Muchas enfermeras, médicos y expertos en lactancia aconsejan a las mujeres que cambien de pecho cada diez minutos para que el bebé pueda mamar de ambos pechos cada vez que coma. Si echas un vistazo al cuadro que aparece en esta página, que define los tres componentes de la leche materna, verás por qué no es bueno para el bebé que lo hagas.

¿DE QUÉ ESTÁ COMPUESTA LA LECHE MATERNA?

Si dejaras reposar durante una hora una botella de leche materna, se separaría en tres partes. Desde la parte superior hasta el fondo, verías un líquido cada vez más espeso, que es el orden en que lo va recibiendo tu bebé:

Suero (los primeros cinco o diez minutos): Es como leche desnatada; yo pienso en ellas como en una especie de caldo, porque calma la sed del bebé. Es rica en oxitocina, la misma hormona que se libera cuando se hace el amor, cosa que afecta tanto a la madre como al hijo. La madre se relaja mucho, experimenta una sensación similar a la posterior al orgasmo, y el bebé se adormece. Esta parte de la leche materna es la que tiene mayor concentración de lactosa.

Primera leche (empieza a los cinco u ocho minutos de que el bebé esté mamando): Tiene la consistencia de la leche normal, aunque posee un alto contenido proteico que es bueno para el desarrollo cerebral y óseo.

Última leche (comienza a los quince o dieciocho minutos de que el bebé esté mamando): Se trata de una leche espesa y cremosa, y es donde está lo mejor de la grasa. Es como el postre, que ayuda a que tu hijo gane peso.

Especialmente durante las primeras semanas de vida de tu hijo, hemos de asegurarnos de que recibe la última leche. Si cambias de pecho a los diez minutos, a lo mejor tu bebé no ha hecho más que comenzar con la primera leche y nunca llega a la última leche. O lo que es peor, ese cambio acaba enviando a tu cuerpo el mensaje de que no es necesario seguir produciendo la última leche.

En cambio, si dejas que el bebé mame de un solo pecho durante toda la comida, obtendrá cantidades iguales de los tres tipos de leche, es decir, una dieta equilibrada. Además, tu cuerpo se acostumbrará al régimen. Si lo piensas, es como han de dar el pecho las madres de gemelos: ¿no sería una tontería que cambiaran a cada niño de pecho a media comida? La verdad es que, para una madre que sólo tiene un bebé, es igual de contraproducente.

Consejo: *Después de cada comida, utiliza un imperdible para marcar el pecho que habrás de utilizar en la próxima comida. Puede que tengas la sensación de que el pecho que no se ha vaciado está lleno.*

EL MITO DE LA COL

A las madres que dan el pecho, se les suele decir que no se acerquen a la col, el chocolate, el ajo y demás comidas fuertes para que no pasen a la leche. Eso no tiene ningún sentido. Una dieta normal y variada no tiene ningún efecto sobre la leche materna. Me vienen a la memoria las madres de la India, cuyas dietas llenas de especias trastornan el estómago de la mayoría de occidentales adultos. Pero en cambio los bebés indios ni siquiera se inmutan.

Los bebés no tienen gases porque la madre coma col o similares. Los tienen porque tragan demasiado aire, porque no les provocan el eructo correctamente o porque tienen un sistema digestivo inmaduro.

Puede que alguna vez un bebé sea sensible a algún elemento de la dieta de la madre: especialmente a las proteínas que se encuentran en la leche de vaca, la soja, el trigo, el pescado, el maíz, los huevos y las nueces. Si crees que tu bebé reacciona a algún alimento de tu dieta, elimina esa comida durante dos o tres semanas y, pasado este tiempo, vuelve a probar.

Recuerda que el ejercicio también afecta a la leche materna. Cuando se hace ejercicio, los músculos producen ácido láctico, cosa que puede dar al bebé dolor de estómago. Por lo tanto, espera siempre una hora antes de darle de mamar.

La primera vez que trabajo con una madre, acaba dando de mamar a su bebé sólo de un pecho cada vez hacia el tercer o cuarto día. No obstante, a menudo recibo llamadas desesperadas de madres a las que el pediatra les ha dicho que cambie de pecho durante las comidas. Como suele suceder, los bebés tienen entre dos y ocho semanas. María, por ejemplo, cuyo hijo tenía tres semanas, me dijo: «Mi bebé come por lo menos cada hora y media. No puedo soportarlo». El pediatra de María no estaba preocupado: Justin ganaba peso lentamente, pero al menos lo ganaba. El hecho de que Justin comiera cada hora no preocupaba al médico, pero no era él quien tenía que darle el pecho. Dije a María que le diera sólo de un pecho en cada comida. Puesto que el cuerpo de María ya estaba acostumbrado a cambiar de pecho a media comida, tuvimos que cambiar el programa de Justin. Hice que María comenzara cada comida poniendo a Justin sólo cinco minutos en un pecho y entonces el resto de la comida la concentrara en el otro. Continuando con aquella práctica en cada comida durante tres días, conseguimos que el pecho que no iba a ser utilizado perdiera la presión y evitábamos que se desbordara (véase página 149). Igualmente importante es que mandaba un mensaje al cerebro de María: «No vamos a necesitar el otro pecho ahora». La leche del pecho que no se utilizaba era reabsorbida por el sistema de María, donde se almacenaba para la siguiente comida de Justin, al cabo de tres horas. Al cuarto día, María ya era capaz de dar de mamar a su hijo sin tener que cambiar de pecho a media comida.

No mires el reloj. Dar de mamar no es cuestión de tiempo o de mililitros, sino de ser consciente de una misma y del pequeño. Los bebés que maman suelen comer con una frecuencia ligeramente mayor porque la leche materna se digiere más rápidamente que la artificial. De modo que si tienes un bebé de dos o tres meses que mama durante cuarenta minutos, en tres horas, su organismo habrá digerido toda la cantidad. (Véase el cuadro de esta página, en el que aparecen las directrices sobre cuánto rato debe mamar tu hijo.)

¿CUÁNTO RATO?

A menos que te extraigas la leche del pecho y la peses (véase consejo de más abajo), resulta difícil saber la cantidad que come tu bebé. A pesar de que no aconsejo mirar el reloj, muchas madres me preguntan el tiempo aproximado que tarda un bebé en mamar. A medida que van creciendo, los bebés comen cada vez con más eficiencia y tardan menos tiempo. A continuación, os ofrezco una estimación, seguida de las cantidades aproximadas que consumen en cada comida:

4-8 semanas:	Hasta 40 minutos (entre 60 y 145 mililitros)
8-12 semanas:	Hasta 30 minutos (entre 115 y 170 mililitros)
3-6 meses:	Hasta 20 minutos (entre 145 y 230 mililitros)

Consejo: *Si te preocupa saber la cantidad de leche que das a tu hijo, durante dos o tres días puedes hacer lo que yo llamo una cosecha (un término extraído de mis raíces granjeras). Una vez al día, un cuarto de hora antes de dar de mamar, saca la leche de tus pechos y mide lo que produces. Teniendo en cuenta que un bebé puede extraer al menos 30 mililitros más succionándote el pecho, te puedes hacer una idea de lo que produces.*

Consejo: *Tras dar de mamar, sécate siempre los pezones con un pañuelo limpio. Los residuos de leche pueden ser un caldo de cultivo para las bacterias y producir aftas tanto en tu pecho como en la boca del bebé. No utilices nunca jabón, porque seca la piel de los pezones.*

GUARDAR LA LECHE MATERNA

En una ocasión, visité a una madre que estaba completamente turbada porque los tres litros y medio de leche que había extraído de sus pechos, y que tenía en el congelador, se habían descongelado durante un corte de electricidad. Con cara de pasmo, le pregunté: «Querida, ¿es que quieres batir un récord? Antes que nada ¿por qué has guardado toda esa leche?». La verdad es que extraer y guardar la leche materna es una idea excelente, pero no nos pasemos. A continuación, expongo algunos puntos que conviene recordar:

- La leche del pecho de la madre se ha de poner en la nevera inmediatamente después de haberla extraído y no se puede guardar durante más de setenta y dos horas.

- Se puede congelar leche materna hasta seis meses pero para entonces las necesidades del bebé han cambiado. Las necesidades nutricionales de un bebé de un mes son diferentes de las de uno de tres o seis meses. El milagro de la leche materna es que su composición cambia conforme el bebé va creciendo. Por lo tanto, para asegurar que las calorías de la leche congelada satisfacen las necesidades del bebé, no almacenes más de doce bolsitas de cien mililitros y cámbialas cada cuatro semanas. Utiliza primero la leche más antigua.

- La leche materna puede almacenarse en biberones esterilizados o en bolsitas de plástico diseñadas especialmente para ello (los elementos químicos de las bolsas de plástico normales pueden pasar a la leche). Independientemente del método que utilices, siempre deberás etiquetar el recipiente con la hora y la fecha. Guarda la leche en recipientes de cincuenta y cien mililitros para evitar desperdiciarla.

- Recuerda que la leche materna es un fluido humano. Lávate siempre las manos y manipúlala lo menos posible. Si puedes, extráela directamente dentro de las bolsas de congelación.

- Descongela la leche materna colocando el contenedor sellado en un cuenco de agua caliente durante una media hora. No utilices nunca el microondas, ya que cambiará la composición de la leche porque dañará las proteínas. Agita el recipiente para mezclar la grasa que pueda haber quedado separada durante la descongelación. Da al bebé la leche descongelada inmediatamente o guárdala en la nevera durante no más de veinticuatro horas. Puedes combinar la leche materna fresca con la descongelada, pero nunca volver a congelarla.

Defiende tu derecho a dar el pecho como quieras. En Estados Unidos, prácticamente nadie te dirá que no cambies de pecho a media comida. Elijas el modo que elijas de alimentar a tu bebé, después no lo cambies.

Un consejo para tu pareja y amigos: *Cuando tu pareja (o una buena amiga) empiece a dar el pecho, aprende lo que ella aprenda y continúa siendo un observador perspicaz. Asegúrate de que tu bebé se coge al pecho correctamente. Sin embargo, no vigiles demasiado. Aunque tengas buenas intenciones, por favor, no retransmitas la jugada: «Chica, ya lo tienes...Vaya, se ha desenganchado del pecho... Ahí va otra vez... Sí, ya lo tiene; está chupando como un campeón... Uy, se le ha vuelto a escapar... Levántalo un poco... Sí, así, así... Oh, no, ¡se le ha vuelto a escapar!». Ponte en su piel. La madre necesita apoyo amoroso, no un comentarista deportivo. Ya es bastante duro para una mujer aprender a dar el pecho sin sentirse juzgada.*

Encuentra una mentora. La técnica de amamantar pasaba en su día de madre a hija. Pero, debido a la popularidad que la leche maternizada adquirió desde finales de la década de los cuarenta hasta finales de la de los sesenta, toda una generación de amamantadoras en potencia decidió pasarse al biberón. Como consecuencia de ello, muchas madres jóvenes de hoy no pueden pedir ayuda a sus propias madres. Aún más triste es el hecho de que una mujer joven a menudo reciba información contradictoria. Por ejemplo, en el hospital, una enfermera de un turno le dice que coloque al bebé de una forma y la enfermera del turno siguiente le dice que lo haga de otra manera. Este caos no sólo afecta a la producción de leche de la madre, sino que también puede hacerla entrar en un estado de confusión emocional, y esto más que nada puede afectar a su capacidad de dar de mamar. Debido a esta confusión, he establecido un grupo de apoyo para enseñar a las madres a dar el pecho. Nadie mejor para ayudarte a sortear los obstáculos iniciales que otra mujer que haya pasado por ello recientemente. Si no tienes a nadie a quien dirigirte, busca una asesora de lactancia que te proporcione medidas preventivas y que esté localizable por si surge cualquier problema.

Consejo: *Escoge a tu mentora conscientemente: ha de ser una persona con paciencia, sentido del humor y buenos sentimientos en lo que a dar de mamar se refiere. Escucha los relatos negativos o inverosímiles con escepticismo. Esto me recuerda a la pobre Gretchen, que me explicó que no quería dar el pecho «porque el bebé de mi amiga se le ha tragado el pezón».*

Aspectos elementales de un extractor de leche

Cuando se extrae la leche de los pechos, no se hace para reemplazar el dar el pecho, sino para complementar e intensificar la experiencia. La extracción te permite vaciar los pechos para que tu bebé pueda tener leche materna incluso cuando no estés con él para dársela. También puede evitar problemas como la dilatación del pecho. Asegúrate de que un educador en lactancia te enseñe a utilizar el extractor adecuadamente.

¿De qué tipo? Si tu bebé es prematuro, necesitarás un modelo industrial resistente. Si crees que vas a estar lejos de tu bebé sólo en alguna ocasión, un modelo de mano o de pie bastará. En cualquier caso, aprende a exprimir manualmente por si fallara la electricidad.

¿Comprar o alquilar? Compra si vas a volver a trabajar y tienes idea de dar el pecho durante un año; alquila si crees que le vas a dar el pecho durante menos de seis meses. Los extractores de leche alquilados tienen recambios y, por lo tanto, se pueden compartir, ya que cada persona adquiere dispositivos nuevos. En cuanto a los extractores que se compran, es mejor que los utilice una sola persona.

¿Qué buscar? Compra o alquila un extractor de leche cuyo motor sea regulable en velocidad y potencia. No elijas ninguno que requiera que ajustes manualmente el ciclo de extracción colocando el dedo sobre un tubo; son inseguros.

¿Cuándo? Generalmente, para que vuelva a haber leche en los pechos, ha de pasar una hora después de dar de mamar. Para incrementar la producción, durante dos días extrae leche diez minutos después de que el bebé haya mamado. Cuando regreses al trabajo, si no te es posible extraer la leche a la hora a la que normalmente darías de mamar a tu hijo, al menos hazlo a la misma hora todos los días (por ejemplo, durante quince minutos a la hora de comer).

> *¿Dónde?* No extraigas la leche en el lavabo del trabajo: no es higiénico. Cierra la puerta de tu oficina o busca algún otro lugar tranquilo. Una de las madres de mi grupo me dijo que en su trabajo tenían una «sala de extracción», que se mantenía escrupulosamente limpia para las madres que daban el pecho.

Lleva un diario de lactancia. Una vez que han pasado los primeros días y la madre comienza a dar un solo pecho en cada toma, siempre sugiero que se anote cuándo come el bebé, durante cuánto tiempo, de qué pecho y demás detalles pertinentes. Más abajo he hecho imprimir la hoja que doy a las madres de mi grupo. No dudes en adaptarla a tus propias necesidades. Como puedes ver, he rellenado las dos primeras líneas con ejemplos.

Sigue mi regla de los cuarenta días. Algunas mujeres le cogen el truco a dar el pecho en cuestión de días; a otras les cuesta más. Si eres de éstas últimas, que no cunda el pánico. Concédete un margen de cuarenta días en los que no has de esperar demasiado. Pero estar realmente cómoda y dar el pecho correctamente puede llevar más tiempo. A algunas mujeres, les llevará ese tiempo dominar el tema de dar de mamar. Incluso si el bebé se coge adecuadamente al pecho, puede que tengas algún problema con los pechos (véase tabla en página 161), o puede que el bebé no acabe de cogerse. Daos ambos un respiro y concedeos algo de tiempo para ir probando.

> Consejo: *A lo largo del día, las calorías que ingieras serán para tu bebé y también para tu propio cuerpo. Por eso es tan importante mantener la ingesta de alimentos mientras se da el pecho; nada de dietas. Mantén una dieta sana y equilibrada, rica en proteínas y carbohidratos complejos. Además, dado que el bebé*

Hora del día	¿Qué pecho?	Duración de la comida	¿Le oyes tragar?	Número de pañales mojados desde la última comida	Número y color de las heces desde la última comida	Suplemento: ¿agua/leche artificial?	Cantidad de leche extraída	Otros
6 h de la mañana	□ D □ I	35 min.	□ S □ N	1	1 amarillo muy clarito	no	30 g a las 7h 15 de la mañana	Parecía un poco confuso al acabar de comer
8 h 15 de la mañana	□ D □ I	30 min.	□ S □ N	1	0	no	40 g a las 8h 30 de la mañana	Le he tenido que despertar mientras comía
	□ D □ I		□ S □ N					
	□ D □ I		□ S □ N					
	□ D □ I		□ S □ N					
	□ D □ I		□ S □ N					
	□ D □ I		□ S □ N					
	□ D □ I		□ S □ N					
	□ D □ I		□ S □ N					

también coge fluidos de tu cuerpo, asegúrate de beber dieciséis vasos de agua al día; el doble de la cantidad recomendada.

GUÍA PARA RESOLVER LOS PROBLEMAS DE LA LACTANCIA MATERNA

Problema	Síntomas	¿Qué hacer?
Dilatación del pecho: Los pechos se llenan de fluidos. A veces es leche, pero lo más corriente es que sean fluidos sobreros (sangre, fluido linfático y agua) que se acumulan en las extremidades, especialmente tras una cesárea.	Los pechos están pesados, calientes e hinchados. Puede ir acompañada de síntomas parecidos a los de un resfriado (fiebre, escalofríos, sudores nocturnos). También puede dificultar que el bebé se coja al pecho, cosa que hace que los pezones queden doloridos.	Envuélvete los pechos con una compresa de agua caliente; haz ejercicios con los brazos por encima de la cabeza (lanzamiento de pelota), dos sesiones cada dos horas, justo antes de dar el pecho y haz rotaciones con los brazos y los tobillos. Consulta al médico si la situación no se alivia en cuestión de veinticuatro horas.
Conducto de la leche obstruido: La leche se coagula en el conducto galactóforo y se vuelve de la consistencia del requesón.	Bulto localizado en el pecho que resulta doloroso al tacto.	Si no se trata, puede derivar en mastitis (véase más adelante). Aplícate calor en los pechos y frótatelos describiendo pequeños círculos alrededor del bulto y en dirección hacia el pezón. Imagina que amasas un trozo de requesón para hacerlo leche. (Aunque no verás salir la leche de tu pecho.)

Problema	Síntomas	¿Qué hacer?
Dolor en los pezones	Los pezones pueden estar agrietados, hinchados, sensibles o rojos. Los casos crónicos presentan ampollas y úlceras, sangran y duelen cuando el bebé mama y entre dos sesiones.	Situación normal durante los primeros días de lactancia que desaparecerá cuando el bebé empiece a mamar de forma rítmica. Si la incomodidad persiste significa que el bebé no está bien cogido al pecho. Busca la ayuda de una asesora de lactancia.
Exceso de oxitocina	La madre se duerme mientras da de mamar a causa de la producción de la «hormona del amor», la misma que se libera durante el orgasmo.	No se puede prevenir, pero sería buena idea intentar descansar más entre las comidas que se le dan al bebé.
Dolor de cabeza	Se produce mientras le da de mamar o justo después y es el resultado de la secreción de oxitocina y prolactina por la glándula pituitaria.	Busca consejo médico si persiste.
Erupciones	Por todo el cuerpo, en forma de urticaria.	Reacción alérgica a la oxitocina. Se suelen recomendar antihistamínicos, pero habla antes con tu médico.
Infección por hongos	Tienes los pechos hinchados o notas que te queman; puede que el bebé también tenga una erupción en la zona del pañal con puntos rojos.	Llama al médico. Puede que ambos necesitéis medicación para curar la infección; el bebé necesitará crema o ungüento para el culito, pero no la utilices en los pechos porque puede obstruirte las glándulas.
Mastitis: inflamación de la glándula mamaria	Línea brillante e irregular que atraviesa el pecho; está caliente. Síntomas similares a los de un resfriado.	Consulta a un médico inmediatamente.

LOS DILEMAS DE LA LACTANCIA MATERNA: ¿HAMBRE, NECESIDAD DE SUCCIONAR O ESTIRÓN DE CRECIMIENTO?

Es importante recordar que los recién nacidos tienen una necesidad física de succionar durante aproximadamente dieciséis horas de veinticuatro. Las madres que dan el pecho, en determinados, momentos confunden esa necesidad con lo que hace un bebé cuando realmente tiene hambre. Por ejemplo, Dale describió este patrón inconfundible cuando me llamó para pedirme consejo: «Es como si Troy tuviera hambre a todas horas. Así que, cuando llora, me lo pongo al pecho, mama durante unos tres minutos y se queda dormido. Intento despertarlo porque me da miedo que no tenga suficiente comida». Con tres semanas, el bebé pesaba 4 kilos 150 gramos, de modo que yo sabía que Troy no podía estar desnutrido. Lo que ocurría era que Dale confundía el reflejo de succión con el hambre, aunque hubiera comido hacía una hora. Cuando se le dormía en el pecho, ella lo zarandeaba y le daba golpecitos, pero él no daba más que unas pocas chupadas de leche, y ella se lo retiraba del pecho. El problema era que, para entonces, ya habían pasado veinte o treinta minutos, y el pequeño ya había entrado en un ciclo de sueño (véase página 255); ella lo apartaba de su pecho, probablemente cuando estaba en la fase REM, y lo despertaba. Molesto, quería volver a succionar para tranquilizarse, no porque de repente tuviera hambre. Así que la madre se sentaba y la historia se repetía.

El problema que tenían, y es muy común, era que, sin querer, Dale había enseñado a Troy a ser un tentetieso y ahora estaba luchando en una batalla perdida. Piénsalo: por eso no se da una galleta a un niño entre comidas. Si el niño se pasa el día picando, no puede hacer una comida en condiciones, ¿no es cierto? Tampoco pueden los bebés que comen cada hora u hora y media. Este problema no ocurre tan a menudo cuando el pequeño toma el biberón porque la madre ve los mililitros que come su hijo. Sin embargo, con cualquier método de alimentación, si el bebé sigue un buen programa, cada tres horas sabrás que come lo apropiado y probablemente no tendrás que despertarle durante las comidas porque también descansará de forma adecuada.

UTILIZAD EL SENTIDO COMÚN

Si bien recomiendo que se siga un plan estructurado de alimentación, no estoy diciendo que, si un bebé llora de hambre al cabo de dos horas de haber comido, no se le deba dar de mamar. Lo que digo es que vuestro bebé comerá mejor y sus intestinos trabajarán mejor si come de forma adecuada y a intervalos regulares.

Tampoco digo que, si de vez en cuando el bebé necesita un achuchón extra o una comida de más porque crezca muy deprisa debáis negárselo. Lo que digo es que odio ver que los bebés están alterados porque sus madres y padres no empiezan como tienen intención de continuar. Son los padres quienes hacen que un bebé adquiera malos hábitos; no es culpa del pequeño. De modo que, si usáis el sentido común, no traumatizaréis a vuestro bebé más adelante. (Más sobre cómo acabar con los malos hábitos en el capítulo 9.)

Ahora tomemos otra situación que puede confundir a una madre que da el pecho: los estirones de crecimiento. Digamos que tu bebé comía de forma regular cada dos horas y media o tres y de repente parece tener más hambre de la cuenta, casi como si quisiera comer a todas horas. Probablemente, esté dando un estirón de crecimiento, un período de uno o dos días durante el cual un niño necesita más comida que de costumbre. Los estirones suelen darse cada tres o cuatro semanas. Si prestáis atención, veréis que esos atracones sólo duran unas veinticuatro horas, y después el bebé regresará al método EASY.

Independientemente de lo que hagas, no confundas un estirón con una disminución de la cantidad de leche que produces o con una retirada de la leche. El bebé está creciendo, sus necesidades han cambiado y al querer chupar más quiere enviar un mensaje a tu cuerpo: «¡Produce más!». Milagrosamente, en una madre sana, el cuerpo producirá cuanto el bebé necesite ingerir. Con la leche artificial, si el bebé estaba en un ciclo de tres horas y, de repente, parece tener más hambre, sólo tienes que darle más comida. Eso es todo cuanto ha de hacer una madre que da el pecho. Además, al dar de comer sólo de un pecho en cada comida, cuando el bebé vacía un pecho (cosa que suele suceder cuando pesa unos 5 kilos y medio), no hay más que cambiar de pecho y acabar de darle toda la leche que necesita.

Si el bebé parece hambriento sólo por la noche, probablemente no se trate de un estirón. En cambio, puede ser señal de que no obtiene las calorías suficientes y quizá tengas que ajustar tu programa EASY para acomodarlo a la necesidad calórica del bebé. Puede ser un buen momento para «embutirlo».

LOS FANTASMAS DE LA LACTANCIA MATERNA

Qué ocurre	Por qué	
«A menudo, mi bebé se revuelve a media comida.»	En bebés de menos de cuatro meses, podría significar que necesitan evacuar. No pueden hacer caca y succionar al mismo tiempo.	Sácatelo del pecho, túmbatelo en el regazo, deja que haga caca y después acaba de darle de comer.

Qué ocurre	Por qué	
«A menudo, mi bebé se queda dormido mientras intento darle de comer.»	Puede que el bebé esté recibiendo una fuerte dosis de oxitocina (véase página 142). O puede que sólo esté picando y no tenga auténtica hambre.	Para despertar a un bebé, lee el consejo de la página 132. Pero pregúntate también: «¿Sigue mi bebé un plan estructurado?». Éste es el mejor modo de determinar si realmente tiene hambre. Si come cada hora, puede que sólo esté picando en lugar de llenar la barriguita de comida. Hazlo seguir un programa EASY.
«Mi bebé coge y deja el pecho.»	Podría ser impaciencia porque la leche baja despacio. Si también levanta las piernas, podría tener gases. O puede que no tenga hambre.	Si ocurre repetidamente, es probable que tengas un reflejo lento de bajada de la leche. Prepárate extrayéndote la leche antes de empezar a darle de mamar. Si se trata de gases, prueba con los remedios de la página 353. Si nada de esto funciona, es probable que no quiera mamar, de modo que quítatelo del pecho.
«Mi bebé parece "olvidar" cómo tiene que cogerse al pecho.»	Todos los bebés, especialmente los varones, «olvidan» a veces: pierden la concentración. También puede significar que un bebé tiene demasiada hambre.	Pon el meñique en la boca de tu hijo durante unos segundos para darle un centro en el que fijarse y recordarle cómo tiene que chupar. Entonces vuelve a colocártelo en el pecho. Si tiene demasiada hambre, y sabes que la leche te baja despacio, extráete la leche antes de ponerte el pequeño al pecho.

Consejo: *Por la mañana, tras un buen descanso nocturno, la leche de tus pechos es más rica en grasa. Si el bebé parece tener más hambre por la noche, extráete la leche por la mañana temprano y guarda esta leche rica en grasa para cuando le des de comer antes de ir a dormir. Esto le dará las calorías de más que necesita, os dará a ti y a tu compañero una pausa nocturna y, lo más importante, silenciarás esa voz que no para de preguntarte: «¿Produzco suficiente leche para mantener a mi bebé?».*

ASPECTOS FUNDAMENTALES RELACIONADOS CON LECHE MATERNIZADA

Defiende tu derecho a dar a tu hijo leche maternizada. No importa cuáles sean tus razones: si has leído, investigado y llegado a la conclusión de que quieres alimentar a tu hijo con leche artificial, está bien. Bernice, que leía literalmente todo lo que le caía en las manos, incluidos complejo artículos médicos, me dijo: «Tracy, si no fuera como soy, habrían conseguido hacerme sentir culpable. Puesto que tenía información sobre la leche maternizada (cosas que ni siquiera las enfermeras sabían) tuvieron que respetar mi decisión. Pero siento mucho que haya mujeres que no sean tan fuertes». La mejor defensa contra quienes critican la leche maternizada, aunque no tendrías que necesitarla, son los hechos.

Para escoger la leche maternizada, lee los componentes. Existen muchos grupos diferentes de leches en el mercado, y todas ellas han sido cuidadosamente comprobadas y aprobadas por las autoridades sanitarias. La leche artificial está compuesta básicamente por leche de vaca o de soja. Personalmente, prefiero las que tiene como base la leche de vaca, aunque ambas están enriquecidas con vitaminas, hierro y demás nutrientes. La diferencia es que la grasa animal que hay en la leche de vaca es reemplazada por aceite vegetal en la leche de soja. Aunque las leches maternizadas a base de leche de soja no tienen ni proteínas animales ni lactosa, que supuestamente están relacionadas con cólicos y determinadas alergias, mi consejo es que se prueben leches maternizadas hipoalergénicas a base de leche de vaca, ya que tampoco existen pruebas definitivas de que la soja evite estos problemas. Además, algunos nutrientes de las leches maternizadas a base de leche de vaca no están presentes en la de soja. En cuanto a las erupciones y los gases que provoca la leche artificial, recuerda que los bebés que maman también tienen estos problemas. Estos síntomas no suelen ser una reacción adversa, aunque otros más flagrantes, como los vómitos o la diarrea, sí pueden serlo.

GUARDAR LA LECHE MATERNIZADA

La leche artificial, que se puede encontrar en polvo, concentrada, lo que puede resultar aún más conveniente, o bien mezclada y envasada en latas, lleva fecha de caducidad. Las latas pueden guardarse sin abrir hasta la fecha marcada. Sin embargo, una vez en el biberón, independientemente del tipo que se utilice, la leche artificial sólo sirve durante veinticuatro horas. La mayoría de productores no recomiendan congelarla. Como en el caso de la leche materna, nunca utilices el microondas, a pesar de que no cambia la composición de la leche maternizada, porque calienta el líquido de forma desigual, y el bebé puede quemarse. Nunca vuelvas a utilizar la leche de un biberón que haya sobrado después de una toma. Para no desperdiciar leche, prepara sólo biberones de sesenta y ciento diez mililitros hasta que el recién nacido haya demostrado que tiene más capacidad.

Escoge las tetinas que más se parezcan a tus pezones. Existen muchos tipos de tetinas en el mercado (planas, largas, cortas, abultadas) y biberones a las que acoplarlas. Para los recién nacidos, siempre recomiendo biberones que tengan una válvula especial en la punta, para que los bebés sólo obtengan leche cuando succionen con fuerza, como han de hacer los bebés que maman. Hay que tener en cuenta que no todas las tetinas del mismo modo regulan la cantidad de leche que sale, de manera que, en algunas de ellas, es la gravedad y no el bebé lo que determina la cantidad de leche que sale (véase también el cuadro «El mito de la confusión de la tetina y el pezón», página 172). Como norma, sugiero que se utilice una tetina que regule bien la cantidad de leche, hasta que el bebé tenga tres o cuatro semanas, aunque cueste algo más cara que otros sistemas. Pasado este tiempo, cambia a una tetina de flujo lento hasta el segundo mes, después a una de segunda fase durante el tercer mes y finalmente a una de flujo regular a partir del cuarto mes, hasta que tu hijo deje de tomar biberones. Además de tener en cuenta la cantidad de leche que sale por la tetina, si tienes la idea de combinar el pecho y los biberones, es importante que busques una tetina que se parezca lo más posible a tu propio pezón. Por ejemplo, si tienes los pezones planos te irá mejor una Nuk; si los tienes firmes y erectos, te pueden ir mejor la Playtex, la Avent o la Munchkin.

Hace poco, visité a Irene, una madre que daba el pecho y que planeaba regresar al trabajo. Tenía una ristra de ocho sistemas de alimentación diferentes que la pequeña Dora había rechazado uno tras otro. «Aprieta los labios o se le dobla la tetina en la boca», se lamentaba Irene, «y cada comida es un calvario». Eso significaba muchos calvarios, pensé, teniendo en cuenta que tenía que dar de comer a su bebé una media de ocho veces al día, así que le dije: «Deja que le eche un vistazo a tu pecho y después iremos de compras». Y eso hicimos. Encontramos una tetina que se parecía bastante al pezón de Irene. Durante los días que siguieron, Dora aún se lo hizo pasar mal, pero lo cierto es que resultó más sencillo hacer que se acostumbrara a una tetina parecida al pezón de su madre que a las otras ocho.

¿CUÁNTA LECHE MATERNIZADA?

En la leche maternizada, la composición nunca cambia, como ocurre con la leche materna pero, incomprensiblemente, el bebé necesita comer más.

Hasta las tres semanas: 90 mililitros cada 3 horas
3-6 semanas: 115 mililitros: cada 3 horas
6-12 semanas: entre 115 y 170 mililitros (normalmente se dan 170 mililitros a los tres meses) cada 4 horas
3-6 meses: aumenta hasta los 230 mililitros cada 4 horas

Cuando vayas a comprar biberones y tetinas, busca combinaciones que tengan la rosca universal para que puedas intercambiarlas si es necesario. He visto varios sistemas que resultan muy agradables a la vista y que vienen con todo tipo de promesas: «Como el pecho de la madre», «forma natural», «evita los gases». Sé un poco escéptica con los anuncios y mira cuál le va mejor a tu bebé.

Sé amable la primera vez que le des de comer. La primera vez que pongas una tetina en la boca de tu bebé, colócasela pegada a los labios y espera a que responda abriendo la boca. Entonces desliza delicadamente la tetina en su boca a medida que se vaya cogiendo a ella. Nunca metas el biberón a la fuerza en la boca de tu hijo.

No compares tu régimen de alimentación con el de una madre que dé el pecho. La leche materializada se digiere más lentamente que la humana, lo que significa que los bebés a los que se da este tipo de leche pueden pasar cuatro horas entre comida y comida en lugar de tres.

LA TERCERA ALTERNATIVA: COMBINAR LA LECHE MATERNA CON LA MATERNIZADA

Dejando a un lado mi imparcialidad en lo que a leche materna y artificial respecta, siempre digo a los padres que incluso un poco de leche materna es mejor que nada. Algunas madres quedan asombradas al oír esto, especialmente las que han consultado a médicos y organizaciones que apoyan la lactancia materna y creen que dar el pecho es una proposición de todo o nada.

«¿De veras puedo hacer ambas cosas?», preguntan. «¿Es posible dar el pecho y el biberón?» Mi respuesta es siempre: «Claro que sí». Lo que quiero decir es que a un bebé se le puede dar leche materna y leche artificial, o sólo leche materna tanto mediante el pecho como mediante el biberón.

Claro está, algunas madres tienen sus preferencias definidas desde el principio. Bernice, que hizo una tremenda investigación durante el embarazo, estaba completamente segura de que iba a dar a Evan leche artificial, tan segura que pidió a su ginecólogo que le diera una inyección de hormonas para que dejara de producir leche. En cambio, Margaret estaba igualmente decidida a dar el pecho. ¿Pero qué pasa con las madres que se encuentran en el término medio? Algunas de ellas, debido a que la cantidad de leche que producen es limitada durante los primeros días, tienen que dar a sus hijos un complemento de leche artificial para completar su alimentación. Otras mujeres eligen alimentar a sus hijos dándoles tanto el pecho como el biberón desde el principio porque no quieren limitar su vida. Un tercer grupo comienza un régimen y después cambia de opinión. De estas últimas, la mayoría de madres dan el pecho primero y después añaden leche artificial; pero, lo creáis o no, a veces también ocurre lo contrario.

Si un bebé tiene menos de tres semanas, es relativamente fácil hacer que se acostumbre al biberón si ha estado mamando, o viceversa, y que continúe con ambos. Sin embargo, pasadas las tres semanas de vida el cambio puede resultar muy duro tanto para la madre como para el hijo (véase cuadro de abajo). Por lo tanto, si no estás decidida a dar únicamente el pecho a tu hijo, recuerda esta posibilidad y actúa lo antes posible.

Veamos algunos casos en los que las madres optaron por lo mejor de ambos mundos.

Carrie: necesitaba un complemento. Especialmente en los casos en que ha sufrido una cesárea, puede que la madre no sea capaz de producir la leche que su hijo necesita durante los primeros días de vida. El gota a gota de morfina que se suele aplicar tras el parto hace que el cuerpo se bloquee, aunque puede que la madre no se dé cuenta de que no tiene leche. Esto es lo que ocurre en casos trágicos en los que el bebé mama del pecho de su madre y, en las semanas siguientes, sufre una deshidratación muy fuerte o incluso muere de malnutrición. Él succionaba, pero sin que la madre lo supiera, de su pecho no salía nada. Por este motivo es tan importante comprobar la orina y las defecaciones del bebé, así como pesarlo una vez por semana.

EL MITO DE LA CONFUSIÓN DE LA TETINA Y EL PEZÓN

Se ha hablado mucho acerca de la «confusión de la tetina y el pezón» como un motivo por el que no se ha de dar a la vez el pecho y el biberón a los bebés. Yo creo que esto no es más que un mito. Lo que puede confundir a un bebé es el flujo, y eso se puede remediar fácilmente. Un bebé que mama utiliza músculos de la lengua diferentes a los que usa un bebé que toma el biberón. Además, un bebé que toma el pecho puede regular la cantidad de leche que mama cambiando la forma de succionar, pero con el biberón hay un flujo constante y controlado por la gravedad, no por el bebé. Si un bebé se ahoga con el biberón, es mejor comprar una tetina que le permita obtener leche sólo cuando succione con fuerza.

Desgraciadamente, muchas madres no son conscientes de que la leche puede tardar una semana en subirles. Por lo tanto, independientemente de lo bien que se coloquen al bebé o de lo bien que éste se coja al pecho, si la madre no produce leche, el bebé no se desarrollará. En el hospital, cuando la enfermera entra en la habitación e informa de que se ha de dar al bebé agua con glucosa o un complemento alimenticio de leche artificial, puede que la madre se niegue: «¡Nada de leche artificial para mi hijo!». Ha oído decir que la leche artificial echará a perder su leche materna. La verdad es que, si no produces leche suficiente, no tienes elección.

Incluso cuando introducen la leche artificial, digo a las madres que se pongan al bebé en el pecho igualmente, porque succionar ayuda a poner en marcha los senos galactófonos de la madre, cosa que no puede hacer un extractor de leche. Mientras que la succión del bebé envía un mensaje al cerebro para que produzca leche, una bomba mecánica no hace más que vaciar los alvéolos en los que se almacena la leche. Por lo tanto, la madre da leche artificial a su hijo pero continúa ayudando a activar el flujo en sus pechos. Carrie, por ejemplo, que tuvo dos hermanos gemelos por cesárea, no tuvo leche durante los primeros tres días. Puesto que el nivel de azúcar en sangre de los bebés era bajo, les dimos leche artificial directamente. Aún así, Carrie se ponía a un bebé en cada pecho durante veinte minutos cada dos horas, pero también les dábamos treinta mililitros de leche artificial.

Después de darles de comer, la madre intentaba extraer leche de los pechos y, al cabo de una hora, repetía la operación. Al cuarto día, Carrie empezó a tener la subida de la leche y, en lugar de treinta mililitros de leche artificial, los bebés tomaban sólo quince mililitros. Que no haya equívocos: esto resulta agotador para la madre. No dudes que la víspera del tercer día de intentar extraerse la leche, Carrie casi lanzaba el pecho y lo bombeaba desde la otra punta de la habitación. El padre y yo nos manteníamos al margen mientras ella se hundía y después la vida seguía adelante. Sin embargo, al quinto día los gemelos ya sólo se alimentaban a base de leche materna.

Freda: no quería dar de mamar a su bebé, pero quería que se alimentara con leche materna. Como he mencionado antes, por determinados sentimientos relativos a su cuerpo, especialmente a sus pechos, algunas madres rechazan la idea de dar el pecho, pero son conscientes de los beneficios que la leche materna aporta al bebé. Freda, por ejemplo, dio de mamar a su hijo sólo durante los primeros días, para que le subiera la leche. Entonces continuó extrayéndosela hasta que el bebé tuvo un mes, momento en el que se hizo evidente que se le estaba acabando la leche.

Kathryn: preocupada por la armonía familiar. Cuando estaba embarazada de su tercer hijo, Kathryn había decidido que también amamantaría al bebé, como había hecho con Shannon, de siete años, y con Erica, de cinco. En el hospital, Steven no tenía problemas a la hora de cogerse al pecho, pero cuando Kathryn llegó a casa se vio superada. Sencillamente, no había horas suficientes en el día para dar de mamar a Steven, de modo que, de mala gana, la madre cambió a la leche maternizada. Al cabo de unas dos semanas, me llamó como último recurso: con Steven, quería sentir la misma cercanía que había experimentado al dar de mamar a sus hijas mayores, pero todo el mundo le decía que ya era demasiado tarde. Además, ya había visto lo perturbador que resultaba en su familia el hecho de que ella diera de mamar. «Lo que quiero es darle el pecho dos veces al día: cuando se despierta por la mañana y a la hora de comer, antes de que las niñas lleguen a casa del colegio», me confesó. Expliqué a Kathryn que los pechos hacen milagros: si das de mamar sólo dos veces al día, los pechos producirán leche sólo para esas dos comidas. Para hacer que Kathryn volviera a tener leche en sus pechos, en efecto, hicimos que Steven pusiera en marcha la bomba mamando dos veces al día y utilizamos un extractor de leche seis veces al día. Al principio, aunque Steven succionaba el pecho, Kathryn tenía que darle de comer sólo leche artificial. Al quinto día, parecía más contento tras haber comido y, al usar el extractor, la madre pudo ver que de nuevo tenía leche. En el caso de Kathryn, cuando volvió a tener leche, pudo dejar de usar el extractor. Al final, consiguió el contacto íntimo que anhelaba, pero esto no afectó de forma negativa al resto de la familia.

Vera: tenía que volver al trabajo. Si una mujer quiere volver a trabajar, tiene dos opciones: extraerse la leche de los pechos y guardarla o introducir la leche artificial en la alimentación de su hijo. Algunas mujeres esperan hasta la última semana antes de empezar a trabajar para añadir uno o dos biberones al día, pero yo sugiero que, cuando un bebé no haya tomado nunca un biberón de leche artificial, se le empiece a dar tres semanas antes de que la madre tenga que irse. Vera, por ejemplo, que trabajaba como secretaria en un gran complejo industrial y no podía permitirse quedarse en casa, optó por dar de mamar a su bebé por la mañana, darle leche artificial durante todo el día y volver a darle el pecho cuando regresaba a casa. Su marido siempre era quien daba al pequeño el biberón de la noche.

Cuando una madre quiere más tiempo para ella misma o ha de viajar, se dan situaciones similares. Una madre que trabaja en casa, por ejemplo, una pintora o una escritora, también puede querer sacarse la leche simplemente para que así otra persona pueda hacerse cargo de dar el biberón a su hijo en algunas de las tomas.

> Consejo: *La fatiga es el peor enemigo de una madre que trabaja, independientemente del método que elija para alimentar a su hijo. Una de las maneras de minimizar el cansancio de las primeras semanas es comenzar a trabajar un jueves en lugar de un lunes.*

Jan: una operación le impidió dar de mamar. Cuando se producen enfermedades serias u operaciones, a menudo es físicamente imposible para una madre continuar dando el pecho. En estos casos, la Organización Mundial de la Salud sugiere que se pida a otras madres que donen leche materna. Pero me gustaría decir que esto no es más que una bella fantasía. Cuando su bebé tenía sólo un mes, a Jan, le comunicaron que la tenían que operar y que estaría separada de su bebé al menos durante los tres días que pasara ingresada en el hospital. Yo llamé a veintiséis madres que estaban dando de mamar y, de todas ellas, sólo una estaba dispuesta a donar su leche (y sólo doscientos treinta mililitros). ¡Cualquiera diría que les estaba pidiendo oro en lugar de leche materna! Después resultó que Jan pudo extraerse una buena cantidad de leche de los pechos, pero también dio a su bebé leche artificial; y creedme cuando os digo que el pequeño no parecía desmejorado tras la experiencia.

Hacer el cambio

Durante las primeras tres semanas, los bebés cambian fácilmente del pecho al biberón y viceversa. En cambio, si esperas más, quizá te lleve más tiempo. Es probable que un bebé que mama se resista a tomar el biberón, ya que su boca sólo conoce y espera la carne humana. Es probable que se le doble la tetina en la boca y no sepa cómo succionar o cogerse a ella. Lo contrario también puede suceder: si un bebé no está acostumbrado al contacto de los pezones de su madre, no sabrá cómo cogerse a ellos de forma instintiva.

Los bebés que antes mamaban suelen hacer huelgas de hambre y rechazan comer durante el día. Cuando sus madres llegan a casa con la intención de darles el pecho durante las comidas de antes de irse a dormir, ellos tienen otras ideas. Un pequeño de este tipo despertará a su madre a media noche e intentará que le dé las comidas que se ha perdido. No sabe que es de noche ni le importa, porque tiene el depósito vacío.

¿Qué hacer entonces? Durante dos días continúa dándole el biberón en lugar del pecho (o viceversa, si estás intentando que un bebé que tomaba el biberón mame). Recuerda que los bebés siempre quieren regresar al modo de alimentación original. Tanto si tu bebé está acostumbrado al pecho como al biberón, una vez que lo tenga grabado en la memoria, nunca lo rechazará.

Ten cuidado: no es una tarea fácil. Tu bebé se sentirá frustrado y llorará mucho. Te dirá: «¿Pero qué estás intentando meterme en la boca?» puede que incluso se atragante y escupa mientras come, especialmente si cambias de pecho a biberón, ya que no sale cómo regular la cantidad de líquido que sale de la tetina. De nuevo, para evitar problemas, recomiendo una tetina que deje salir la leche sólo cuando el bebé succione con fuerza.

CON CHUPETE O SIN CHUPETE: EL DILEMA DE TODAS LAS MADRES

Los chupetes existen desde hace siglos, y por una buena razón. Prácticamente la única parte del cuerpo que un recién nacido puede controlar es la boca. Succiona para tener la estimulación oral que necesita. Antes de que existieran los chupetes, las madres usaban un trapo o incluso ponían un tapón de porcelana en la boca del bebé para que se tranquilizara.

Cuando se piensa en los chupetes, no tiene por qué ser de forma negativa. La controversia actual ha surgido, en parte, debido al mal uso que se ha hecho de ellos. Cuando un chupete se usa de forma inadecuada, se convierte en lo que yo denomino un apoyo, algo de lo que el bebé acaba dependiendo para tranquilizarse. Y, como ya he mencionado antes, cuando los padres utilizan el chupete para calmar a su bebé en lugar de esperar y escuchar para ver qué quiere realmente su bebé, lo que hacen es silenciarlo de una forma muy efectiva.

Me gusta servirme del chupete durante los primeros tres meses para dar al bebé un tiempo adecuado para chupar, para calmarse antes de dormir por la noche y en las siestas o cuando intento hacer que se salte la comida de la noche. (Explico mis métodos en el capítulo 6.) No obstante, pasado este período los bebés tienen más control sobre sus manos y son capaces de tranquilizarse chupándose el dedo, normalmente el pulgar.

Los mitos sobre los chupetes abundan. Hay quien cree, por ejemplo, que si se da un chupete a un bebé, no aprenderá a chuparse el dedo. ¡Nada de eso! Yo os garantizo que el bebé tirará el chupete para meterse el dedo en la boca. Mi hija Sophie hizo exactamente esto y continuó chupándose el dedo durante los seis años siguientes. Cuando se fue haciendo mayor, sólo se chupaba el dedo a la hora de ir a dormir, y he de decir que nunca ha tenido los dientes salidos.

Al comprar un chupete, aplicad el mismo principio que al comprar tetinas: que tenga una forma a la que el bebé esté acostumbrado. En la actualidad, hay unos treinta modelos de chupete en el mercado. Seguro que, si buscáis bien, encontraréis uno que se parezca lo más posible a los pezones de la madre o a las tetinas que utilizáis en los biberones.

EL DESTETE

Destetar ha acabado teniendo dos significados. Contrariamente a la confusión de significado habitual, destetar no significa dejar la leche materna, sino que el destete se refiere a una progresión natural común a todos los mamíferos: la transición de una dieta líquida, sea leche materna o leche artificial, a una dieta de alimentos sólidos. A menudo, los bebés no deban de ser «destetados». Cuando se introducen los sólidos, el bebé toma cada vez menos leche materna o artificial porque se está alimentando de otro modo. De hecho, algunos bebés empiezan a dejar por su cuenta el pecho cuando tienen unos ocho meses y, en su lugar, sus madres no les dan más que sorbitos de una taza. Claro está que otros bebés son más tenaces. Trevor, un bebé de un año, no tenía ninguna intención de dejarlo, aunque su madre y su padre estaban más que dispuestos. Le dije a Hielen, su madre, que se mantuviera firme y le dijera: «¡Se acabó, cariño!» siempre que Trevor le tirara de la blusa, cosa que hizo durante unos cuantos días. Advertí a los padres: «Durante un par de días estará alterado y os insistirá. Después de todo, lleva más de un año mamando y nunca ha tomado un biberón». En cuestión de días, Trevor finalmente bebió por propia voluntad de su tacita. Otra madre, Adriana, esperó dos años antes de decir a su hijo: «Se acabó, cariño». Como suele ocurrir, aquello no era culpa del bebé, sino de las reticencias de Adriana a abandonar la intimidad que aporta el hecho de dar el pecho. (En las páginas 358-359 explico más detalles acerca de la historia de Adriana.)

ELOGIO A LA COSTUMBRE DE CHUPARSE EL DEDO

Chuparse los dedos es una forma importante de estimulación oral y de comportamiento para calmarse solo. Incluso los bebés que están en el útero de su madre se chupan el dedo. Al salir, empiezan a chuparse el pulgar u otro dedo por la noche, a menudo cuando no hay nadie alrededor para presenciarlo. El problema es que la asociación negativa que hacéis con el hecho de que se chupe el dedo nubla vuestra visión de la realidad. Tal vez cuando erais pequeños se reían de vosotros porque lo hacíais; quizás uno de vuestros padres dio a alguno de vosotros un cachete en la mano, dijo que era un «mal hábito», o dijo que vosotros o alguna otra persona erais desagradables porque lo hacíais. He oído que hay padres que ponen manoplas o un líquido con mal sabor en las manos de sus hijos, o que incluso impiden a su hijo que se lleve el brazo a la boca, y todo eso para evitar que se chupe el dedo.

La verdad es que, tanto si te gusta la idea como si no, los niños se chupan el dedo, y es algo que deberíamos animarlos a hacer. Seamos objetivos. Recuerda que se trata de uno de los primeros modos en que un bebé es capaz de controlar su cuerpo y sus sentimientos. Cuando descubre que tiene un pulgar y que, al chupárselo, se siente mejor, tiene una fantástica sensación de control y realización. Un chupete puede hacer lo mismo, pero lo controla un adulto y se puede perder. El propio pulgar siempre está a mano (perdón por el juego de palabras) y el bebé lo puede utilizar a voluntad. Os lo aseguro, vuestro bebé dejará de chuparse el dedo cuando esté preparado para hacerlo, igual que hizo mi hija Sophie.

La mayoría de pediatras sugiere esperar hasta que el bebé tenga seis meses para empezar a introducir alimentos sólidos en su dieta. A excepción de bebés muy grandes (que pesen entre 8 y 10 kilos a los cuatro meses) o de lactantes que sufran reflujo esofágico, el equivalente en los bebés a los ardores, estoy de acuerdo con ellos. Hacia el sexto mes, el bebé necesita el aporte suplementario de hierro que se encuentra en los alimentos sólidos, ya que para entonces sus reservas de hierro se han agotado. Además, su reflejo ante las protuberancias, que hace que saquen la lengua cuando algo (un pezón, una tetina o una cuchara) la toca, ha desaparecido, de modo que le resulta más fácil tragar sólidos pulposos. Hacia los seis meses, también se ha desarrollado el control de la cabeza y el cuello. El bebé es capaz de comunicar su falta de interés o de decirte que ya está cansado de estar boca arriba y ponerse de lado.

MAMAR CON MODALES

Alrededor de los cuatro meses, las manos de los bebés empiezan a tantear y los pequeños dan vuelta a la cabeza y se revuelven. Mientras maman, juguetean con tu ropa o joyas y te clavan el dedo en la barbilla, la nariz y los ojos si pueden alcanzarlos. Conforme van creciendo, pueden desarrollar otros malos hábitos que, una vez empiezan, son difíciles de cambiar. De modo que comienza desde el principio a enseñar a tu bebé lo que yo denomino «mamar con modales». En cada caso, el truco consiste en mantenerse firme pero ser amable, y en recordarle que tienes un límite. Intenta también darle de mamar en un entorno tranquilo para evitar las distracciones.

Para los jugueteos: Cógele la mano y quítala de tu cuerpo o de lo que esté tocando. Dile: «A mamá, no le gusta eso».

Para las distracciones: Lo peor es cuando un bebé se distrae e intenta girar la cabeza... con el pezón de la madre aún en la boca. Cuando eso ocurra, retíralo del pecho y dile: «A mamá, no le gusta eso».

Para las mordeduras: Cuando a un bebé le salen los dientes, casi todas las madres se llevan algún mordisco. Sin embargo, sólo debería pasar una vez. No tengas miedo de reaccionar de la forma apropiada, empujándolo y diciéndole: «¡Eh! Eso duele. No muerdas a mamá». Con esto suele bastar, pero si no deja de hacerlo, quítatelo del pecho.

Para los tirones de la blusa: Los niños que aún maman a veces hacen esto cuando quieren que los tranquilicen. Simplemente di: «Mamá no quiere quitarse la blusa. No tires de ella».

Lo cierto es que el destete es bastante sencillo si se siguen estas tres importantes directrices:

- *Comienza con un alimento sólido.* Yo prefiero las peras porque son fáciles de digerir, pero si tu pediatra te sugiere otra comida, como los cereales de arroz, sigue su consejo. Da a tu bebé la nueva comida dos veces al día, por la mañana y por la tarde, durante dos semanas antes de introducir un segundo alimento sólido.

- *Introduce siempre el nuevo alimento por la mañana.* Tienes todo el día para ver si tu hijo tiene alguna reacción adversa a la comida, como una erupción, vómitos o diarrea.

- *Nunca mezcles alimentos.* De ese modo, no habrá lugar a dudas acerca de una reacción alérgica a un determinado alimento.

En la tabla de la página siguiente, «Las primeras doce semanas», detallo los alimentos que se han de introducir y cuándo se ha de hacer. Cuando un bebé tiene nueve meses, introduzco el caldo de pollo para dar sabor a los cereales, que saben a pasta, o para triturar las verduras. Sin embargo, sugiero que esperéis hasta que el bebé tenga un año para introducir la carne, los huevos o la leche entera. Por supuesto, el pediatra ha de ser quien diga la última palabra sobre el tema.

Nunca fuerces a un bebé ni intentes pelear con él si no quiere comer un determinado alimento. Comer habría de ser una experiencia agradable para el bebé y para el resto de la familia. Como he dicho al comienzo de este capítulo, la comida es básica para la supervivencia humana. Si tenemos suerte, las personas que nos cuidan nos harán reconocer y disfrutar los gustos y texturas de la buena comida. Esta apreciación se ha de iniciar desde la infancia. El amor por la comida es uno de los regalos más maravillosos que puedes hacer a tu hijo. No en vano, una dieta equilibrada le da la fuerza y la energía que necesita para pasar el día. Y, como veremos en el próximo capítulo, esto es importantísimo para un bebé que está creciendo.

EL DESTETE: LAS PRIMERAS DOCE SEMANAS

El siguiente horario para doce semanas está basado en el destete de un bebé de seis meses. La comida de la mañana ha de ser como siempre, leche materna o artificial, y dos horas más tarde has de servir el «desayuno». La «comida» tendría que ser a mediodía y la «cena» al final de la tarde. Recuerda que cada bebé es diferente; consulta al pediatra qué es lo apropiado para el tuyo.

Semana	Desayuno	Comida	Cena	Comentarios
1 (6 meses)	Pera, 2 cucharaditas	Biberón o pecho	Pera, 2 cucharaditas	
2	Pera, 2 cucharaditas	Biberón o pecho	Pera, 2 cucharaditas	
3	Calabaza, 2 cucharaditas	Biberón o pecho	Pera, 2 cucharaditas	
4	Boniatos, 2 cucharaditas	Calabaza, 2 cucharaditas	Pera, 2 cucharaditas	
5 (7 meses)	Harina de avena, 4 cucharaditas	Calabaza, 4 cucharaditas	Pera	Incrementa la cantidad para satisfacer las necesidades de crecimiento del bebé

Semana	Desayuno	Comida	Cena	Comentarios
6	Harina de avena y pera, 4 cucharaditas de cada	Calabaza, 8 cucharaditas	Harina de avena y batata, 4 cucharaditas de cada	Ahora puedes dar más de un alimento en cada comida
7	Melocotón, 8 cucharaditas	Harina de avena y calabaza, 4 cucharaditas de cada	Harina de avena y pera, 4 cucharaditas de cada	
8 (8 meses)	Plátano	A partir de aquí, se pueden mezclar y combinar las comidas de arriba, introduciendo un alimento nuevo cada semana como se muestra a la izquierda, en una cantidad de entre 8 y 12 cucharaditas por comida		
9	Zanahoria			
10	Guisantes	Se pueden continuar mezclando y combinando alimentos, introduciendo uno nuevo cada semana como se muestra, en una cantidad de entre 8 y 12 cucharaditas por comida		
11	Judías verdes			
12 (9 meses)	Manzana			

5

ACTIVIDAD: LEVANTARSE Y CAMBIAR EL PAÑAL

> *Los bebés y los niños piensan, observan y razonan. Analizan lo que ven, sacan conclusiones, hacen experimentos, solucionan problemas y buscan la verdad. Sin embargo, no lo hacen conscientemente, como lo haría un científico. Además, los problemas a los que se enfrentan no son algo complicado relacionado con estrellas y átomos, sino cuestiones cotidianas, por ejemplo cómo son las personas, los objetos y las palabras. Pero incluso los niños más pequeños saben muchas cosas sobre el mundo y trabajan activamente para descubrir más.*

ALISON GOPNIK, ANDREW N. MELTZOFF
y PATRICIA K. KUHL,
The Scientist in the Crib

HORA DE DESPERTARSE

Para un recién nacido, todos los días hay motivos de asombro. Desde el momento en el que los bebés salen del útero, su crecimiento, al igual que su capacidad para explorar y disfrutar con su entorno, es exponencial. Pensad en ello: cuando vuestro bebé tenía tan sólo una semana, era siete veces mayor de lo que era el día en que nació. Al final del primer mes, estaba a años luz del primer día, y así sucesivamente. Percibimos estos cambios especialmente en las actividades del bebé, entendidas aquí como todo lo que el niño hace durante las horas en que está despierto y que requiere uno o más de sus sentidos. (Desde luego, comer también es una actividad y estimula el sentido del gusto, pero hablaré de ello más extensamente en el último capítulo.)

La percepción del niño comienza a desarrollarse ya en el útero. Los científicos apuntan que, de hecho, parece que los bebés son capaces de reconocer la voz de su madre al nacer porque ya la han oído, si bien ahogada, en el útero. Una vez llegan al mundo, sus cinco sentidos siguen agudizándose en este orden: oído, tacto, vista, olfato y gusto. La verdad es que puede parecer que estar tumbado en el cambiador mientras a uno le ponen los pañales, lo visten, lo bañan o le dan un masaje no es una actividad digna de mención, como tampoco puede parecerlo contemplar el movimiento de un móvil o tratar de coger un animalito de peluche. Sin embargo, es a través de esfuerzos de este tipo que los bebes logran no sólo agudizar sus sentidos, sino comenzar a aprender quiénes son y de qué va el mundo.

En los últimos años, se ha escrito mucho acerca de maximizar el potencial de los bebés. Algunos expertos sugieren que, desde el momento en que nacen, se estructure el entorno del bebé para proporcionarle una buena base. No obstante, si bien es absolutamente cierto que los padres son los primeros maestros del bebé, a mí, no me preocupa tanto proporcionarles conocimientos como despertarles la curiosidad natural y civilizarlos, esto es, ayudarlos a comprender cómo funciona el mundo y cómo interactuar con la gente.

En este sentido, animo a los padres a pensar en las actividades que sus bebés llevan a cabo y que suponen una oportunidad para fomentar su seguridad y, al mismo tiempo, su independencia. Estos dos objetivos pueden parecer contradictorios, pero, en realidad, van unidos. Independientemente de la edad, cuanto más seguro se sienta un niño, más fácil le será lanzarse a ver cosas nuevas y divertirse sin necesidad de apoyo o de interferencias externas (excepto, por supuesto, si está en peligro). Así pues, la actividad en el método EASY plantea la siguiente paradoja: las actividades ayudan a estrechar los lazos con nuestro bebé, pero también nos permiten darles las primeras lecciones de independencia.

En realidad, tenéis que hacer menos por vuestro bebé de lo que probablemente creéis. No obstante, esto no significa dejarlo solo; significa encontrar un equilibrio: darle las instrucciones y el apoyo que necesita y, al mismo tiempo, respetar el curso natural de su desarrollo. Lo cierto es que, incluso sin vuestra ayuda, cuando el bebé esté despierto, estará escuchando, sintiendo, viendo, oliendo o saboreando algo. Especialmente durante los primeros meses, cuando todo es nuevo (y, para algunos niños, motivo de miedo), vuestra labor principal será aseguraros de que, en todas las experiencias que viva vuestro bebé, se sienta cómodo y lo bastante seguro para querer seguir explorando y creciendo. Y la forma de lograrlo es creando lo que yo denomino un «círculo de cortesía».

CREAD UN CÍRCULO DE CORTESÍA

Tanto cuando saquéis al bebé de la cunita por la mañana o lo bañéis, como cuando juguéis con él es importantísimo recordar que se trata de una persona individual que necesita de toda vuestra atención y respeto, pero que también puede actuar por sí sola. Quiero que os imaginéis dibujando un círculo alrededor del bebé, una frontera imaginaria de cortesía que delimite su espacio vital. No debéis penetrar nunca en el círculo de cortesía del niño sin pedir permiso, sin decirle por qué queréis entrar y sin explicarle lo que estáis haciendo. Esto puede parecer innecesario o incluso estúpido, pero conviene no olvidar que no se trata tan sólo de un bebé: también es una persona. Si lográis recordar siempre los principios que explicaré e ilustraré a lo largo de este capítulo, os será más fácil y natural mantener el círculo de cortesía en todas las actividades que lleve a cabo el bebé.

- *Estad realmente con el bebé.* Cuando estéis con él, convertidlo en el objeto único de vuestra atención. Se trata de un tiempo limitado, de modo que concentraos en él. No habléis por teléfono ni os ocupéis de la colada ni le deis vueltas a aquel informe que aún no habéis terminado.

- *Deleitad los sentidos de vuestro bebé pero evitad la excitación.* Nuestra cultura insta a los excesos y a la excitación y, sin querer, los padres contribuyen al problema, ya que no se dan cuenta de lo delicados que son los sentidos del bebé o de lo mucho que se implican los niños (véase cuadro de la página 190). No digo que debamos dejar de cantarle a nuestros hijos, hacer música para ellos, jugar con objetos de colores brillantes o incluso comprarles juguetes, sino que, cuando se trata de niños, menos es más.

- *Haced que el entorno del bebé sea interesante, agradable y seguro.* Esto es algo para lo que no se necesita dinero, sino sólo sentido común (véanse páginas 201 y ss.).

- *Fomentad la independencia del bebé.* Sé que esto puede parecer poco intuitivo: ¿cómo va a ser independiente un bebé? En fin, no estoy diciendo que debáis comenzar a prepararle las maletas: por supuesto que aún no puede valerse por sí mismo, pero podéis ayudarle a lograr la confianza necesaria para aventurarse a lo desconocido, explorar y jugar de forma independiente. Por ello, cuando el bebé está jugando, es siempre una buena idea observar más que interactuar.

- *Recordad debéis hablar con vuestro bebé, no hacer discursos.* Dialogar es un proceso de dos direcciones. Cuando vuestro bebé esté realizando cualquier actividad, observad, escuchad y esperad su respuesta. Por supuesto, si trata de hacer que participéis debéis hacerlo. Si os «pide» un cambio de escena, atended su petición. Y, si no, dejadle explorar.

- *Participad y animadle, pero dejad siempre que sea él quien tome la iniciativa.* No pongáis nunca al bebé en una posición en la que no pueda ponerse (o de la que no pueda salir) por sus propios medios. No le deis juguetes que estén fuera de su «triángulo de aprendizaje» (véase las páginas 201 y ss.).

Hay que tener en cuenta estas directrices desde el momento en que el bebé se despierta hasta que lo acunáis para dormir por la noche.

¡DESPIERTA, SUSIE, DESPIERTA!
¿Qué os parecería si cada mañana vuestra pareja entrara en el dormitorio justo cuando salíais hacia la tierra de los sueños y os levantara las sábanas? E imaginad que entonces os gritara: «¡Vamos, es hora de levantarse!». ¿No os asustaría y os resultaría desagradable? Los niños se sienten igual si los padres no se toman la molestia de empezar bien el día.

Cuando le deis la bienvenida al bebé por la mañana, sed delicados, tranquilos y considerados. Yo suelo entrar cantando una tonadilla inglesa que dice «¡Buenos días, buenos días, ayer bailamos toda la noche, buenos días!». Elegid la canción de buenos días que más os guste, con la única condición de que relacione este momento con la mañana. O inventad una, tal como hizo Beverly, usando la música del «Cumpleaños feliz» para cantar «Buenos días feliz...». Al terminar la canción, yo digo: «Hola Jeremy, ¿has dormido bien? Qué alegría verte, debes de tener hambre». Cuando me agacho, le advierto: «Ahora voy a levantarte... Vamos, a la una, a las dos y a las tres, ¡arriba!». Luego, durante el día, después de una siesta, tal vez añada: «Qué bien te ha sentado la siesta, ¿eh? ¡Cuánto rato has dormido!». Entonces, una vez más, hay que advertirle de que lo vas a levantar, como por la mañana.

Por supuesto, no importa la forma exacta en la que despertéis al bebé por la mañana, seguro que podéis sacar algunas ideas de vuestras reservas de amor. Al igual que los adultos, los bebés tienen diferentes actitudes cuando se despiertan. Algunos se levantan con una sonrisa en los labios mientras que otros hacen pucheros o incluso lloran. Algunos enseguida están listos para recibir un nuevo día, mientras que otros necesitan un poco de ayuda.

Vuestro bebé sabe más de lo que creéis

Especialmente en los últimos veinte años y gracias, en gran parte, al milagro de las videocámaras, los investigadores de pediatría han tenido la posibilidad de estudiar la gran cantidad de información que puede procesar un bebé. Si antes pensábamos en los bebés como «tábulas rasas», hoy sabemos que, cuando los recién nacidos llegan al mundo, sus sentidos son muy agudos y disponen de una serie de capacidades en continuo crecimiento que les permiten observar, pensar e incluso razonar. Observando las expresiones faciales de los bebés, su lenguaje corporal, sus movimientos oculares y sus reflejos de succión (los bebés succionan con más fuerza cuando están excitados), los científicos han determinado que poseen habilidades asombrosas. A continuación, aparecen algunos de los últimos hallazgos científicos. A lo largo del capítulo, encontraréis algunas más.

• Los niños son capaces de discriminar una imagen de otra. Ya en 1964, los científicos descubrieron que los bebés no miraban durante mucho

---

rato imágenes que ya hubieran visto, mientras que las nuevas cautivaban su atención.

- Los bebés coquetean. Hacen ruiditos, sonríen y hacen gestos siguiendo el ritmo y la entonación de la voz de quien les habla.

- Los niños de tan sólo tres meses ya se crean expectativas. En estudios de laboratorio, se observó que, en la exposición a una serie de imágenes visuales, los bebés eran capaces de detectar patrones y que movían los ojos anticipando la siguiente imagen, indicando que la estaban esperando.

- Los bebés recuerdan. Se ha documentado la existencia de memoria en niños de incluso cinco semanas. En un estudio con un grupo de niños que ya habían sido estudiados de pequeños (cuando tenían entre seis y cuarenta semanas) y que fueron llevados al mismo laboratorio cuando tenían prácticamente tres años, todo pareció indicar que, si bien no utilizaban palabras para describir los recuerdos de su experiencia anterior, estaban familiarizados con el ejercicio que se les pedía realizar (coger objetos con luz y a oscuras).

He aquí un resumen de lo que podemos esperar de nuestros distintos tipos de bebé:

Angelito. Son todo sonrisas, monerías y ruiditos; parecen eternamente felices con su entorno. A menos que estén particularmente hambrientos o que tengan los pañales empapados, se entretienen jugando en la cunita hasta que llega alguien para sacarlos. En otras palabras, raramente van más allá del nivel uno de alarma del sistema despertador.

Algunos bebés lo pasan bien solos cuando se despiertan y nunca van más allá del primer nivel. Están la mar de bien en la cunita hasta que alguien acude. Otros, en cambio, llegan al nivel tres en un abrir y cerrar de ojos, sin dar tiempo a reaccionar.

Nivel uno: Ruiditos vacilantes acompañados de movimientos inquietos. Significa «¿Hola? ¿Hay alguien ahí? ¿Por qué nadie viene a cogerme?».

Nivel dos: Un llanto como una tos profunda, que empieza y se detiene. Cuando se detiene, significa que el niño escucha. Si no acudís, os está diciendo: «¡Vamos, venid de una vez!».

Nivel tres: Un llanto con todas las de la ley y con movimiento de brazos y piernas. Significa: «¡Venid ahora mismo! ¡Hablo en serio!».

De libro. Si no acudimos a sacarlos de la cunita cuando están en el primer nivel de alarma, nos lo hacen saber con ruiditos ariscos del nivel dos, como diciendo: «Bueno, venís o qué». Si acudís y les decís: «Estoy aquí, no sufras que no me voy», estarán bien. Si no acudimos a su llamada, oiremos el tercer nivel alto y claro.

Susceptible. Los bebés de este tipo se despiertan siempre llorando. Como necesitan seguridad, suelen pasar enseguida por los tres niveles de alarma. Les resulta intolerable que los dejen en la cunita más de cinco minutos, por lo que son capaces de hundirse si no acudís entre la alarma uno y la dos.

Gruñón. No les gusta estar húmedos o incómodos, por lo que estos bebés pasan por los tres niveles de alarma con bastante rapidez. Podéis iros olvidando de que os vaya a dedicar una sonrisa mimosa por la mañana. Ya podéis hacer el pino o un salto mortal: a este pequeñajo no le arrancaréis una sonrisa.

Movido. Estos niños, enormemente activos y enérgicos, suelen saltarse el primer paso al despertar e ir directamente al nivel dos. Se agitan y se retuercen, emitiendo llantos entrecortados, y terminarán llorando si nadie acude en ese momento.

Resulta interesante ver que el comportamiento de un bebé al despertar es algo que se mantiene incluso cuando se hace mayor. ¿Recordáis que os he comentado que mi Sophie era tan tranquila y pacífica que algunas mañanas creía que había dejado de respirar? Pues bien, hoy en día, por las mañanas, Sophie es un amor: se despierta fácilmente y sale de la cama. En cambio, su hermana, que era un bebé del tipo movido que normalmente se levantaba protestando, sigue necesitando algo más de tiempo para volver en sí tras el descanso nocturno. A diferencia de Sophie, que puede entablar una conversación nada más despertar, Sara prefiere que la deje hablar primero a ella en vez de ser yo quien comience a desbarrar sobre el día que se presenta.

CAMBIAR LOS PAÑALES AL BEBÉ Y VESTIRLO

Como ya he mencionado, en mis cursos, normalmente pido a las nuevas madres y a los nuevos padres que se tumben de espaldas con los ojos cerrados. Entonces, sin advertírselo, elijo a uno de los hombres, le levanto las piernas y se las empujo hacia la cabeza. Ni que decir tiene que se asusta un poco. Cuando los demás se dan cuenta de lo que he hecho, piensan que resulta divertido, y todos nos reímos. Pero entonces les explico el objetivo del juego: así es como se siente un bebé si le cambiamos el pañal sin advertirle o explicárselo. En efecto, habremos invadido su círculo de cortesía. Si yo hubiera dicho: «John, dentro un momento voy a levantarte las piernas», John no sólo hubiera podido prepararse para notar cómo lo cogía, sino que también hubiera visto que tenía en cuenta sus sentimientos. Con los niños, hay que tener esa misma consideración.

Los investigadores han observado que los bebés necesitan tres segundos para que su cerebro sepa que los hemos tocado. Para un bebé, en consecuencia, la perspectiva de que vayamos a levantarle las piernas, desnudarlo de cintura para abajo y limpiarle el culito resulta cuando menos temible, aún más si tenemos intención de aplicarle alcohol en el ombligo. Los estudios han mostrado también que los bebés tienen un agudo sentido del olfato. Incluso los recién nacidos giran la cabeza ante un apestoso algodoncito empapado en alcohol. Los bebés de una semana pueden reconocer a sus madres por el olor. Si juntamos todo esto, nos daremos cuenta de que, cuando invadimos su espacio, el bebé es bastante consciente de que pasa algo, por mucho que no sea capaz de expresarse.

El hecho es que la mayoría de los bebés lloran cuando los ponen en el cambiador, y eso es porque no saben lo que está pasando o porque no les gusta. Ni una pizca. Y es que, pensándolo bien, ¿qué podemos esperar al poner a un bebé con las piernas abiertas, la posición que los deja más desprotegidos y vulnerables? ¿Cómo os sentís las mujeres cuando os tenéis que despatarrar en la camilla del ginecólogo? A menudo, le digo a mi propio médico: «Tengo que saber exactamente lo que estás haciendo ahí abajo». Pues bien, los niños aún no tienen las palabras para pedirnos que vayamos más despacio o que respetemos su espacio vital, pero sus gritos van en esta misma dirección.

TELA O PAPEL

Aunque últimamente parece que vuelve a utilizarse la tela, una mayoría aplastante de padres prefieren pañales desechables. Es una elección, pero yo prefiero los de tela porque son más baratos, más suaves para la piel del bebé y más respetuosos con el medio ambiente.

Además, algunos bebés tienen una reacción alérgica a los gránulos absorbentes de los pañales desechables, una afección que a veces se confunde con la irritación provocada por los pañales. La diferencia está en que, mientras que la irritación es localizada, normalmente alrededor del ano, los sarpullidos alérgicos se extienden por toda la zona cubierta por el pañal, hasta la cintura.

Otro problema que plantean los pañales desechables es que son tan absorbentes y tan efectivos a la hora de mantener la orina controlada que sólo los bebés gruñones se dan cuenta de que están húmedos. Cuando los niños llegan a los tres años de edad y aún no saben ir al lavabo, muchas veces es debido a que los pañales desechables no les permiten notar que están húmedos.

Una advertencia en relación con los pañales de tela: hay que estar muy atento para ver si están húmedos, ya que eso puede dar lugar a irritaciones.

Cuando una madre me dice: «Edward odia el cambiador», yo le respondo: «No es el cambiador lo que odia, es lo que pasa encima. Probablemente, te convendría tranquilizarle un poco y hablar con él». Además, cuando se cambian pañales, al igual que con el resto de actividades, hay que prestar atención a lo que estamos haciendo; ¡por el amor de Dios, no cambiéis los pañales con el móvil entre la oreja y el hombro! Pensad un momento en la situación desde el punto de vista del bebé. Imaginaos el aspecto que tenéis abalanzándoos sobre él con el teléfono, sin mencionar que se os puede caer y golpear al niño en la cabeza. Lo que le estáis diciendo al niño es «te estoy ignorando».

Cuando cambio un pañal, trato de mantener una conversación constante. Me agacho hasta que mi cara queda a unos treinta o treinta y cinco centímetros de la suya (de frente, nunca de lado, ya que los bebés ven mejor así), y hablo con él durante todo el rato: «Ahora vamos a cambiar el pañal. Te pondremos aquí para que pueda quitarte los pantaloncitos». No dejo de hablar con él para que sepa en todo momento lo que hago. «Ahora te estoy desabrochando el pantalón. Así.

Ooooh, mira qué pantorrillas tan bonitas. Ahora te levantaré las piernecitas. ¡Alehop! Y ahora te abro el pañal... Oh, veo que tienes un regalito para mí... Ahora te voy a limpiar.» Con las niñas, hay que tener cuidado con limpiar siempre de delante hacia atrás. A los niños, yo les cubro el pene con un pañuelo para evitar que se hagan pis y me manchen. Si el niño comienza a llorar, le pregunto: «¿Voy demasiado deprisa? Ya iré más despacito».

> Consejo: *Cuando el bebé esté desnudo, apoyad la mano, o ponedle un peluche, sobre el pecho. Este pequeño peso de más le hará sentirse menos desprotegido y vulnerable.*

Por otro lado, cabe decir que tal vez el problema esté en que tenéis que ir más deprisa en el cambiador. He visto personas que tardan veinte minutos en cambiar un pañal mojado y eso es demasiado tiempo. Me refiero a que, si cambiamos al bebé antes de comer, le damos la comida durante cuarenta minutos y luego lo volvemos a cambiar, tardamos una hora y veinte minutos. Estamos alterando el período de actividad el bebé, tanto por el tiempo que tardamos como, si al bebé no le gusta que lo cambien, por el estrés y el cansancio que le provocamos.

> Consejo: *Para las primeras tres o cuatro semanas, podéis comprar unos pijamas, bastante baratos, que se atan o se cierran por delante y dejan la parte de atrás abierta para tener un acceso más fácil a los pañales. Al principio, es probable que tengáis varios pañales mojados a la vez; tener un montón de pañales de noche a mano ayuda a ahorrar tiempo y evitar preocupaciones.*

Tal vez tardéis unas semanas en cogerle el tranquillo, pero deberíais ser capaces de cambiar los pañales en cinco minutos. La clave está en tenerlo todo a punto: los botes de crema y de toallitas abiertos, el pañal desplegado y listo para deslizarse bajo el culito del bebé y el cubo de la basura abierto para echar el pañal sucio.

> *Consejo:* Cuando pongáis al bebé en el cambiador para cambiarle el pañal, poned un pañal limpio debajo. Abrid el pañal usado, pero no se lo saquéis hasta que le hayáis limpiado la zona anal y genital. Una vez hayáis terminado, sacadle el pañal sucio, y el otro estará justo donde tiene que estar.

Si ninguno de estos trucos sirve para calmar al bebé, intenta cambiarlo sobre tu regazo. Muchos bebés lo prefieren, y tú te ahorrarás la molestia de tener que trabajar sobre un cambiador.

DEMASIADOS JUGUETES/DEMASIADA ESTIMULACIÓN

Muy bien: el bebé ha comido por primera vez y le hemos puesto un pañal limpio: llegó la hora de jugar. Aquí es donde los padres suelen andar un tanto desconcertados. O bien minimizan la importancia de los juegos del bebé, porque no se dan cuenta de que incluso cuando un bebé simplemente mira está aprendiendo muchísimas cosas, o se convierten en unos verdaderos pesados y no desaparecen ni un momento de delante del bebé, haciendo bromas, mostrándoles juguetes o agitando cosas. Ninguno de los dos extremos es bueno. A juzgar por los padres con los que trabajo, creo que la mayoría pecarían de esto último: involucrarse en exceso. Por eso recibo regularmente llamadas como ésta de Mae, la madre de Serena, de tres semanas.

«Tracy, ¿qué le ocurre a Serena?», me pregunta. Oigo a la niña llorando y, de fondo, la voz angustiada de su padre, Wendell, tratando desesperadamente de calmarla.

197

«A ver, cuéntame qué ha pasado antes de que comenzara a llorar», digo yo.

«Simplemente estaba jugando», responde Mae, inocentemente.

«¿Jugando a qué?», pregunto, ya que hablamos de un bebé de tres semanas, no de una niña de tres años.

«La hemos puesto un ratito en el columpio, pero ha empezado a moverse y hemos decidido sentarla en la sillita.»

«¿Y luego?»

«No le ha gustado la silla, de modo que la hemos puesto sobre la manta y Wendell ha empezado a leerle un cuento dice. Suponemos que está cansada, pero no quiere dormirse.»

Lo que Mae no menciona (probablemente porque lo considera irrelevante) es que el columpio hace música, que la silla vibra y que encima de la manta hay un móvil de brillantes colores rojos, blancos y negros que bailan encima de la cabeza del bebé. Por si esto fuera poco, papá sostiene el libro de *La tortuga y la liebre* a un palmo de su cara.

UNA GUÍA DE LO QUE AFECTA AL BEBÉ

Oído: Hablar Tararear Cantar Latido del corazón Música	Olfato: Humanos Olores de cocina Perfume Especias
Vista: Cartas blancas y negras Objetos a rayas Móviles Caras El entorno	Gusto: Leche Otras comidas

Tacto:	Movimiento:
Contacto con la piel, labios, pelo	Mecerlos
Abrazos	Moverlos
Masajes	Balancearlos
Agua	Ir en coche
Trozos/prendas de algodón	

¿Acaso creéis que exagero? Pues no es así; he visto escenas similares en un sinfín de hogares.

«Sospecho que vuestra pequeñaja está excitada», sugiero amablemente, señalando que la pobrecita ha estado viviendo en un ambiente que (desde su punto de vista de bebé) es como pasar un día entero en Disneylandia.

«Pero si a ella le gustan los juguetes», protestan los padres.

Con la poca predisposición a discutir con los padres que me caracteriza, les sugiero mi norma principal: esconded cualquier cosa que se agite, vibre, tiemble, oscile, ondee o caracolee. Les digo que lo prueben durante tres días a ver si el bebé se calma. (A menos que haya algo más que vaya mal, se calmará.)

Por desgracia, los padres de Serena (y la mayoría de padres, a decir verdad) son víctimas de la cultura en la que vivimos. Cada año, nacen casi cuatro millones de bebés, esto ha hecho surgir grandes industrias para cubrir sus necesidades. Estas industrias se gastan anualmente millones y millones de dólares para convencernos de que debemos crear un»ambiente» adecuado para el bebé, y la mayoría de las veces los padres se dejan convencer. Creen que, en cierto modo, le estarán fallando al bebé si no lo entretienen constantemente, ya que no estará recibiendo la «estimulación intelectual» necesaria. Y si, por algún milagro, no se presionan ellos solos, algún amigo lo hará por ellos: «¿Qué me decís? ¿Que no le habéis comprado a Serena el andador para el pasillo?». Los amigos de Mae y de Wendell lo preguntarán en tono acusador, como si la niña fuera a crecer limitada sin uno. ¡Eso es una soberana tontería!

UN MITO:
«HACED QUE SE ACOSTUMBRE A LOS RUIDOS DE LA CASA»

Los padres a menudo oyen que es bueno que el bebé se acostumbre a los sonidos estridentes. Yo os pregunto, ¿os gustaría que entrara en vuestra habitación en plena noche mientras estáis durmiendo y pusiera música estridente? Sería poco respetuoso, ¿verdad? ¿No creéis, pues, que el bebé también merece ese respeto?

Esto no quiere decir que no podamos poner música y cantar con nuestros bebés. Ni tampoco que no debamos jugar con objetos de colores o incluso con juguetes. Faltaría más. Lo que sucede es que, cuando lo hacemos en exceso y le damos al bebé demasiadas opciones a elegir, éste acaba excitándose demasiado. Para ellos, ya es bastante duro tener que abandonar la blanda comodidad del útero (algunos obligados a salir de ahí por el estrecho canal del parto, otros literalmente arrancados del vientre de la madre) y tener que apañárselas bajo la luz de los fluorescentes de la sala de partos. Por el camino, se encuentran con instrumentos de cirugía, medicamentos y un montón de manos que tiran de ellos, los pinchan y los lavan cuando apenas llevan unos segundos aquí. Como ya he señalado en el capítulo 1, cada bebé es único, pero casi todos los recién nacidos tienen que sobrevivir a una barahúnda similar. Para los más sensibles, el nacimiento supone un estímulo superior al que pueden soportar.

Añadid a todo esto los sonidos y los ruidos habituales que hay en vuestra casa: televisores, radios, animales, coches que pasan por la calle, aspiradoras, cortacéspedes y mil y un aparatos más. Ahora sumadle vuestra propia voz, matizada por la ansiedad que podáis tener, la de vuestros padres, suegros y demás visitantes, sus toses y cuchicheos y ¡en fin! Eso es mucho para una bolita de nervios y músculos de poco más de cuatro quilos. Y, finalmente, tienes a mamá y papá delante de la cara, preguntándote si quieres jugar. Es suficiente para que incluso un bebé angelito se ponga a llorar.

JUGAR CON EL TRIÁNGULO DE APRENDIZAJE

¿A qué me refiero exactamente cuando digo «jugar»? Bueno, eso depende de lo que el bebé pueda «hacer». Hay muchos libros que proporcionan criterios de juego según la edad del bebé, pero yo estoy contra eso. Y no es que estos criterios no sean útiles: es bueno saber qué es lo típico a ciertas edades. De hecho, así es como divido mis cursos de maternidad: recién nacidos, hasta tres meses, hasta seis meses, hasta nueve meses y hasta un año. Lo que sucede es que muchos padres no se dan cuenta de que entre los bebés *normales* existen unas inmensas variaciones de aptitudes y de nivel de conciencia. Es algo de lo que me doy cuenta constantemente en los cursos. Invariablemente, una de las madres, que ha leído en algún lugar que su bebé de cuatro meses debería saber darse la vuelta, ve que su hija está tumbada en el suelo sin moverse y se alarma. «¡Qué horror, Tracy, debe de ser lenta!» exclama. «¿Cómo puedo ayudarla a que aprenda a darse la vuelta?».

No creo en ejercer ningún tipo de presión para que los niños aprendan. No me canso de repetirles a los padres que su bebé es una *persona individual* y que las estadísticas que aparecen en los libros no pueden de ninguna manera tener en cuenta las idiosincrasias y las diferencias que hay entre los seres humanos. Las estadísticas deben servir tan solo como *guía*. Vuestro bebé irá alcanzando cada nivel de desarrollo a su propio ritmo.

Por otro lado, los bebés no son perros, no los puedes «entrenar». Respetar a vuestro hijo significa dejarlo evolucionar sin azuzarlo y sin meterle prisas si no es como el bebé de vuestros amigos o no se comporta según la descripción que aparece en algún libro. Dejad que él tome las riendas. La madre naturaleza tiene un plan lógico y fantástico. Aunque pretendáis que vuestro bebé se dé la vuelta antes de estar preparado para ello, no aprenderá a hacerlo más deprisa. De hecho, si no se da la vuelta, es porque no ha desarrollado aún las aptitudes fisiológicas para ello, y tratando de empujarlo a hacerlo sólo conseguiríamos, inconscientemente, que su vida fuera más estresante de lo necesario.

Por todo ello, sugiero que los padres sigan siempre el «triángulo de aprendizaje» de su bebé, esto es, las tareas físicas y mentales que el bebé puede llevar a cabo y con las que puede disfrutar *solo*. Por ejemplo, casi todos los recién nacidos que visito tienen un montón de sonajeros en la habitación: plateados, de plástico, en forma de O, de patito o de pesas. Pues bien, *no* hay ningún sonajero apropiado para un bebé, ya que aún no puede cogerlo. Sus padres terminan agitándole el sonajero a un palmo de la cara, pero decididamente el bebé no está jugando con él. Recordad siempre una de mis normas: *cuando el bebé tenga un juguete, hay que observar antes de querer participar.*

Para saber lo que encaja en el triángulo de aprendizaje de vuestro bebé, deberéis tener en cuenta sus logros hasta la fecha: lo que es capaz de *hacer*. En otras palabras, en lugar de fijaros directrices según la edad, *fijaos en vuestro hijo*. Si seguís este triángulo de aprendizaje, vuestro hijo adquirirá los conocimientos naturalmente, a su propio ritmo.

DESDE EL PRIMER DÍA

Incluso para los investigadores, resulta complicado saber el momento *exacto* en que un bebé empieza a comprender, de modo que hay una serie de cosas que deberíais hacer desde la llegada del pequeño:

- Explicadle todo lo que le hacéis

- Habladle de vuestras actividades diarias

- Enseñadle fotos de la familia y decir los nombres de quienes salen

- Señalad e identificad objetos («¿Ves el perrito? ¡Mira, otro bebé como tú!»)

- Leedle libros fáciles y mirad los dibujos

- Poned música y cantad (véanse instrucciones detalladas en el cuadro de la página 204)

Básicamente, el bebé observa y escucha. Durante aproximadamente las primeras seis semanas, el bebé es una criatura auditiva y visual que, no obstante, se va volviendo progresivamente consciente de su entorno. Si bien su campo de visión no llega más allá de veinte o treinta centímetros, puede veros e incluso regalaros un gorgorito o una sonrisa. Tomaos un momento para «responderle». Los investigadores han descubierto que, al nacer, los bebés pueden diferenciar rostros y voces humanas de otras imágenes y sonidos, y que los prefieren. En pocos días, serán capaces de reconocer rostros y voces familiares, y elegirán mirarlos a ellos en lugar de observar una imagen que desconozcan.

Cuando el bebé no os esté mirando a la cara, veréis que le encanta observar líneas. ¿Qué es lo que sucede? Pues que a un bebé le parece que las líneas rectas se mueven, porque aún no tiene la retina fijada. De modo que no hace falta que os gastéis el dinero en láminas con dibujos para que se lo pase bien. Bastará con dibujar líneas rectas con un rotulador sobre un papel blanco. Eso, además, le dará al bebé un punto de enfoque, algo muy importante porque su visión es aún borrosa y bidimensional.

Si queréis comprarle un juguete al recién nacido, existen las «cajas uterinas», un invento que se coloca en la cunita e imita el sonido que el bebé oía en el útero. Con los recién nacidos, sin embargo, recomiendo tener tan sólo uno o dos juguetes en la cuna e ir cambiándolos cuando deje de prestarles atención. Tened cuidado con el impacto de los colores: los colores primarios estimulan al bebé y los colores pastel lo relajan. Hay que elegir los colores según el efecto que se quiera lograr; por ejemplo, no le pongáis una bandera roja y negra en la cunita si lo que queréis es que haga la siesta.

MÚSICA PARA CRECER

A los bebés, les encanta la música pero, también en este caso, debe ser música apropiada a la edad. Al final de todas mis clases de maternidad, pongo música siguiendo el siguiente esquema:

Hasta los tres meses: pongo solamente canciones de cuna, música tranquila y relajante, nunca música movida como canciones de guardería. Existen muchos CD con música para bebés, pero, si tenéis una voz agradable, os recomiendo que le cantéis las nanas vosotros mismos.

Seis meses: pongo únicamente una canción al final de cada clase, normalmente alguna canción de guardería.

Nueve meses: pongo tres canciones de guardería, una sola vez.

Doce meses: añado una nueva canción, cuatro en total, y las pongo todas dos veces. Se pueden añadir gestos.

El bebé empieza a controlar la cabeza y el cuello. Cuando el bebé sea capaz de girar la cabeza, algo que suele suceder durante el segundo mes, y empiece a moverse de un lado para otro o incluso se levante un poco (normalmente en el tercer mes), tendrá ya un mayor control sobre los ojos. En los laboratorios, se ha observado que los bebés de un mes son capaces de imitar expresiones faciales: si el adulto saca la lengua, el bebé hace lo mismo; si abre la boca, el bebé lo imita. Éste es un buen momento para comprar un móvil con clip que podamos trasladar de la cunita al parque. Sé que es lo primero que la mayoría de los padres le compran al bebé, pero, antes de los dos meses, un móvil es, básicamente, un objeto decorativo. A los bebés, les gusta girar la cabeza (a menudo a la derecha), de modo que no se lo coloquéis justo enfrente. Tampoco debería estar a más de treinta centímetros. En este momento (cerca de las ocho semanas), el bebé comienza a ver en tres dimensiones. Adopta una posición más erguida y pasa la mayor parte del tiempo con las manos abiertas. Algunas veces se las coge, aunque suele ser por casualidad. Es también el momento en que comenzará a recordar y a poder predecir lo que sucederá. De hecho, a los dos meses, un bebé es capaz de reconocer y recordar a alguien que vio al día anterior. Pronto hará gorgoritos de placer cuando os vea y comenzará a seguiros con la vista cuando os mováis por la habitación.

Un recién nacido o un bebé de cuatro semanas disfruta con las líneas rectas y, a las ocho semanas, las fotos de caras lo harán sonreír. En este momento, podéis añadir, a los dibujos que le enseñéis al niño, líneas onduladas, círculos y dibujos simples, como una casa o una cara. También podéis ponerle un espejo en la cunita de modo que, cuando sonría, éste le devuelva la sonrisa. No obstante, recordad que, aunque al bebé le encante observar las cosas, aún no goza de la movilidad necesaria para alejarse de un objeto que no le interesa cuando ya tiene bastante. Debéis estar atentos: si hace ruidos raros o entrecortados os estará diciendo «Ya tengo bastante». Acudid a rescatarlo si no queréis véroslas con un llanto en toda regla.

El bebé coge cosas. Prácticamente todo (incluso su propio cuerpo) resulta fascinante para un bebé que puede coger cosas, algo que sucede alrededor del tercer mes. Y todo lo que coja terminará en la boca. A estas alturas, vuestro bebé puede levantar la barbilla y hacer gorgoritos. Su juguete favorito seréis vosotros, pero también es un buen momento para algunos regalos simples y manipulables como sonajeros y otros objetos seguros que generan sonido o son agradables al tacto, como un rulo de espuma. A los niños, les encanta explorar y les fascina crear reacciones. Observadle la cara cuando agita un sonajero: se le ponen unos ojos como platos. En este momento, los bebés ya comprenden la relación causa efecto, de modo que cualquier cosa que haga ruido les proporciona una sensación de triunfo. Responden mucho más a los estímulos que hace poco tiempo (os encantarán sus constantes ruiditos) y, a partir de este momento, la cosa irá cada vez mejor. También saben llamar vuestra atención cuando están hartos de algo; tirarán un juguete al suelo, harán un ruido entrecortado y gutural o amenazará con un puchero.

El bebé sabe darse la vuelta. La capacidad de girarse de lado, que el bebé suele adquirir entre el final del tercer mes y el quinto mes, es el inicio de la movilidad del pequeño. Antes de que os deis cuenta, vuestro bebé estará dando vueltas hacia ambos lados, y la diversión irá en aumento. Seguirá disfrutando con los juguetes que hacen ruido, pero ahora también podéis darle objetos cotidianos, como una cuchara. Estos simples objetos serán fuente de un placer infinito. Con un plato de plástico, se puede divertir un buen rato: lo cogerá, le dará la vuelta, lo tirará y lo volverá a coger. Es como un pequeño científico, explorando sin cesar. También disfrutará jugando con pequeñas formas, cubos, bolas o triángulos. Lo creáis o no, al metérselos en la boca, sabe de qué se trata y puede notar las diferencias. La investigación nos dice que los niños pueden, ya de muy pequeños, identificar formas con la boca. En los laboratorios, se ha observado que bebés de incluso un mes asocian imágenes visuales a sensaciones táctiles. Cuando a un bebé se le da una tetina abultada o una lisa y luego se le muestran imágenes de objetos abultados y de objetos lisos, miran durante más tiempo los que tienen la misma forma que el que han estado chupando.

El bebé se sienta. Los bebés no pueden sentarse hasta que han crecido lo suficiente para compensar el peso de la cabeza, algo que suele ocurrir alrededor de los seis meses. Hasta entonces, la cabeza le pesa demasiado. Cuando los bebés pueden sentarse por sí mismos, comienzan a desarrollar la percepción de la profundidad. Al fin y al cabo, el mundo se ve muy distinto si estás sentado o si estás tumbado. En este momento, también será capaz de pasarse objetos de una mano a otra, de señalar y de hacer gestos. Su curiosidad lo empujará a moverse hacia las cosas, pero físicamente aún no estará preparado para ello. *Dejadlo explorar por sí mismo.* Tiene el control sobre la cabeza, los brazos y el tronco, pero aún no sobre las piernas, por lo que puede echarse hacia delante para coger algo y terminar con el pecho pegado al suelo porque la cabeza aún es un poco pesada para él. Agitará brazos y piernas como si estuviera volando. Normalmente, en cuanto oyen al bebé proferir un ruido que no es normal, los padres acuden inmediatamente y, en lugar de esperar y observar, le dan el juguete que quería coger. ¡Hay que aprender a contenerse! No hay que darle el juguete enseguida. Es mejor esperar y animarlo. Le daremos mucha confianza si le decimos: «Muy bien, ya casi lo tienes». No obstante, hay que usar la cabeza. No se trata de que llegue a las Olimpiadas, sólo de darle algo de apoyo. Una vez que ha intentado cogerlo, podemos darle el juguete.

También podemos hacer que juegue con cosas sencillas para reforzar una acción, por ejemplo con un payaso o una caja de sorpresas con resorte que salte cuando apriete el botón o la palanca correctos. Este tipo de juguetes son ideales porque a los niños les encanta ver que pueden hacer que sucedan cosas. En este momento, podéis sentiros tentados de comprar cantidad de juguetes, pero debéis conteneros y recordar que menos es más y que, en realidad, muchas de las cosas que queréis comprarle al bebé no le resultaran divertidas. No puedo evitar reírme cada vez que oigo a unos padres decir que «a mi hijo, no le gusta este juguete». No se dan cuenta de que no es una cuestión de que le guste o no, sino de que no entiende el juguete; no sabe cómo lograr que el juguete haga algo para él.

El bebé se mueve. Cuando el bebé comience realmente a gatear, normalmente entre el octavo y el décimo mes, habrá llegado la hora de preparar la casa a prueba de niño si aún no lo habéis hecho (véase el cuadro de la página 211), para proporcionarle todas las posibilidades de explorar. Puede ser que el pequeñajo incluso comience a ponerse de pie. Algunos bebés empiezan gateando hacia atrás o dando vueltas en círculos, porque las piernas les han crecido ya lo suficiente pero el cuerpo aún no es lo bastante largo o fuerte para compensar el peso de la cabeza. Pero, una vez más, curiosidad y desarrollo físico van de la mano. Antes de llegar a este punto, el bebé no disponía de las capacidades cognitivas para procesar patrones de pensamiento complejos para pensar, por ejemplo, «quiero el juguete que hay al otro lado de la habitación, de modo que tengo que hacer esto para conseguirlo». Pero ahora todo eso ya es posible y comienza a suceder.

Una vez que sea capaz de centrarse en diversos objetivos, el bebé será tan activo como una abejita. Ya no le llenará que lo tengáis sentado en el regazo. Seguirán gustándole mucho los abrazos, pero antes querrá explorar y gastar un poco de su energía natural. Encontrará nuevas maneras de hacer ruido... y alborotar. Los mejores juguetes son aquellos que lo animan a meter y sacar cosas. Por supuesto, al principio será mucho más eficiente deshaciendo (lo sacará todo pero rara vez lo volverá a meter). Finalmente, sin embargo, entre diez meses y un año, tendrá ya la destreza necesaria para unir cosas e incluso para recoger los juguetes del suelo y meterlos en la caja de los juguetes. Probablemente, sea también capaz de coger pequeños objetos, ya que sus habilidades motrices seguirán desarrollándose, y esto le permitirá utilizar la mano a modo de pinza, con los dedos pulgar e índice. También disfrutará con los juguetes que se muevan si puede hacer que vayan hacia él. Incluso puede comenzar a desarrollar una predilección por un juguete en particular, como un peluche o una sábana.

Consejo: *Aseguraos de que vuestro bebé juega sólo con objetos lavables, robustos y sin cantos afilados o piezas que puedan soltarse y se pueda tragar. Un objeto será demasiado pequeño para jugar si cabe dentro del cilindro de cartón de un rollo de papel higiénico: podría atascarse en la garganta del bebé, o éste podría metérselo en una oreja o en la nariz.*

A partir de este momento, cuando cantemos canciones infantiles, podremos añadir movimientos que el bebé pueda imitar. Las canciones y los ritmos educan a los niños en el lenguaje y la coordinación. En este momento, el juego preferido del niño será el juego de «ahora está, ahora no está», que le ayudará a reconocer la permanencia de los objetos. Y esto es algo importante, porque una vez que el niño aprenda el concepto entenderá también que, si tú te vas a otra habitación, tampoco desaparecerás. Podemos ayudarlos a convencerse de ello diciéndoles: «Regreso ahora mismo». Os animo a que uséis objetos cotidianos como juguetes y a que seáis creativos. Una cuchara y un plato o una taza son fantásticos para hacer ruido, y un colador es un escudo perfecto para jugar a «ahora está, ahora no está».

A medida que le bebé expande sus posibilidades físicas y mentales, conviene tener siempre presente que se trata de un ser individual y que no va a hacer exactamente lo mismo que vuestro sobrino cuando tenía su edad. Puede que haga más y puede que lo haga distinto. En cualquier caso, y como ocurre con todos los seres humanos, tendrá su propia idiosincrasia, sus propios gustos y preferencias. Observadlo, descubrid quién es viendo lo que hace en vez de tratar de convertirle en quien vosotros queréis que sea. Si está sano y tiene apoyo y amor florecerá y se convertirá en un pequeño ser maravilloso y único. Estará en movimiento constante, aprenderá todos los días a hacer cosas nuevas y nunca dejará de sorprenderos.

PONER LA CASA A PRUEBA DE NIÑOS: ¿SÍ O NO?

Adaptar la casa es una cuestión importante y relativamente compleja. Todo el mundo quiere evitar que su bebé corra algún peligro y que se envenene, se queme, se ahogue, se corte o se caiga por las escaleras. No sólo esto sino que, además, queremos proteger la casa de los desperfectos ocasionales que puede provocar la curiosidad infantil. La pregunta es: ¿hasta dónde hay que llegar? Hay toda una industria que florece a costa de las preocupaciones de los padres. Hace poco, una madre me contó que se había gastado 4.000 dólares poniendo su casa a prueba de niños: el supuesto operario de casas a prueba de niños se metió en su casa e instaló cierres en absolutamente todos los armarios, incluso aquellos a los que el bebé no iba a llegar ni al cabo de ocho o diez años. También había convencido a la mujer de poner barreras en lugares a los que ningún bebé llegaría jamás. Yo prefiero un enfoque más simple y mucho más barato (véase cuadro de la página siguiente). Por ejemplo, un área de juegos adecuada puede ser un espacio de no más de tres por tres metros delimitada por cojines.

Y hay algo más: si quitáis demasiadas cosas de la casa, estaréis privando al bebé de la posibilidad de explorar y eliminaréis momentos muy educativos en los que aprende la diferencia entre lo que está bien y lo que está mal. Dejadme que lo explique con una experiencia propia.

Cuando mis hijas eran pequeñas, puse mi casa a prueba de niños quitando de en medio los medicamentos peligrosos, bloqueando las puertas que llevaban a las zonas que no quería que explorasen y tomando otras precauciones. Al mismo tiempo, no obstante, expliqué a las niñas que debían respetar lo que era mío. Teníamos una pequeña colección de figuritas de Capodimonte en un estante bajo de la sala de estar. Cuando Sara comenzó a gatear, todo despertaba su curiosidad. Un día me di cuenta de que las figuritas habían atraído su atención, de modo que, en vez de esperar que cogiera una, se las enseñé y le dije: «Esto es de mamá. Ahora puedes cogerlas, porque yo estoy aquí, pero no son un juguete».

Sara, como la mayoría de bebés, me probó unas cuantas veces. Se aproximaba sigilosamente a las figuritas, pero, cuando estaba a punto de coger una, yo le decía con voz suave pero firme: «No lo toques; es de mamá... no es un juguete». Si insistía, le decía un «¡no!» más seco. En cuestión de tres días, prácticamente se había olvidado de las figuritas. Apliqué el mismo método con su hermana Sophie.

Eᴌᴇᴍᴇɴᴛᴏs ʙásɪᴄᴏs ᴅᴇ ᴜɴ ʜᴏɢᴀʀ ᴀ ᴘʀᴜᴇʙᴀ ᴅᴇ ɴɪñᴏs

El truco está en observar tu casa con los ojos (y desde la altura) del niño. ¡Ponte a cuatro patas y date un garbeo! A continuación, aparecen los peligros más comunes que hay que evitar.

- *Envenenamiento*. Quitad todos los productos de limpieza y otras sustancias peligrosas de debajo de las picas de la cocina y del lavabo y guardadlos en armarios altos. Por mucho que pongáis cierres a las puertas de los armarios, ¿vais a arriesgaros a que un niño listo o inteligente pueda abrirlos? Comprad un botiquín de primeros auxilios. Si creéis que el bebé ha ingerido alguna sustancia venenosa, llamad al médico o al Servicio Nacional de Información Toxicológica (91.562.04.20).

- *Contaminantes del aire*. Analizad la presencia de radón en vuestra casa, un gas radioactivo que se emite de forma natural. Instalad detectores de humo y de monóxido de carbono (y comprobad regularmente el estado de las pilas). Dejad de fumar y no permitáis que nadie fume ni en vuestra casa ni en el coche.

- *Estrangulamiento*. Mantened los cordones de las persianas y las cortinas y los cables eléctricos fuera del alcance del niño fijándolos a una altura a la que no llegue con una clavilla o con cinta adhesiva.

- *Electrocución*. Cubrid todos los enchufes y aseguraos de que todos los portalámparas de la casa tienen una bombilla.

- *Ahogo*. No dejéis nunca al bebé solo en la bañera. Instalad un seguro para la tapa del wáter: al bebé, aún le pesa demasiado la cabeza, y podría caer en la taza y ahogarse.

- *Quemaduras por fuego y por agua*. Instalad seguros en los mandos de la cocina. Cubrid el grifo de la bañera, ya sea con un protector de plástico (que se puede comprar en las ferreterías), ya sea envolviéndolo con una toalla. Así evitaréis, por un lado, que el niño pueda tocar el grifo caliente y, por otro, que pueda hacerse mucho daño si se da un golpe en la cabeza. Poned el termostato de la caldera a 50º C para evitar quemaduras con el agua.

- *Caídas y accidentes en las escaleras*. Si una vez el bebé se vuelve activo, aún usáis el cambiador, no le quitéis la vista de encima ni un segundo. Instalad verjas en la parte superior e inferior de las escaleras, pero con creáis que no eso basta. Cuando el bebé esté aprendiendo a subir escaleras, no os apartéis de su lado. Será un as subiendo, pero luego no sabrá cómo bajar.

- *Accidentes en la cuna*. Los barrotes de la cunita deben tener una separación de 6 centímetros entre sí.

Unos años más tarde, el hijo de unos amigos vino a casa a jugar con Sophie. En su propia casa, todas las estanterías bajas estaban vacías porqué su madre lo había guardado todo. Ni que decir tiene que el niño estaba ansioso por recuperar el tiempo perdido con mis figuritas. Intenté con él el mismo sistema que había utilizado con Sara, pero no había forma de disuadir a aquel diablillo. Finalmente, exclamé «¡no!» con bastante aspereza. Su madre me miró horrorizada: «Nosotros nunca le decimos no a George, Tracy».

«Pues mira, tal vez va siendo hora de que empecéis» respondí yo. «No puedo dejar que venga aquí y rompa las cosas que mis hijas han aprendido a no tocar. Por otro lado, la culpa no es del niño sino vuestra, porque no le habéis enseñado qué es suyo y qué es vuestro.»

La lección que hay que extraer de esta historia es bastante simple: si apartáis todos los objetos del alcance de vuestro hijo, nunca aprenderá a respetar las cosas hermosas y frágiles que tengáis en casa y, sin duda, no sabrá cómo comportarse en casas ajenas. No sólo eso, sino que vosotros no os ofenderéis, como la madre de George, si otros padres os dicen que algún objeto o algún lugar de vuestra casa están prohibidos a los niños.

Siempre sugiero que los padres acoten una zona segura para el bebé. Cuando éste os pida mirar alguna cosa, permitídselo. Dejad que la note, que la manipule, pero siempre en vuestra presencia. Resulta interesante ver que los niños se cansan de las cosas de los adultos, porque normalmente nuestros cachivaches no hacen nada más que ocupar espacio en una estantería. Una vez que el bebé tenga permiso para coger un objeto, habrá muchas probabilidades de que se canse pronto de él. Se encaprichará de otra cosa e irá a por ello.

Consejo: *Enseñar a un niño a no tocar algo requiere sólo algunos días, pero es una operación que probablemente deberéis re-*

petir en diversas áreas de la casa, con diversos objetos. Puede
que, durante esta fase de aprendizaje, no queráis asumir el ries-
go que yo asumí. Para ello, podéis reemplazar los objetos más
valiosos y queridos por otros sin valor.

También es importante tener presente que el pequeño puede
pensar que el agujero del vídeo es un buzón de correos mag-
nífico. Le parecerá un lugar maravilloso para meter los dedos,
las galletas o cualquier otra cosa que quepa por la abertura.
En vez de andar siempre preocupados, cubridlo. También
puede ser una buena inversión comprar una versión en mi-
niatura de algún objeto que poseáis y del que vuestro bebé
se haya encaprichado. Por ejemplo, a la mayoría de los bebés les encanta jugar con botoncitos. Podéis comprar un juguete que se parezca al mando a distancia del televisor o de
la radio, cualquier cosa que el niño pueda manipular. Al fin
y al cabo, lo que le interesa no es poner la casa patas arriba
ni cargarse el equipo de música: sólo quiere imitar lo que ve
que vosotros hacéis.

Calmarse

Tras el duro trabajo de un día de comer, dormir y jugar, el
bebé se merece un poco de descanso y de relax en forma de
baño. De hecho, cuando el bebé tenga ya un par de semanas
o tres notaréis, que por las tardes, está más quisquilloso de
lo normal. Eso es así porque, a medida que se va volviendo
más activo y va absorbiendo más de lo que le rodea, necesita calmarse y desconectar de los estímulos de la jornada. El
baño puede ser la actividad que siga a la comida de las cinco o las seis, unos quince minutos después del último eructo. Por supuesto, podríais bañar al bebé por la mañana o en
algún otro momento del día, pero para mí el momento ideal
es antes de ir a la cama, porque es la mejor forma de que se

calme. Es una de las experiencias padres-hijo más especiales, además de la tarea favorita de los papás.

Con la excepción de los bebés susceptibles, que durante los primeros tres meses odian el baño, y de los gruñones, que simplemente lo toleran, a la mayoría de los bebés, les encanta bañarse, siempre que lo hagáis despacito y siguiendo mis instrucciones de «Baño 101» (véase página 217).

El primer baño del bebé se producirá alrededor de los catorce días, tiempo más que suficiente para que se caiga el cordón umbilical y, en el caso de los chicos, para que cicatrice la circuncisión. Antes de este momento, limpiaréis al bebé con baños de esponja (véase el cuadro de esta página). En ambos casos, hay que tratar de enfocar la experiencia desde la perspectiva del bebé. Tendría que ser un momento divertido e interactivo, que durara por lo menos quince o veinte minutos. Mientras lo vistáis y le cambiéis los pañales, acordaos de ser respetuosos, pensad en lo vulnerable que se siente el bebé y usad el sentido común. Optad siempre por la alternativa más cómoda.

INSTRUCCIONES PARA EL LAVADO CON ESPONJA

- Tened todo lo que vayáis a necesitar (toallitas, agua caliente, alcohol, bolas de algodón, pomada y toalla) a mano y listo para utilizar.

- Mantened al bebé envuelto y caliente. Empezad por la cabeza e id limpiando las partes de su cuerpo una a una, secándola, y pasando a la parte siguiente.

- Usad toallitas pequeñas para limpiar la zona inguinal. Limpiad siempre de la zona genital hacia el ano.

- Usad bolas de algodón para limpiar los ojos, una para cada ojo, empezad por el lagrimal y limpiad de dentro hacia fuera.

- Para limpiar el trocito de cordón umbilical, utilizad un algodoncito empapado en alcohol. Empezad por la base. Los niños suelen llorar, pero no lo hacen porque les escueza, sino porque está frío.

- Si le habéis hecho la circuncisión a vuestro hijo, procurad que la incisión se mantenga húmeda y protegida de la orina cubriéndola con un trozo de gasa o un algodón untados con vaselina.

Por ejemplo, cuando vistáis al bebé después del baño, no os empeñéis en ponerle una camiseta por la cabeza y después hacer que meta los brazos por las mangas. La cabeza de un bebé es muy pesada, supone dos tercios de su peso total aproximadamente hasta los ocho meses. Si intentamos ponerle una pieza de ropa que se meta por la cabeza, ésta caerá pesadamente. Asimismo, si tratamos de forzar al bebé a meterle las mangas de la camisa a la fuerza tirándole del brazo, se resistirá, ya que está acostumbrado a estar en posición fetal y se encogerá instintivamente para mantener los brazos pegados al cuerpo. La alternativa es remangar la manga, meter la mano del bebé dentro y estirar la ropa, no el brazo del niño.

Para ahorrarnos peleas, animo a los padres a no comprar camisetas que se metan por la cabeza. (Si ya le habéis comprado alguna, leed el cuadro de la página siguiente.) Comprad camisetas con botones automáticos en la parte delantera, peleles con automáticos en la parte inferior o con cierres de Velcro en los hombros. Pensad siempre en la comodidad antes que en la moda.

EL DILEMA DE LAS CAMISETAS

No las recomiendo, pero si ya habéis comprado camisetas que se metan por la cabeza, he aquí la mejor manera de ahorraros peleas:

- Tumbadlo de espaldas.

- Enrollad la camiseta hasta llegar al cuello. Pasad la camiseta por la barbilla, rápidamente por encima de la cara y dejadla detrás de la cabeza.

- Meted los dedos dentro de las mangas hasta cogerle las manos al bebé. Hacedlas pasar por el agujero de la manga como si ensartarais una aguja.

Si el bebé llora a la hora del baño y habéis seguido meticulosamente las instrucciones que se indican más adelante, pensadas para que el baño sea una experiencia más segura, tranquila y placentera, probablemente la cuestión tiene que ver con el temperamento y la sensibilidad del bebé más que con algo que podáis haber hecho. Si el bebé parece estar crónicamente estresado a la hora del baño, lo mejor es esperar unos días y volverlo a intentar. Si sigue mostrándose inquieto, que será el caso si tenéis un bebé susceptible, tal vez convendrá seguir con los baños con esponja hasta que haya cumplido uno o dos meses: no hay nada de malo en ello. Hay que saber interpretar al bebé. Si os está diciendo: «No me gusta lo que me hacéis, no lo aguanto», lo mejor es esperar un poquito.

BAÑO 101: MI GUÍA DE DIEZ PASOS

A continuación, encontraréis el procedimiento de baño que enseño a mis clientes. Cada paso es importante. Antes de comenzar, conviene tenerlo todo a mano (véase cuadro de la página siguiente) para reducir al máximo el riesgo de resbalones en el momento de sacar al niño mojado del agua. Por cierto, sé que hay gente que dice que se puede bañar a un bebé en la pica de la cocina, pero yo prefiero la bañera que, de hecho, es donde se supone que uno tiene que bañarse.

A medida que vayáis leyendo los pasos, recordad que no debéis dejar de conversar con el bebé en todo el rato. Hablad, escuchad, observad su respuesta y continuad contándole lo que hacéis. Esta guía está pensada para que uno de los padres pueda bañar solo al bebé. Por eso, las instrucciones, a diferencia del resto del libro, aparecen en singular.

1. *Logra un ambiente ideal.* Asegúrate de que la habitación está cálida (entre 22 y 24 °C). Pon algo de música tranquila (para relajarte también tú).

2. *Llena dos tercios de la bañera.* Vierte un tapón de jabón de niños directamente en el agua. La temperatura del agua debe rondar los 38 °C, ligeramente más caliente que la temperatura corporal. Comprueba la temperatura del agua metiendo la muñeca, no la mano. Tienes que notar el agua templada, no caliente, ya que la piel del bebé es más sensible que la tuya.

3. *Levanta al bebé.* Coloca la palma de la mano derecha sobre el pecho del bebé y haz que tres dedos queden bajo su axila izquierda y que el pulgar y el índice queden sobre el pecho (a la inversa si eres zurdo). Desliza la mano izquierda por debajo del cuello y de la espalda y levántale suavemente el cuerpo, trasladando el peso del cuerpo a tu mano derecha. Ahora colócale la mano izquierda en el trasero y levántalo. Aguantándolo con la mano derecha lo tenemos sentado, ligeramente echado hacia delante y encima de la mano izquierda.

ELEMENTOS NECESARIOS PARA EL BAÑO

- Una bañera de plástico de fondo plano (a mí me gusta más ponerla sobre un soporte de bañera que sobre el suelo, porque es más cómodo para la espalda y porque normalmente el soporte tiene bolsillos y una estantería para tenerlo todo más a mano).

- Un recipiente de agua caliente y limpia.

- Jabón infantil líquido.

- Dos manoplas.

- Una toalla con capucha o de tamaño grande.

- Ropa y un pañal limpio preparados en el cambiador.

Consejo: *No hay que meter nunca a un bebé de espaldas en la bañera. Para él, sería una sensación muy desconcertante, un poco como ir de espaldas por un trampolín.*

4. *Mételo en la bañera.* Ve metiendo al bebé lentamente en la bañera, en posición sentado, primero los pies y luego el trasero. Entonces ponle la mano izquierda en la parte posterior de la cabeza y del cuello para aguantársela. Mételo en el agua poquito a poco. Ahora tienes la mano derecha libre y puedes usarla para ponerle un paño en el pecho y evitar así que coja frío.

5. *No apliques jabón directamente sobre la piel del bebé.* Recuerda que ya hemos puesto un poco de jabón en la bañera. Límpiale el cuello y la zona inguinal con los dedos. Levántale un poco las piernas para llegar al trasero. A continuación, con un cuenco, échale agua por el cuerpo para enjuagar el agua con jabón. No ha estado jugando a hacer castillos de arena, de modo que no está realmente sucio. En este momento, el objetivo del baño es más establecer una rutina que limpiarlo.

6. *Lávale la cabeza con una manopla.* A menudo, los bebés no tienen mucho pelo, y aun en el caso de que lo tengan, no necesitan ni lavar con champú ni marcar. Utiliza una manopla para lavarle el cuero cabelludo. Aclara con agua límpia, procurando que no le entre agua en los ojos.

Jamás se debe dejar a un bebé solo en la bañera. Si te has olvidado de coger el jabón de niños, lávalo sólo con agua por esta vez y acuérdate de tenerlo todo listo la próxima vez que lo vayas a bañar.

7. *Que no le entre agua en los oídos.* Asegúrate de que la mano que le aguanta la cabeza no se mete demasiado en el agua.

8. *Prepárate para terminar el baño.* Coge la toalla con capucha con la mano libre (o, en su defecto, una toalla grande sin capucha). Muerde la punta de la capucha (o uno de los extremos de la toalla grande) y extiende la toalla de modo que puedas sujetar dos lados bajo las axilas.

9. *Saca al bebé.* Pon al bebé con cuidado en posición sentado, tal como estaba al principio del baño. La mayoría de su peso debe reposar sobre tu mano derecha que, con los dedos abiertos, le aguanta también el pecho. Levántalo, con su espalda mirando hacia ti, y pon su cabeza en tu pecho y un poco por debajo de donde queda la capucha (o el extremo de la toalla grande). Envuélvelo con la toalla y deja caer la capucha sobre su cabeza.

10. *Llévalo al cambiador y vístelo.* Hazlo exactamente igual que durante los primeros tres meses; la repetición da seguridad. En este momento, y con el tiempo, dependiendo de la naturaleza del bebé, en vez de ponerle los pantaloncitos enseguida puedes darle un masaje.

UN MASAJE EN EL INTERMEDIO
Las primeras investigaciones de los masajes infantiles se centraron sobre todo en los bebés prematuros y demostraron que

la estimulación controlada podía acelerar el desarrollo del cerebro y del sistema nervioso, mejorar la circulación, tonificar los músculos y reducir el estrés y la irritabilidad. La siguiente conclusión lógica fue que aquello sería beneficioso también para los demás bebés. De hecho, el masaje ha demostrado ser un modo muy efectivo de ayudar a la salud y al crecimiento del bebé. Independientemente de las investigaciones, yo he observado de primera mano que enseña a los bebés a apreciar el poder del tacto. Parece que los bebés que han recibido masajes se sienten más cómodos con su propio cuerpo cuando crecen y se convierten en niños. Yo imparto un curso de masaje infantil en mi consulta de California, y es una de las ofertas que tiene una mejor acogida. Al fin y al cabo, supone para los padres una oportunidad de conocer el cuerpo de sus hijos y ayudarlos a relajarse y, además, aumenta la conexión y la sintonía entre padres e hijos.

Consideremos también cómo se desarrollan los sentidos del bebé. Después del oído, que comienza a funcionar ya en el útero, el primer sentido que se desarrolla es el tacto. Cuando nacen, los bebés experimentan un cambio tanto de temperatura como de estimulación táctil. Con sus gritos, nos están diciendo: «¡Eh, lo estoy notando!». De hecho, las sensaciones preceden al desarrollo de las emociones: un bebé siente que tiene calor, frío, dolor o hambre mucho antes de saber qué significa en realidad.

Aunque he visto a algunas madres comenzar antes, los tres meses es la edad óptima para empezar a dar masajes al bebé. Hay que empezar poco a poco y elegir un momento en el que no tengamos prisa ni estemos preocupados para, así, poder involucrarnos al cien por cien en la actividad. No podéis acelerar el masaje ni hacerlo sin prestar atención. Tampoco podéis esperar que el bebé se quede ahí tumbado durante quince minutos la primera vez que lo intentéis; lo mejor es comenzar con pequeñas sesiones de tres minutos y, a partir de ahí, ir aumentando progresivamente la duración de las sesiones. A mí, me encanta combinar el masaje y el baño de la tarde, porque resulta enormemente relajante tanto para el adulto como para el bebé. Sin embargo, cualquier momento en el que dispongáis de tiempo, es bueno.

Algunos bebés tienen una mayor predisposición natural al masaje que otros. Los bebés angelito, los de libro y los movidos suelen adaptarse relativamente rápido. En cambio, con los susceptibles y los gruñones habrá que ir más despacio, ya que, a este tipo de bebés, les cuesta más acostumbrarse a la estimulación. Con el tiempo, no obstante, el masaje puede hacer aumentar su umbral de estimulación, haciendo que su tolerancia vaya creciendo gradualmente. Ayudará a los bebés susceptibles a mitigar su naturaleza sensible y a los gruñones a aprender a relajarse. El masaje puede incluso reducir la tensión de un bebé que sufra cólicos (una tensión que, de otro modo, no haría más que acrecentar su incomodidad).

Una de las veces con la que tuve más éxito haciendo masajes fue con Timothy, un niño susceptible que era tan sensible que incluso cambiarle los pañales era un drama. Se ponía a llorar cuando su madre o yo intentábamos meterlo en la bañera, hasta tal punto que hasta las seis semanas no tomó un baño propiamente dicho. El carácter de Timothy resultaba realmente inquietante para Lana, su madre. Su padre, Gregory, me preguntó si podía cargar de alguna forma con parte del trabajo. Ya le daba al niño un biberón con leche de la madre a las once de la noche, pero pasaba el resto del día fuera de casa. Le sugerí que intentara de bañarlo. A menudo, hago que los padres se animen a participar de este modo, esto les da una oportunidad de llegar a conocer a sus bebés y, lo que es igualmente importante, a conectar con su propio lado educativo.

Gregory comenzó poco a poco con el baño y finalmente logró meter a Timothy en la bañera. Entonces, le encargué otra tarea: el masaje. Gregory me observó con atención mientras yo seguía los pasos que figuran más abajo. Lo hicimos todo con mucho cuidado, dejándole a Timothy tiempo para acostumbrarse primero al contacto conmigo y luego con su padre.

A partir de entonces, Timothy cambió como de la noche a la mañana y se convirtió un niño mucho menos susceptible, pero el camino fue largo. Su creciente capacidad de soportar los estímulos fue, por lo menos en parte, un resultado directo del baño y el masaje nocturno que su padre siguió dándole. Por supuesto, Tim hubiera obtenido los mismos beneficios si hubiera sido su madre quien se lo hubiera dado pero, tras todo el día al lado de su bebé susceptible, al anochecer, Lana necesitaba una pausa para recuperar energías. Además, los niños necesitan tener este tipo de momentos para sentirse más vinculados a sus padres, les aporta otro tipo de confianza en sí mismos. Así pues, mientras que Lana experimentó el vínculo que se genera al darle el pecho al bebé, Gregory tuvo la oportunidad de crear una proximidad parecida gracias a los abrazos y el contacto directo con su bebé.

ELEMENTOS NECESARIOS PARA EL MASAJE

Los masajes se pueden realizar, o bien en el suelo, o bien en el cambiador; elige una posición que te resulte cómoda a ti también. Necesitarás:

- Una almohada

- Una almohadilla impermeable

- Dos toallas de baño mullidas

• Aceite infantil, aceite de oliva o aceite especial para masajes infantiles (no utilizar nunca aceite de aromaterapia, pues es demasiado agresivo para la piel del bebé y demasiado perfumado para su sentido del olfato)

MASAJE 101: DIEZ PASOS PARA TENER UN BEBÉ MÁS RELAJADO

Al igual que hice con el baño, a continuación, presento el masaje en diez pasos que enseño en mis clases. Asegúrate de que tienes a mano todo lo que vas a necesitar (véase el cuadro «Elementos necesarios para el masaje» en la página anterior). Acuérdate de hacerlo despacio, de contarle al bebé lo que vas a hacer antes de hacerlo y de explicarle todos los pasos. Si en algún punto ves que el bebé está incómodo (no hace falta que esperes a que llore: basta con que lo veas inquieto), es el momento de terminar el masaje. No esperes que el bebé se quede quieto durante todo el rato la primera vez que lo intentes; deberás ganarte su tolerancia, y todos los días se quedará unos minutos más. Comienza con pocos movimientos durante apenas dos o tres minutos. A lo largo de varias semanas o incluso meses, ve aumentando progresivamente el tiempo hasta quince o veinte minutos.

1. *Asegúrate de que el ambiente es el propicio*. El ambiente debe ser cálido, de alrededor de 24 °C y sin corrientes de aire. Pon música tranquila. Tu «camilla de masaje» consistirá en una almohadilla impermeable colocada encima de una almohada; coloca una toalla mullida encima de la almohadilla.

2. *Prepárate para la experiencia*. Hazte la siguiente pregunta: «¿Puedo, en este momento, estar en cuerpo y alma con el bebé o habrá un momento mejor?». Sólo si no tienes dudas de que puedes entregarte por completo, lávate las manos y respira hondo unas cuantas veces para concentrarte y relajar-

te. Luego prepara al bebé: tiéndelo encima de la toalla, habla con él, dile: «Ahora te voy a dar un masajito». Mientras le explicas lo que le vas a hacer, échate un poco de aceite (una cucharadita o dos) en las manos y frótalas para que el aceite se caliente.

3. *Pide permiso para comenzar.* Comenzarás por los pies e irás subiendo hasta llegar a la cabeza, pero antes de tocar al bebé, explícaselo: «Ahora te voy a coger el piecito y voy a acariciarte la planta».

4. *Primero las piernas y los pies.* En los pies, haz un masaje con los pulgares: un pulgar recorre la planta de abajo arriba y, al terminar, lo hace el otro, que se mueve en la misma dirección. Masajea suavemente desde el talón hacia los dedos. Ejerce presión en toda la base del pie, retuércele suavemente los deditos. Puedes recitarle aquello de «éste para mamá, éste para papá...» mientras le masajeas cada dedito. Pasa a la parte superior del pie y sube hasta el tobillo. Describe pequeños círculos alrededor de los tobillos. A medida que subes por la pierna, puedes hacerle el «masaje en espiral»: coge la pierna del bebé con las dos manos y, mientras con la de arriba se la haces girar hacia la izquierda, con la de abajo se la retuerces suavemente hacia la derecha, enroscando levemente la piel y los músculos, para aumentar la circulación en las piernas. Hazlo en ambas piernas, de abajo arriba. Luego desliza las manos bajo el trasero del bebé, masajéale las dos nalgas y desliza las manos por las piernas hasta los pies.

5. *El estómago es lo siguiente.* Pon la mano en la tripita del bebé y haz movimientos suaves de dentro a fuera. Usando los pulgares, masajea suavemente desde el ombligo hacia los costados. Haz que tus dedos «anden» desde el estómago hasta el pecho.

6. *El pecho.* Dile al bebé «te quiero» y haz el movimiento de la luna y el sol, trazando un círculo con ambos dedos índice (el sol), empezando debajo de la barbilla del bebé y terminando en el ombligo. A continuación, sube hacia arriba con la mano derecha, describiendo una luna (una C al revés), hasta llegar a la parte superior del pecho; luego haz lo mismo con la mano izquierda (describe una C). Repite el movimiento varias veces. A continuación, haz el movimiento del corazón: pon todos los dedos en el pecho, en medio del esternón, y traza suavemente un corazón, terminando en el ombligo.

7. *Brazos y manos.* Haz un masaje bajo el brazo. Repite el «masaje en espiral», pero esta vez en el brazo, y luego haz un masaje con las manos abiertas en ambos brazos. Repite lo de «ésta para mamá, ésta para papá...», pero en los dedos de la mano. En el dorso de la mano, describe pequeños círculos alrededor de la muñeca.

8. *Cara.* Procura dar el masaje en la cara con suma delicadeza. Masajea la frente y las cejas, y luego utiliza los pulgares para masajear la zona de alrededor de los ojos. Baja hasta el puente de la nariz del bebé, hacia delante y hacia atrás por las mejillas, desde las orejas hasta los labios y de vuelta a las orejas. Describe pequeños círculos alrededor de la mandíbula y detrás de las orejas. Frótale los lóbulos y la zona de debajo de la barbilla. Finalmente, y con mucho cuidado, dale la vuelta.

9. *La cabeza y la espalda.* Describe círculos en la parte posterior de la cabeza del bebé y de los hombros. Haz un masaje de ida y vuelta, arriba y abajo. Describe pequeños círculos por los músculos de la espalda, paralelos a la columna vertebral. Recorre todo su cuerpo con las manos, desde lo alto de la espalda hasta el trasero y finalmente hasta los tobillos.

10. *Final del masaje.* «Ya está, cariño. ¿Te sientes bien?»

Si se siguen siempre los pasos expuestos, el bebé estará deseando repetir la experiencia. Una vez más, acordaos de respetar la sensibilidad del bebé. Jamás se debe seguir con el masaje si el bebé llora: dejad pasar unas semanas y volvedlo a intentar, en esta ocasión, durante menos tiempo. Lo único que os puedo asegurar es que, si lográis acostumbrar al bebé al gozo del tacto, no sólo obtendrá beneficios a largo plazo, sino que también le será más fácil dormirse, el tema del próximo capítulo.

6

DORMIR: DESCANSAR, TAL VEZ LLORAR

El bebé había nacido hacía apenas dos semanas
cuando, de repente, me di cuenta de que nunca más
iba a poder descansar. Bueno, quizás algún día sí;
pensé que tal vez cuando el niño se fuera a la uni-
versidad podría dormir una noche entera, pero se-
guro que eso no sucedería durante su infancia.

SANDI KAHN SHETON,
Sleeping Through the Night and Other Lies

SI DUERME BIEN, ESTARÁ BIEN

Durante los primeros días, los bebés pasan más tiempo durmiendo que haciendo cualquier otra cosa. ¡Durante la primera semana, algunos llegan a dormir hasta veintitrés horas!
Y eso está muy bien. Ni que decir tiene que dormir es importante para todos los seres humanos, pero para los bebés lo es
todo. Mientras el bebé duerme, su cerebro está muy ocupado
produciendo nuevas células cerebrales, imprescindibles para
el desarrollo mental, físico y emocional. De hecho, los niños
que descansan bien están como nosotros después de dormir
bien o de una reparadora siesta: alerta, centrados y a gusto.
Comen bien, juegan bien, tienen más resistencia e interactúan
más con la gente que les rodea.

Por el contrario, un bebé que duerme mal no tendrá los re-
cursos neurológicos necesarios para funcionar de forma eficiente. Es más fácil que esté de mal humor y descoordinado.

No chupará bien el pecho de la madre o el biberón. En definitiva, no dispondrá de la energía necesaria para explorar el mundo. Y, lo peor de todo, el cansancio excesivo hará que no pueda dormir. Esto es así porque los malos hábitos de sueño crean un círculo vicioso. Algunos bebés están tan cansados que son incapaces de calmarse y descansar, y sólo terminan por dormirse cuando están completamente exhaustos. Es muy triste ver a un niño tan cansado y desconcertado que llora porque quiere por fin dormirse y desconectar del mundo. Lo peor es cuando se duerme, porque lo hace de forma irregular y durante muy poco rato, algunas veces no más de veinte minutos, de modo que se pasa prácticamente el día entero con un humor de perros.

Sé que todo esto puede parecer bastante obvio, pero de lo que muchísima gente parece no darse cuenta es de que los bebés necesitan de los padres para establecer unos buenos hábitos de sueño. De hecho, el motivo de los llamados problemas de sueño es que la mayoría de los padres no se dan cuenta de que son ellos, y no los bebés, quienes deben controlar los horarios de ir a dormir.

La presión hace que la situación empeore aún más. La pregunta que prácticamente todo el mundo les hace a los padres: «¿Qué, ya duerme toda la noche?». Si el bebé tiene más de cuatro meses, la pregunta puede variar un poco («¿Qué, duerme bien?»), pero, en el fondo, para los pobres padres (que a menudo también duermen poco), es siempre lo mismo: culpa y tensión. Una madre, en un escrito a una web sobre padres, admitió que, como tantas amigas le preguntaban si el bebé se despertaba en plena noche y con qué frecuencia, decidió pasar una noche en vela para observar su patrón de sueño.

Éste es un fenómeno particularmente extendido en Estados Unidos: jamás he visto una cultura con tantos mitos y manías sobre los hábitos de dormir de los bebés. Por eso, en éste capítulo, quiero compartir con vosotros mis ideas sobre el sueño, muchas de las cuales pueden entrar en contradicción con lo que habréis leído y oído en otros lados. Os enseñaré a detectar el cansancio antes de que el niño esté exhausto y qué hacer si habéis dejado pasar esa oportunidad preciosa. Os enseñaré a ayudar al bebé a conciliar el sueño y maneras de poner fin a las dificultades para dormir, antes de que se conviertan en un problema crónico y sin solución.

Superar las manías: el sueño sensato

Todo el mundo tiene una opinión sobre cuál es la mejor manera de hacer dormir a un bebé y sobre qué hay que hacer cuando no se duerme. No voy a profundizar en las manías de décadas pasadas, pero, en el año 2000, cuando escribo este libro, existen dos escuelas de pensamiento que han captado la atención de los padres (y de los medios de comunicación). En una de ellas, se alinean aquellos que defienden una práctica conocida con diversos nombres, como sueño simultáneo, sueño compartido, cama de familia o método Sears, en honor al doctor William Sears, el pediatra californiano que popularizó la idea de que hay que dejar que los niños duerman con los padres hasta que ellos mismos pidan dormir en una cama separada. La base lógica que hay detrás de esta afirmación es que los niños tienen que desarrollar asociaciones positivas con el momento de ir a dormir (no sabría decir más) y la mejor forma de conseguirlo es prestarle atención, darle abrazos, mecerlo y darle masajes hasta que se duerma (no podría decir menos). Sears, sin duda el principal defensor del método, le dijo en 1998 a un periodista de la revista *Child*: «¿Por qué iba un padre a querer encerrar a su hijo en una caja con barrotes, solo, en un cuarto oscuro?».

Otros partidarios de la filosofía de la cama de familia citan a menudo prácticas que se llevan a cabo en culturas como la de Bali, en la que no se permite a los niños tocar el suelo hasta que tienen tres meses. (Desde luego, nosotros no estamos en Bali.) La Liga de La Leche sugiere que, si un bebé tiene un mal día, su madre debe pasarse el día en la cama con él para proporcionarle el contacto y el afecto extra que necesita. Y todo en nombre de los «vínculos» y la «seguridad», de modo que esta gente no ve nada malo en el hecho de que la madre y el padre renuncien a todo su tiempo, su intimidad o su propia necesidad de dormir. Y, para que la práctica funcione, Pat Yearian, un defensor de la cama de familia citado en *The Womanly Art of Breastfeeding* , sugiere que los padres que estén contrariados deben tratar de cambiar su perspectiva: «Si podéis dotar vuestra actitud mental de una mayor aceptación [con respecto al hecho de que el bebé seguirá despertándoos], os encontraréis en disposición de disfrutar de los momentos de paz durante la noche con el niño que necesita sentirse acogido y cuidado, o cuando es mayor y simplemente necesita estar con alguien».

En el otro extremo, se encuentra el enfoque de la respuesta retardada, llamado con más frecuencia «método de Ferberación», en referencia al doctor Richard Ferber, el director del Centro Pediátrico de Transtornos del Sueño del Hospital Infantil de Boston. Su teoría sostiene que los malos hábitos de sueño son adquiridos y que, por lo tanto, pueden ser erradicados (no podría estar más de acuerdo). Con este fin, recomienda a los padres que pongan a los bebés en la cunita cuando aún están despiertos y les enseñen a dormirse por sí solos (un punto en el que también estoy de acuerdo). Sin embargo, cuando un bebé llora en vez de echarse a dormir, está diciendo, de hecho: «Venid a sacarme de aquí», y Ferber sugiere que le dejemos llorar durante períodos cada vez más prolongados: cinco minutos la primera noche, diez la siguiente, quince la otra, etcétera (aquí es donde el doctor Ferber y yo partimos peras).

El doctor Ferber aparece citado en la revista *Child* explicando que, «cuando un niño quiere jugar con algo peligroso, le decimos que no y establecemos límites con los que puede no estar de acuerdo... Enseñarle que por la noche también hay normas es lo mismo. Él es el primer interesado en dormir bien».

Obviamente, ambas escuelas de pensamiento tienen ciertos méritos; los expertos que las lideran son personas con una excelente educación y buenas credenciales. Resulta muy comprensible que las cuestiones que unos y otros plantean sean objeto de frecuentes y vivos debates en la prensa. Por ejemplo, en otoño de 1999, la Comisión para la Seguridad de los Consumidores de Estados Unidos advirtió a los padres de los peligros del sueño compartido, aduciendo que «dormir con el bebé o poner al bebé a dormir en una cama de adulto» implicaba graves riesgos de ahogo y estrangulamiento. Inmediatamente, Peggy O'Mare, editora de la revista *Mothering*, denunció la advertencia en un apasionado artículo titulado «¡Fuera de mi dormitorio!». Entre otros asuntos, cuestionaba quiénes eran los sesenta y cuatro padres que, supuestamente, se revolvieron en la cama y aplastaron a los bebés. ¿Iban borrachos? ¿Drogados? Asimismo, cuando la prensa o un experto en cuidados infantiles critica el enfoque de la respuesta retardada y la califica de insensible para con las necesidades del bebé, cuando no directamente cruel, una legión igualmente celosa de padres salta diciendo que el método les salvó la salud y el matrimonio. Y que, por cierto, ahora el bebé duerme toda la noche.

Tal vez forméis parte ya de una u otra de estas escuelas. Si una de estas prácticas resulta ser efectiva para vosotros, para el bebé y para vuestro estilo de vida, entonces, por supuesto, no la abandonéis. El problema es que, normalmente, la gente que me llama pidiéndome ayuda ha probado las dos. El caso típico es que uno de los padres se siente inicialmente atraído por la idea de la cama de familia y se la «vende» al otro. Al fin y al cabo, es una idea muy romántica, en muchos casos con un eco de cuando las cosas eran más simples. «Dormir con el bebé» suena un poco como «volver a la tierra». También hace concebir esperanzas de que dar de mamar al bebé en plena noche resulte más sencilla. La pareja se entusiasma y decide no comprar cunita. Pero finalmente, al cabo de unos meses o incluso más tarde, la luna de miel termina. A mamá y papá, pendientes siempre de no aplastar al bebé, les faltan horas de sueño porque van con demasiado cuidado o porque se han vuelto ultrasensibles a todos los ruiditos que el pequeño hace en plena noche.

El bebé puede despertarse incluso cada dos horas, contando con que alguien le prestará atención. Algunos niños sólo necesitan una palmadita o una caricia para volver a conciliar el sueño; otros creen que es hora de jugar. Los padres pueden acabar haciendo turnos: una noche en la cama y otra recuperando el sueño perdido en el cuarto de invitados. Pero, si al principio los dos no estaban al 100 por cien convencidos, el escéptico puede comenzar a sentirse resentido y, en muchos casos, éste es el momento en el que la idea de la Ferberización resulta más tentadora.

De modo que mamá y papá compran una cunita y deciden que ha llegado el momento de que el bebé tenga una cama propia. Imaginaos el cambio monumental que eso supone para el pequeño. «Mamá y papá llevan meses dejándome dormir en su cama, meciéndome, arrullándome y, en definitiva, haciendo lo que haga falta para que esté contenta y, de repente, ¡zas! Al día siguiente, me está prohibido dormir en su cama y me meten en una habitación del pasillo, un entorno tan extraño que me siento perdida. Y ni pienso en «prisión» ni me da miedo la oscuridad, porque ésas no son cosas que mi mente infantil conozca, pero pienso: «¿Dónde está todo el mundo?

¿Dónde están los cálidos cuerpos que normalmente había a mi lado?» De modo que me pongo a llorar, porque ésa es mi forma de preguntar: «¿Dónde estáis?» Y lloro y lloro y lloro, pero nadie acude. Finalmente lo hacen. Me dan unas palmaditas, me dicen que sea una niña buena, y se van otra vez a dormir. Pero nadie me ha enseñado aún a dormir sola. ¡No soy más que un bebé!»

Mi opinión es que las prácticas extremas no son efectivas para mucha gente ni, definitivamente, para los niños, a quienes yo tengo que ayudar. Por eso prefiero adoptar una actitud a medio camino, desde el principio marcada por el sentido común, que llamo sueño sensato.

¿Qué es el sueño sensato?

El sueño sensato es un punto de vista antiextremista. Os daréis cuenta de que mi filosofía incorpora algunas ideas de ambas escuelas de pensamiento, pero creo que la teoría de dejarlo llorar no tiene en cuenta al bebé y que la cama de familia acaba siendo un problema para los padres. El sueño sensato, en cambio, es un enfoque que tiene en cuenta a toda la familia y que respeta las necesidades de todos. Desde mi punto de vista, los bebés tienen que aprender a dormirse solos; necesitan sentirse sanos y salvos en sus cunitas. Pero también necesitan que nosotros los consolemos cuando están inquietos. No lograremos el primer conjunto de objetivos si no tenemos presente también el segundo. Al mismo tiempo, los padres tienen que poder descansar como es debido, tener momentos para sí mismos y momentos para compartir, y una vida en la que no todo sea siempre el bebé. Y estos dos grupos de objetivos no son contradictorios. Para lograrlos, tened presentes los puntos que aparecen más adelante, que son los puntales básicos del sueño sensato. A lo largo del capítulo, a medida que vaya explicando cómo conseguir que el bebé duerma con el método EASY, iréis viendo de qué modo cada principio se traduce en una realidad práctica.

- *Empezad como tengáis intención de continuar.* Si en un primer momento os atrae la idea de compartir la cama con el bebé, pensadlo bien. ¿Querréis que sea así dentro de tres meses? ¿Y dentro de seis? ¿Y más adelante? Recordad que todo lo que hacéis *enseña* al bebé, de modo que cuando lo dormís arrullándolo en vuestro pecho o meciéndolo durante cuarenta minutos, le estaréis educando a ello; le estaréis diciendo: «Así es cómo debes dormirte». Si empezáis a andar por ese camino, será mejor que os vayáis preparando para arrullarlo y mecerlo durante mucho, mucho tiempo.

- *Independencia no significa negligencia.* Cuando le digo a la madre o el padre de un recién nacido «Tenéis que enseñarle a ser independiente», a veces me miran y exclaman: «¿Independiente? Pero si apenas tienen unas horas, Tracy». Entonces les pregunto: «Vale, ¿y cuando pensáis empezar?». Ésta es una pregunta a la que nadie puede responder, ni siquiera los científicos, ya que desconocemos el momento exacto en el que un bebé empieza a comprender realmente el mundo, o a desarrollar las habilidades necesarias para enfrentarse con su entorno. Por eso, yo recomiendo comenzar inmediatamente. Sin embargo, fomentar la independencia no significa dejar que llore y llore; significa cubrir sus necesidades, incluyendo cogerlo cuando llore, porque, al fin y al cabo, está tratando de *deciros* algo. Pero también significa volverlo a dejar en la cunita en cuanto hemos cubierto sus necesidades.

- *Observad sin intervenir.* Tal vez recordéis este principio de cuando hablé de jugar con el bebé; lo mismo sirve para cuando duerme. Cada vez que se duermen, los niños siguen un ciclo predecible (véase página 239). Los padres deben tenerlo presente para no interrumpir su tendencia natural; debemos hacernos a un lado y dejar que el bebé se duerma solo.

- *Evitad que el bebé dependa de apoyos.* Un apoyo es cualquier objeto o intervención cuya ausencia provoque inquietud en el bebé. No podemos esperar que los bebés aprendan a dormirse solos si les hacemos creer que siempre tendrán el pecho de papá, o un paseo de treinta minutos, o el pecho en la boca cuando necesiten calmarse. Como ya he dicho en el capítulo 4, soy completamente partidaria de los chupetes (véase la página 178 y, en este capítulo, la página 245), pero no cuando se utilizan para hacer callar al bebé. En pocas palabras, no es en absoluto respetuoso endosarle un chupete o un pecho en la boca cuando queremos que se calle. Además, cuando hacemos este tipo de cosas, al igual que cuando paseamos, mecemos o arrullamos eternamente a un niño con la excusa de lograr que se duerma, estamos haciendo que sea dependiente de apoyos, robándole la posibilidad de desarrollar estrategias para calmarse solo y evitando que aprenda a dormirse también solo.

  Por cierto, un apoyo es distinto a un objeto de transición, como un peluche o una sábana, que *adopta el mismo bebé* y se convierte en una necesidad. La mayoría de bebés no hace eso hasta que tiene siete u ocho meses; antes de que llegue este momento, la mayoría de necesidades son inducidas por los padres. Por supuesto, si el bebé está más tranquilo con un juguete, debemos dejar que lo tenga, pero estoy en contra de que *los padres* le den algo para que se calme. En lugar de esto, dejad que el niño descubra sus propios medios de relajarse.

- *Desarrollad rituales para ir a dormir y para hacer la siesta.* Ir a dormir y hacer la siesta deben ser actos siempre iguales. Como ya he apuntado varias veces, los bebés son seres de costumbres; les gusta saber qué es lo que viene después, y la investigación ha demostrado que, incluso los niños muy pequeños que se han visto condicionados a esperar un estímulo particular, son capaces de predecir qué es lo que viene a continuación.

TIPOS DE SUEÑO

Aunque existe un proceso predecible de tres fases antes de que un bebé se duerma (véase página siguiente), es importante saber de qué manera coge el sueño vuestro bebé. Si el ciclo no se ve interrumpido por la intervención de un adulto, los bebés angelito y los de libro se dormirán fácil e independientemente.

Con un bebé susceptible , propenso a hundirse, hay que ser extremadamente observador; si dejamos pasar el momento oportuno para que se duerma, el niño se desvelará y nos será muy complicado lograr que vuelva a relajarse.

El bebé movido tiende a agitarse mucho; tal vez debáis bloquear sus estímulos visuales. A veces, cuando está cansado, tiende a quedarse con los ojos como platos, como si un par de cerillas se los mantuvieran abiertos.

El bebé gruñón puede agitarse un poco, pero normalmente estará feliz de poder echar la siesta.

(Véase también el apartado de tipos de bebé en las páginas 53 y ss.)

- *Tenéis que saber cómo se duerme vuestro bebé en general.* El principal defecto de las «recetas» para poner un bebé a dormir es que no hay nada que funcione en todos los casos. Por eso yo, a pesar de que ofrezco diversas directrices a los padres, entre las cuales están las tres etapas predecibles del sueño (véase cuadro en esta página) por las que pasan los niños antes de dormirse, mi consejo es siempre conocer al bebé.

Los bebés pasan por estas tres etapas cada vez que se duermen. El proceso entero suele durar unos veinte minutos.

1.ª ETAPA: LA VENTANA. El bebé no puede decir «estoy cansado», pero os lo demostrará bostezando y ofreciendo otros síntomas de fatiga (véase cuadro de la página 180). Al tercer bostezo, metedlo en la cama. Si no lo hacéis, es más fácil que se ponga a llorar que que pase al siguiente nivel.

2.ª ETAPA: LA ZONA. En este momento, el bebé tiene la mirada fija, concentrada o, como yo lo llamo, una «mirada perdida en la lontananza» que dura tres o cuatro minutos. Tiene los ojos abiertos pero, en realidad, no ve: está perdido en algún lugar de la estratosfera.

3.ª ETAPA: A LA DERIVA HACIA EL SUEÑO. El bebé parece una persona dando cabezazos en el tren. Cierra los ojos, y la cabeza le cae hacia delante o de lado. Justo cuando parece que se va a dormir, abre los ojos de golpe y echa la cabeza hacia atrás, con una sacudida en todo el cuerpo. Luego vuelve a cerrar los ojos y repite todo el proceso entre tres y cinco veces hasta que, finalmente, entra en el país de los sueños.

En realidad, el mejor método es llevar un diario de los hábitos de sueño. Empezad por la mañana y anotad la hora de levantarse y luego todas las siestas que se eche durante el día. Apuntad cuándo se va a la cama y cuándo se despierta en plena noche. Hacedlo durante cuatro días, que es un período de tiempo suficiente para conocer los patrones de sueño del bebé, por mucho que los horarios de siesta parezcan irregulares. Marcy, por ejemplo, estaba segura de que no íbamos a encontrar la clave de los hábitos de sueño de su hijo Dylan, de ocho meses. «Nunca duerme a las mismas horas, Tracy», me dijo. Sin embargo, tras cuatro días anotando los horarios, Marcy vio que, si bien había ligeros cambios, Dylan siempre echaba una siestecita entre las nueve y las diez de la mañana, dormía cuarenta minutos entre las doce y media y las dos, y se ponía muy pesado a eso de las cinco, momento en que dormía otros veinte minutos. Saber esto sobre Dylan, ayudó a Marcy a planear su propia jornada y, lo que es igual de importante, la ayudó a comprender los cambios de humor de su pequeñín. Estuvo en condiciones de tener en cuenta los biorritmos naturales de Dylan a la hora de estructurar su jornada, con la seguridad de que el niño descansaría como es debido. En cuanto éste protestaba, estaba más preparada para ponerse manos a la obra porque sabía cuándo estaba a punto para una cabezadita.

EL CAMINO DE BALDOSAS AMARILLAS QUE LLEVA AL PAÍS DE LOS SUEÑOS

¿Recordáis que, en *El mago de Oz,* Dorothy seguía un camino de baldosas amarillas para encontrar a alguien que le mostraría el camino de vuelta a casa? Lo que encontró al final, tras una serie de infortunios y de momentos terribles, fue su propio saber interior. Yo ayudo a los padres a hacer algo parecido cuando les recuerdo que los buenos hábitos de sueño deben comenzar por ellos mismos. Dormir es un proceso de aprendizaje que los padres tienen el papel de iniciar y luego reforzar. Y he aquí lo que incluye el camino hacia el sueño sensato:

Asfaltad el camino hacia el sueño. Como el bebé ansía la previsibilidad y aprende de la repetición, debemos hacer y decir siempre las mismas cosas antes de una siesta o de ponerlo a dormir para que, con su mente de bebé, piense: «Oh, eso significa que me voy a dormir» o «Hora de ir a la cama». Llevad a cabo los mismos rituales en el mismo orden; decid «Bonito, es hora de ir a dormir», o «¿A quién vamos a meter en la camita?» Mientras lo llevéis a su cuarto, hablad en voz baja. Aseguraos siempre de que no necesita un cambio de pañales, ya que es muy importante que esté cómodo. Cerrad persianas y cortinas. Yo suelo decir «Adiós, señor sol, nos volveremos a ver después de la siesta». Si es de noche y está oscuro, digo: «Buenas noches, señora luna». No creo que haya que tener a los niños durmiendo en la sala de estar o en la cocina: simplemente, es una falta de respeto. ¿Os gustaría que vuestra cama estuviera en medio de un centro comercial y tuviérais que dormir con gente que os pasa al lado? No, y al bebé tampoco le gusta.

Observad las señales de la carretera. Al igual que nosotros, los bebés bostezan cuando empiezan a estar cansados. La razón por la que los humanos bostezan es que el cuerpo comienza a estar fatigado y no funciona bien; la cantidad de oxígeno que normalmente aportan los pulmones, el corazón y el sistema sanguíneo disminuye ligeramente. Bostezar es la manera que tiene el cuerpo de proporcionarse un poco de oxígeno extra (reprime un bostezo y verás como el cuerpo te obliga a respirar profundamente). Yo les suelo decir a los padres que se pongan en marcha tras el primer bostezo del niño; y si no es tras el primero, en ningún caso debe ser más tarde del tercero. Si no prestáis atención a los síntomas del sueño (véase tabla más abajo), algunos tipos de niño, como los susceptibles, se hundirán enseguida.

Consejo: *Para potenciar los efectos beneficiosos del descanso, conviene crear un buen ambiente, no presentar el sueño un castigo o como una batalla. Si a un bebé le dicen «Ahora, a hacer la siesta», o «Es hora de descansar» en un tono como si en realidad le estuvieran diciendo «Estás desterrado a Siberia», crecerá pensando que las siestas y dormir significan perderse la diversión.*

SÍNTOMAS DEL SUEÑO

Al igual que los adultos, los niños bostezan y tienen más problemas para concentrarse cuando están cansados. A medida que se hacen mayores, los cambios corporales les proporcionan nuevas formas de deciros que están a punto para dormirse.

Cuando controlan la cabeza: Cuando comienzan a tener sueño, apartan la vista de las personas y de los objetos, como si trataran de desconectar del mundo. Si los tenemos en brazos, hunden la cara en nuestro pecho. Hacen movimientos involuntarios y agitan brazos y piernas.

Cuando controlan las extremidades: Cuando esté cansado, el niño puede frotarse los ojos, tirarse de las orejas o pasarse las manos por la cara.

Cuando comienzan a ganar movilidad: Cuando los bebés empiezan a cansarse, se muestran visiblemente menos coordinados y pierden el interés por los juguetes. Si los llevamos en brazos, arquearán la espalda y se echarán hacia atrás. En la cunita, pueden arrastrarse hasta un rincón y apoyar la cabeza ahí, o rodar hacia un lado y quedarse quietos porque no saben rodar hacia el otro.

Cuando saben gatear o andar: La coordinación es lo primero que desaparece cuando los bebés están cansados. Si tratan de levantarse, se caen; si caminan, tropiezan o chocan con las cosas. Tienen el control pleno de su cuerpo, de modo que a menudo se agarrarán al adulto que trata de dejarlo en el suelo. Pueden levantarse en la cunita, pero con frecuencia no sabrán volver a echarse a menos que se caigan, que es lo que suele suceder.

Aminorad la marcha al acercaros al lugar de destino. A los adultos, les gusta leer o ver la tele antes de ponerse a dormir, ya que eso los ayuda a desconectar la maquinaria de las actividades diarias. Los bebés necesitan lo mismo. Antes de irse a dormir, un baño o, si tiene más de tres meses, un masaje lo ayudará a prepararse. Incluso a la hora de la siesta, yo siempre pongo una nana. Durante unos cinco minutos, me siento en un balancín o en el suelo para darle al bebé un achuchón extra. Si os gusta, también podéis contarle una historia, o susurrarle cosas bonitas al oído. El objetivo de todo esto, sin embargo, es calmar al bebé, no hacer que se duerma. Por eso yo dejo de arrullarlo cuando veo la «mirada perdida en la lontananza» —2.ª etapa— o cuando se le comienzan a cerrar los ojos, lo que significa que ya está en la 3.ª etapa. (Nunca es demasiado pronto para comenzar con las historias antes de ir a dormir, pero por lo general yo no introduzco los libros hasta los seis meses, cuando los bebés tienen una mayor capacidad para prestar atención.)

Consejo: *Conviene que, cuando el bebé se va a ir a dormir, no haya invitados en casa, ya que esto no es justo; el bebé quiere participar de la acción, ve que hay gente nueva y que han ido allí para verle. «Vaya, vaya, nuevas caras que observar, nuevas caras que me devuelven las sonrisas, ¿y mamá y papá creen que me lo voy a perder y me iré a dormir? Están muy equivocados.»*

Aparcad al bebé en la cunita antes de que llegue al país de los sueños. Mucha gente cree que no debe meter al bebé en la cunita hasta que esté completamente dormido. Eso es sencillamente mentira: meterlo en la cuna al principio de la 3.ª etapa es la mejor forma de ayudarlo a desarrollar las habilidades necesarias para dormirse solo. Pero aún hay otra razón: si el bebé se te duerme en los brazos o mientras lo meces en otro lugar y luego se despierta en la cama, para mí es como si te sacaran la cama al jardín mientras estás durmiendo. Te levantarías y te preguntarías: «¿Pero dónde estoy? ¿Cómo he llegado hasta aquí?». A los bebés, les pasa lo mismo, con la única diferencia de que no pueden pensar «bueno, alguien me habrá metido aquí mientras estaba dormido». Entonces se sienten desorientados, incluso asustados y terminan por no sentirse cómodos ni seguros en la cunita.

Cuando pongo un niño a dormir siempre le digo lo mismo: «Voy a ponerte a dormir en tu cama. Acuérdate de lo bien que te sientes después». Entonces lo observo con atención. Puede que se agite un poco antes de dormirse, especialmente si sufre un espasmo propio de la 3.ª etapa. Los padres tienen la tendencia de marcharse en este momento y, de hecho, algunos bebés se calmarán solos. No obstante, en el caso de que llore, con unas palmaditas suaves y rítmicas en la espalda tendrá la sensación de que no está solo. Sin embargo, hay que acordarse de dejar de darle palmaditas en cuanto deje de moverse. Si no, si seguimos más de lo estrictamente necesario, empezará a asociar las palmaditas con el momento de dormirse y, lo que es peor, empezará a necesitarlas.

Consejo: *Normalmente, mi consejo es tumbar al bebé boca arriba. Sin embargo, también podemos ponerlo a dormir de lado apuntalándolo con un par de toallas enrolladas o con unos cojines especiales en forma de cuña que se pueden comprar en algunas tiendas. Si duerme de lado aseguraos, para mayor comodidad suya, de que no lo hace siempre para el mismo lado.*

Si encontráis baches en el camino hacia el país de los sueños, podéis utilizar un chupete para favorecer la llegada del sueño. A mí me gusta utilizar el chupete durante los primeros tres meses, el período inicial a la hora de establecer costumbres. Eso le ahorra a la madre el convertirse en un chupete humano. Al mismo tiempo, siempre aconsejo controlar el uso del chupete para que no se convierta en un apoyo. Cuando se usa correctamente, los bebés chupan ávidamente durante seis o siete minutos y, entonces, comienzan a hacerlo más suavemente. Finalmente, dejan caer el chupete. Esto es porque han gastado la energía de succión que necesitaban liberar y están listos para emprender la marcha hacia el país de los sueños. En este momento, y con toda la buena voluntad, algún adulto exclamará «Oh, pobrecito, se le ha caído el chupete», y tratará de volver a ponérselo. ¡Eso no debe hacerse! Si el bebé necesitara seguir chupando, os lo haría saber haciendo sonidos guturales y revolviéndose.

Para la mayoría de los bebés, seguir la ruta recomendada más arriba para llegar al país de los sueños cada vez que toque dormir es un buen modo de hacer que el bebé desarrolle una asociación positiva con el sueño. Repetir el viaje hacer aumentar la seguridad y la previsibilidad. Os sorprenderá lo rápido que el bebé aprenderá las habilidades necesarias para el sueño sensato. Al mismo tiempo, deseará dormir y lo verá como una experiencia reconfortante y agradable. Por supuesto, habrá momentos en los que esté demasiado cansado, le duelan las muelas o tenga fiebre, pero se tratará de excepciones, no de la regla.

USOS CORRECTOS E INCORRECTOS DEL CHUPETE: LA HISTORIA DE QUINCY

Como ya ha quedado dicho en el capítulo 4, la línea que separa el uso correcto e incorrecto del chupete es muy fina. Cuando los bebés tienen seis o siete semanas, si al dormirse no han escupido instintivamente el chupete, los padres pueden sacárselo. Para mí, que un bebé de tres meses o más se despierte llorando porque quiere el chupete es signo de un uso incorrecto. Y esto me hace pensar en Quincy, un niño de seis meses. Sus padres me llamaron porque se despertaba todas las noches y sólo se calmaba si le daban el chupete. Preguntando descubrí lo que sospechaba: cuando, de más pequeño, Quincy escupía el chupete, sus padres lo cogían y se lo volvían a dar. Por supuesto, adquirió una dependencia de la sensación de tener el chupete, y su ausencia le provocaba problemas de sueño. Conté a los padres mi plan: quitarle el chupete. La primera noche, cuando lloró, lo calmé con unas palmaditas en la espalda. La segunda necesitó menos palmaditas. Fue cuestión tan sólo de tres noches, y Quincy ya dormía mucho mejor porque había comenzado a desarrollar sus propias técnicas para relajarse. Comenzó a chuparse la lengua. Por la noche, hacía un ruido como de Pato Donald, pero durante el día era un niño la mar de feliz.

Conviene también tener presente que el bebé tarda veinte minutos en dormirse, de modo que no sirve de nada tratar de precipitar las cosas. Si lo hacéis, se sentirá violentado e interrumpiréis el proceso natural de las tres etapas. Por ejemplo, si lo molestamos durante la 3.ª etapa, estará más cerca de despertarse que de dormirse y tendremos que comenzar el proceso de nuevo. Pasa lo mismo que cuando un adulto se está durmiendo y el teléfono rompe el silencio. Cuando uno se ve importunado o excitado, le resulta mucho más difícil volver a dormirse. Lo mismo le ocurre al bebé. Si eso sucede, le entrará una agitación natural y el ciclo tendrá que volver a comenzar. Y puede que tarde veinte minutos más en volver a dormirse.

CUANDO SE ABRE LA VENTANA Y VOSOTROS NO OS DAIS CUENTA

Al principio, cuando no estéis familiarizados con el llanto y el lenguaje corporal del bebé, es posible que no os deis cuenta de cuándo se le escapa el tercer bostezo. Esto puede no ser importante si vuestro bebé es del tipo angelito o de libro: tranquilizarlos un poco suele bastar para devolver este tipo de niños al buen camino en poco tiempo. Sin embargo, y especialmente si el vuestro es un bebé del tipo susceptible, movido o gruñón, no estará de más tener a mano unos buenos consejos por si se os pasa por alto la 1.ª etapa puesto que, en este punto, faltará poco para que el bebé esté excesivamente cansado. Lo mismo sucederá si, como he mencionado más arriba, un sonido estridente interrumpe su proceso natural: si está muy cansado, necesitará vuestra ayuda.

En primer lugar, os contaré lo que no debéis hacer en ningún caso: nunca lo meneéis o lo zarandeéis; no lo llevéis en brazos o lo mezáis con excesivo ímpetu. Recordad que ya está excitado, que está llorando porque tiene suficiente y que llorar es su forma de bloquear el sonido y la luz. Conviene no hacer nada que lo excite aún más. Además así es como suelen nacer los malos hábitos: con mamá o papá meciendo al niño en brazos o en el cochecito para que se duerma. Luego, cuando pese siete kilos o más, los padres querrán que se duerma sin este tipo de apoyos. Resulta comprensible que, llegado ese momento, el bebé comience a quejarse; será su forma de decir: «¡Oye, esto no va así! ¡Normalmente me lleváis en brazos y me mecéis para que me duerma!».

Para evitar esta situación (de la que hablo en el capítulo 9), he aquí lo que podéis hacer para ayudar al bebé a calmarse y bloquear el mundo externo.

Envolvedlo. Acostumbrado aún a la posición fetal, el bebé no está acostumbrado a los espacios abiertos. Además, no sabe que sus brazos y piernas le pertenecen. Por ello, cuando está excesivamente cansado es necesario inmovilizarlo, porque ver sus miembros agitándose lo asusta (cree que alguien le está haciendo algo) y añade aún más estimulación a sus sentidos, ya de por sí sobrecargados. Envolver al bebé, una de las técnicas más antiguas para ayudarlo a dormirse, puede parecer algo anticuado, pero incluso las investigaciones más recientes demuestran que es beneficioso. Para envolver correctamente a un bebé, hay que doblar una sábana cuadrada en dos, de modo que quede un triángulo. Poned al bebé encima con el doblez a la altura del cuello. Cruzadle un brazo sobre el pecho en un ángulo de 45 grados y ajustad uno de los extremos de la sábana al extremo opuesto del cuerpo. Repetid la operación con el otro brazo. Yo recomiendo envolver a los bebés durante las primeras seis semanas, aunque a partir de la tercera, cuando el bebé trata de llevarse las manos a la boca, debemos ayudarlo doblándole los brazos y dejando que las manos le queden libres y cerca de la cara.

Tranquilizadlo. Hacedle saber que estáis ahí para ayudarle. Dadle palmaditas en la espalda, de forma regular, con ritmo, imitando el latido del corazón. También podéis añadir un ruidito, *«xiii... xiii... xiii... xiii...»* , que hará que el conjunto se parezca aún más al ruido rítmico que el bebé oía en el útero. Hablad siempre en voz baja y relajante y susurradle al oído: «no pasa nada», o «sólo te pongo a dormir». Si le habéis estado dando palmaditas, seguid dándoselas mientras lo metéis en la cunita. Si habéis estado emitiendo un sonido relajante, no paréis ahora. Esto va bien para que la transición resulte más suave.

Bloquead los estímulos visuales. Los estímulos visuales (la luz, los objetos en movimiento...) suponen una agresión para un bebé cansado, especialmente si es del tipo susceptible. De ahí que la habitación tenga que estar a oscuras antes de meterlo en la cama, aunque para algunos no basta con esto. Si el bebé está tumbado boca arriba, colocadle la mano encima de los ojos (pero sin tocarlo) para bloquear los estímulos visuales. Si lo estáis sosteniendo, quedaos quietos en una zona oscura o, si está muy agitado, en un lavabo completamente a oscuras.

No ahondéis en los problemas. Un bebé excesivamente cansado es un verdadero problema para los padres; es una situación que requiere muchísima paciencia y decisión, especialmente si el bebé ya ha adquirido malos hábitos. El bebé está llorando, los padres siguen dándole palmaditas, y el niño llora aún más fuerte. Normalmente, los bebés excitados lloran y lloran hasta que su agudísimo «¡Estoy cansado!» llega a un *crescendo*. Entonces paran un momento y vuelven a comenzar. Lo normal es que haya tres *crescendos* antes de que el bebé se calme. Lo que suele suceder es que, tras el segundo *crescendo* , los padres ya tienen bastante y, desesperados, echan mano de alguno de los hábitos que ya han practicado (llevarlo en brazos, darle el pecho o zarandearlo compulsivamente).

El problema es que, si ahondamos en el problema, el bebé seguirá necesitando nuestra ayuda para dormirse; no le hace falta mucho tiempo para depender de un apoyo: con unas pocas veces basta, porque su memoria es muy limitada. Si habéis comenzado con mal pie, todos los días que sigáis por ese camino servirá sólo para reforzar este comportamiento negativo. Normalmente, recibo llamadas relacionadas con el sueño cuando el bebé pesa más de siete kilos y medio, y ya no es tan fácil cargar con él. Los mayores problemas se presentan entre la sexta y la octava semana. Siempre digo a los padres que me llaman: «Tenéis que comprender qué es lo que sucede y asumir la responsabilidad de los malos hábitos que habéis fomentado. Y luego viene lo más difícil: tener la convicción y la perseverancia necesarias para que el bebé aprenda a dormir de otra forma, de una forma mejor». (Más información sobre cómo cambiar malos hábitos en el capítulo 9.)

DORMIR TODA LA NOCHE

No puedo escribir un capítulo sobre el sueño sin abordar la cuestión de cuando el bebé comienza a dormir toda la noche de un tirón. Al final de este apartado, encontraréis una tabla de lo que hay que esperar, en general, de cada bebé en diversas etapas de desarrollo. No obstante, conviene, recordar que se trata de directrices generales, basadas en probabilidades estadísticas. Sólo los bebés de manual encajarán exactamente con la tabla (de ahí el nombre). Que los hábitos de sueño de un bebé no coincidan con lo aquí expuesto no es nada «malo»: tan sólo significa que es distinto.

Creo que, antes de comenzar con este tema, conviene recordar que el día del bebé tiene veinticuatro horas; él no conoce la diferencia entre día y noche, por lo que la idea de dormir toda la noche le es completamente ajena. Es, efectivamente, algo que vosotros deseáis (y necesitáis) pero no es lo natural. Ahora bien, podéis educarlo para que lo haga, enseñarle la diferencia entre el día y la noche. He aquí algunas advertencias para los padres:

Aplicad el principio de robar a Juan para dárselo a José. No hay duda de que mantener al bebé en el programa EASY hará que aprenda antes a dormir por la noche porque se trata de un plan estructurado y, a la vez, flexible. Espero que también vayáis tomando nota de los horarios de dormir y de echar siestas, el mejor sistema para conocer sus necesidades. Si, por ejemplo, ha tenido una mañana especialmente movida y duerme media hora más, durante el tiempo en el que debería estar comiendo otra vez, lo dejaremos dormir (cuando, si siguiéramos un horario, lo despertaríamos). Pero también hay que usar el sentido común: durante el día, no hay que dejar nunca que el bebé duerma durante más de un ciclo de comida (en otras palabras, más de tres horas), ya que, si lo hiciéramos, le estaríamos robando horas de sueño nocturno. En consecuencia, si dejáis que el bebé lo haga, podéis estar seguros de que su «día» se habrá convertido en vuestra noche. La única forma de mantenerlo en onda es despertarle y, por lo tanto, robarle a Juan las horas que el bebé duerme durante el día para dárselas a José (sumar estas horas a las de sueño nocturno).

Embutidlo. La expresión puede parecer un poco bestia, pero una de las maneras de conseguir que los bebés duerman toda la noche es llenarles las tripas. Para ello, y cuando el niño tiene ya seis semanas, recomiendo dos procedimientos: juntar comidas (esto es, darle de comer cada dos horas antes de ir a dormir) y luego lo que yo llamo un «ágape de ensueño» justo antes de ir a dormir. Por ejemplo, le damos el pecho (o el biberón) a las seis y a las ocho de la tarde y el ágape de ensueño a las diez y media o a las once. El ágape de ensueño consiste, literalmente, en darle el pecho o el biberón mientras duerme. En otras palabras, sacamos al niño de la cunita dulcemente, le colocamos suavemente el pecho o la tetina del biberón sobre el labio inferior y lo dejamos comer procurando no despertarlo. Cuando haya terminado, lo volvemos a meter en la cunita sin ni siquiera hacerlo eructar: cuando comen dormidos, suelen estar tan relajados que no tragan aire. Hay que estar en silencio; no lo cambiaremos a menos que esté empapado o sucio. Con estas tos técnicas de «embutimiento», la mayoría de bebés pueden prescindir de la comida en plena noche, ya que tendrán calorías suficientes para aguantar cinco o seis horas.

Consejo: *Que papá se encargue del ágape de ensueño. La mayoría de los padres están en casa a esta hora y les encanta hacerlo.*

Usad un chupete. Si no permitimos que se conviertan en un apoyo, los chupetes pueden resultar muy útiles para desacostumbrar al bebé de la comida de media noche. Si pesa cuatro kilos y medio e ingiere entre 850 mililitros y un litro de leche durante el día, o toma el pecho entre seis y ocho veces (cuatro o cinco durante el día y dos o tres a lo largo de la noche), no necesita, desde el punto de vista nutricional, una comida extra a media noche. Si sigue despertándose, es, básicamente, para aprovechar una oportunidad de estimulación oral. Y ahí es donde un chupete usado con prudencia puede resultar útil. Si normalmente el bebé tarda unos veinte minutos en mamar por la noche, cuando se despierte llorando, en lugar de darle el pecho o el biberón, dadle el chupete. La primera noche, probablemente estará los veinte minutos con el chupete en la boca antes de volver a dormirse. La noche siguiente tal vez esté sólo diez. La tercera puede que sólo se agite un poco durmiendo cuando, en condiciones normales, se hubiera despertado llorando para comer. Si se despierta, dadle el chupete; lo que estaréis haciendo es sustituir la estimulación oral de la botella o del pecho por la del chupete. Y al final no se despertará.

Cuando los bebés duermen, al igual que los adultos, pasan por diversos ciclos de sueño que se prolongan durante unos cuarenta y cinco minutos. En primer lugar está la fase de sueño profundo, a continuación la fase REM, caracterizada por un sueño más ligero que incluye sueños, y finalmente el bebé recupera la conciencia. En los adultos, estos ciclos son apenas apreciables (a menos que un sueño muy real nos despierte). Normalmente nos limitamos a darnos la vuelta y volvemos a dormirnos sin ni siquiera darnos cuenta de que nos hemos despertado.

Algunos niños se comportan de forma muy parecida. Puede que les oigamos hacer unos ruiditos malhumorados (que yo denomino sonidos de «bebé fantasma»), pero, si nadie lo molesta, regresará enseguida al país de los sueños.

A otros niños, no les resulta tan sencillo volver a conciliar el sueño después de salir de la fase REM. A menudo, esto sucede porque, desde que nacen, sus padres están demasiado encima de ellos («¡Vaya, estás despierto!») y no tienen la oportunidad de aprender a aminorar la marcha al salir y entrar de estos ciclos naturales del sueño.

Esto es lo que le sucedió a Cody, el hijo de Julianna. Cody pesaba seis kilos y medio y, tras observarlo atentamente, Julianna se dio cuenta de que su comida a las tres de la madrugada era un hábito: Cody se despertaba y chupaba del biberón durante diez minutos, tras los cuales se volvía a dormir. Cuando Julianna me llamó, me preguntó si podía ir a verles, en primer lugar para ver si su observación era correcta (aunque yo ya sabía, por su descripción, que lo era), y luego para ayudarles a hacer que el niño dejara de despertarse a esa hora. Pasé tres noches con la familia; la primera noche saqué a Cody de la cunita y, en lugar del biberón, le di el chupete que también chupó durante diez minutos. La noche siguiente lo dejé en la cunita y le di el chupete, y en esta ocasión estuvo sólo tres minutos. La tercera noche, cómo no, Cody hizo unos ruiditos inquietos a las tres y cuarto, pero no se despertó. Misión cumplida. Desde entonces, Cody durmió hasta las seis o las siete de la mañana.

No estéis demasiado encima del bebé. En condiciones óptimas, los bebés suelen dormir a intervalos (véase el cuadro titulado «Cuando el bebé duerme» de la página anterior). Por este motivo, no es recomendable responder ante el menor ruido. De hecho, mi consejo para los padres es que se deshagan de esos horribles transmisores que exageran todos los sonidos y llantos y convierten a los padres en unos alarmistas. Como he repetido con insistencia a lo largo del capítulo, hay que saber andar por la delgada línea que separa el responder del rescatar. Un bebé cuyos padres responden a sus peticiones se convierte en un bebé seguro de sí mismo, al que no le da miedo aventurarse. En cambio, un bebé al que los padres rescatan constantemente empieza a dudar de su propia capacidad y nunca desarrolla la fuerza y las aptitudes que necesita para explorar su mundo y sentirse cómodo en él.

ALTERACIONES DEL SUEÑO MÁS FRECUENTES

Me gustaría terminar este capítulo diciendo que, independientemente de lo dicho hasta ahora, hay ocasiones en las que las alteraciones del sueño son inevitables. Normalmente, niños que duermen bien pasan por períodos de desasosiego e incluso tienen problemas para dormirse. He aquí algunos momentos en los que esto sucede.

- *Cuando se introducen los alimentos sólidos.* Los bebés pueden despertarse por los gases cuando comienzan a ingerir alimentos sólidos. Consultad con el pediatra sobre qué alimentos introducir y cuándo; preguntadle qué alimentos pueden provocar gases o alergias; tomad nota de todos los alimentos que vais introduciendo para que, si surge algún problema, el pediatra pueda estudiar el historial alimentario del bebé.

• *Cuando el bebé comienza a moverse por la casa.* Cuando los bebés aprenden a controlar sus movimientos suelen tener temblores en piernas y brazos. Probablemente hayáis experimentado una sensación similar después de una sesión dura de gimnasia o tras un período de inactividad. Incluso cuando los miembros dejan de moverse, los niveles de energía y la circulación siguen estando acelerados. A los bebés, les ocurre lo mismo; no están acostumbrados al movimiento. A veces, cuando ya son capaces de moverse un poco, pueden adoptar posiciones de las que luego no saben salir, y esto también puede alterar su sueño. A veces, se despiertan confundidos, porque están en una posición distinta. Esto se soluciona tranquilizándolo con un susurro rítmico: «*xiii... xiii... xiii... xiii...*, no pasa nada».

• *Cuando da un estirón de crecimiento.* Durante un estirón, a veces los bebés se despiertan con hambre. Dale de comer esa noche, pero al día siguiente dale más comida durante el día. Los estirones pueden durar un par de días, pero normalmente aumentar el aporte calórico que recibe el bebé pone fin a la alteración del sueño.

• *Cuando le salen los dientes.* Si el problema es que le están saliendo los dientes, el bebé babeará, tendrá las encías rojas e inflamadas y, a veces, unas décimas de fiebre. Uno de mis remedios caseros favoritos es mojar la punta de una toalla, meterla en el congelador y cuando está congelada, sólida, dársela al bebé para que chupe. No me gustan los productos que se compran y se meten en el congelador porque no puedes saber qué tipo de líquido contienen. En Inglaterra, existen unas galletas especiales para niños a los que les salen los dientes llamadas Farley's Rusks, que se derriten; son fantásticas y se pueden comprar en casi todas las tiendas del país. Prefiero los medicamentos con ibuproteno a los que llevan paracetamol, ya que se ha comprobado que su efecto contra el dolor dura más.

• *Cuando tiene el pañal sucio.* Una madre que conozco las llama «cacas potentes», y la mayoría de los bebés se despiertan cuando les pasa. A veces, incluso se asustan. Cambiadle el pañal con una luz suave para evitar que se revolucione. Calmadlo y metedlo de nuevo en la cunita.

Consejo: *Cuando, por el motivo que sea, el bebé se despierte en plena noche, no os mostréis nunca excesivamente juguetones o amables. Sed cariñosos, prestad atención a cualquier cosa que pueda ir mal, pero tened cuidado de que el bebé no crea lo que no es. Si así fuera, la noche siguiente podría despertarse con ganas de jugar.*

Lo que siempre les digo a los padres que se preocupan por cuestiones de sueño es que, suceda lo que suceda, no durará siempre. Verlo con perspectiva ayuda a ser menos catastrofista por unas pocas noches sin dormir. Se trata, sin duda, de una cuestión de suerte: algunos bebés son más buenos durmiendo que otros. Pero independientemente de cómo sea el bebé, vosotros debéis poder descansar el tiempo necesario para soportar la envestida. En el siguiente capítulo, hago hincapié en este aspecto y en muchas otras formas de cuidar de vosotros mismos.

QUÉ NECESITAN/QUÉ PODÉIS ESPERAR

Edad/ Descripción	Sueño necesario todos los días	Patrones habituales
Recién nacido: No tiene control sobre nada excepto los ojos.	16-20 horas	1 hora de siesta cada tres horas, duerme 5-6 horas durante la noche.
1-3 meses: Más atento y consciente de su propio entorno, capaz de mover la cabeza.	15-18 horas	Tres siestas de 1 1/2 hora cada una, 8 horas durante la noche.
4-6 meses: Mayor movilidad.		Dos siestas de 2-3 horas cada una, 10-12 horas durante la noche.
6-8 meses: Mayor movilidad; capaz de sentarse y gatear.		Dos siestas de 1-2 horas cada una, 12 horas durante la noche.
8-18 meses: En movimiento constante.		Dos siestas, de 1-2 horas cada una, una siesta larga de 3 horas, 12 horas durante la noche.

7

TÚ: LLEGÓ TU TURNO

*¡Acuéstate, ahora mismo! Ahora y cada vez que
vayas a coger este libro. El mejor consejo que te
podemos dar hoy es simple: no estés de pie si puedes estar sentada, no estés sentada si puedes estar
acostada y no estés despierta si puedes dormir.*

VICKI IOVINE, *The Girlfriend's Guide to
Surviving the First Year of Motherhood*

*Piensa en ti de vez en cuando. No se lo des todo
al niño y te quedes tú sin nada. Tienes que saber
quién eres, tienes que aprender mucho de ti, escú-
chate y observa cómo creces, tú también.*

Una de las 1.100 madres que respondieron a
una encuesta de la «National Family Opinión»,
*The Motherhood Report: How Women Feel
About Being Mothers*

MI PRIMER BEBÉ

Sólo quien lo ha vivido sabe lo que es. Una de las razones
por las que los padres confían en mí es porque comparto con
ellos mis primeras experiencias como madre. Me acuerdo perfectamente de los temores y las decepciones que sentí con mi
primer hijo, cuando me preguntaba hasta qué punto estaba
preparada y si realmente iba a ser una buena madre. Tengo
que decir que conté con un sistema de apoyo maravilloso: mi

abuela, que prácticamente me crió, mi madre, y una gran cantidad de familiares, amigos y vecinos dispuestos a echar una mano. Aún así, el día en que finalmente llegó el bebé sufrí un impacto considerable.

Mi madre y mi abuela, por supuesto, dijeron que Sara era preciosa, pero yo no estaba tan segura. Recuerdo que la miré y pensé: «Vaya, está roja y arrugada». No se parecía en nada a cómo había imaginado que sería. Este recuerdo es tan intenso que hoy, dieciocho años después, soy capaz de regresar allí y sentir mi decepción porque el labio superior de Sara no era perfecto. También recuerdo cómo balaba como un corderito y se me quedaba mirando a la cara durante momentos que parecían eternos. Entonces, mi abuela se me acercó y me dijo: «Has empezado tu tarea de amor, Tracy; serás una madre hasta el día en que te mueras». Sus palabras me cayeron como un jarro de agua fría: era una madre. De repente, sentí el apremiante deseo de echar a correr o, por lo menos, de abandonar.

El día siguiente estuvo lleno de manoseos inacabables y de muchas lágrimas y dolor. Me dolían las piernas de tenerlas tanto rato encogidas, como si fuera una rana, mientras hacía esfuerzos. Me dolían los hombros porque la comadrona me había empujado la cabeza contra el pecho. Tenía las cuencas de los ojos doloridas de la presión de empujar y, lo peor de todo, sentía que me iban a explotar los pechos. Recuerdo que mi madre me dijo que debía empezar a darle el pecho inmediatamente, y que la idea me aterrorizó. Finalmente, la abuela me ayudó a encontrar una posición cómoda, pero la verdad del asunto era que yo tenía que resolverlo todo. Dedique la mayor parte del día a esto y a aprender a cambiarle el pañal a Sara, calmarla, estar realmente con ella y tratar de encontrar un momento para mí misma.

Dieciocho años más tarde, la mayor parte de las madres primerizas viven experiencias parecidas. (Y sospecho que dieciocho años antes de que me sucediera a mí las cosas tampoco eran muy distintas.) No se trata tan sólo del trauma físico, que no obstante sería suficiente para debilitar a cualquiera. Es el cansancio y ese increíble cóctel de emociones y sentimientos abrumadores lo que te arrolla. Y sí, todo eso es normal. No estoy hablando de la depresión posparto, a la que me referiré más adelante; estoy hablando sólo del tiempo que la naturaleza nos concede para sanarnos y quedarnos en casa para conocer a nuestro niño. El problema es que, cuando llega el bebé, algunas mujeres apenas se dedican el tiempo necesario para comer, lo que supone una perspectiva muy frustrante, cuando no peligrosa.

LA HISTORIA DE DOS MUJERES

Para ilustrar mi opinión, me gustaría hablar de dos madres con las que trabajé: Daphne y Connie. Ambas eran mujeres enérgicas y emprendedoras que llevaban varios años en sus respectivos trabajos. Cerca de la treintena, las dos tuvieron sendos partos vaginales sin complicaciones y la buena suerte de dar a luz a dos bebés angelito. La diferencia (una diferencia importante) estaba en que, mientras que Connie se dio cuenta de que su vida cambiaría tras la llegada del bebé, Daphne se aferró a la idea de que podría seguir adelante como siempre.

Connie. Connie, diseñadora de interiores, tenía treinta y cinco años cuando nació su hija. Era una persona organizada por naturaleza (probablemente sacaría un 4 en la línea de improvisación/planificación; véase página 85), y se fijó y cumplió el objetivo de tener listos los preparativos para recibir al niño antes del tercer trimestre. Cuando llegué para la visita preparto, le comenté: «Parece que has pensado en todo. Lo único que falta aquí es el bebé». Consciente de que, cuando llegara el bebé, podía no tener tiempo ni ganas de cocinar, algo que normalmente le encantaba hacer, Connie llenó el congelador de deliciosas sopas caseras, guisos, salsas y otros platos listos para hornear. Cuando se acercaba la fecha en la que iba a salir de cuentas, llamó a sus clientes y les dijo que, si surgía algún problema, habría alguien para solucionarlo, pero que, durante los dos meses siguientes, no iba a ser ella. Que ella y el bebé eran lo primero. Resulta interesante destacar que nadie puso objeciones; de hecho, todo el mundo pensó que su forma directa de abordar el tema era interesante y digna de admiración.

Connie tenía una relación muy próxima y estrecha con su familia, y se daba por sentado que, en cuanto el bebé llegara, se pondrían todos manos a la obra, que fue exactamente lo que hicieron. Su madre y su abuela cocinaron y se encargaron de los recados y su hermana atendió las llamadas de trabajo e incluso llegó a ir al despacho de Connie a examinar varios proyectos.

Durante la semana posterior al nacimiento de Annabelle, Connie se pasaba prácticamente todo el día en la cama, absorta en su hija, comenzando a conocerla. Ralentizó su ritmo normalmente acelerado y se concedió todo el tiempo para darle el pecho. Aceptó el hecho de que necesitaba cuidar de sí misma y, al marcharse su madre, tenía el congelador lleno de comida preparada. También tenía menús para tomar fríos, para las noches en las que incluso calentar el horno parecía demasiado.

Además, Connie supo involucrar a su marido Buzz. A menudo, veo mujeres que se dedican a controlar a sus maridos, a dar instrucciones mientras cambian los pañales o, peor aún, a quejarse de que lo están haciendo mal. Connie sabía que Buzz amaba a Annabelle tanto como ella; tal vez sus pañales quedaban un poco sueltos, ¿y qué? En todo momento lo animó para que fuera un padre. Se dividieron las tareas y cada uno se mantuvo al margen del territorio del otro. El resultado fue que Buzz se sintió más como un verdadero padre que como un «ayudante».

Hacer que Annabelle se amoldara a un plan estructurado ayudó a Connie a organizar su propio tiempo. Aún así, las mañanas se le pasaban volando, como suele sucederle a la mayoría de las madres primerizas. Para cuando había terminado de levantarse, de cubrir las necesidades de la niña, de ducharse y de vestirse, ya era hora de comer. Y, no obstante, cada tarde entre las dos y las cinco Connie se tumbaba. No importaba si echaba la siesta, leía o simplemente ordenaba sus pensamientos: necesitaba un tiempo para estar sola. En lugar de robarse a sí misma ese precioso tiempo libre, hacía sólo las tareas absolutamente prioritarias. Ya fuera con notas por escrito o hablando por teléfono, solía terminar diciendo «puede esperar».

Incluso después de que yo me marchara, Connie fue capaz de seguir con su plan de descanso y recuperación. Al igual que con todo lo demás, había previsto también mi marcha. Con varias semanas de antelación, Connie había reclutado un grupo de amigos que iban a turnarse diariamente para cuidar a la niña de dos a cinco. Y ya había comenzado a buscar una niñera que se encargaría de Annabelle cuando ella regresara al despacho.

Cuando Annabelle tenía dos meses, Connie empezó a ir gradualmente al trabajo, al principio, pasaba en el despacho sólo el tiempo imprescindible para reiniciar el trato con los clientes y asegurarse de que todo iba según lo previsto. En aquel momento, en lugar de aceptar nuevos proyectos, se puso a trabajar a media jornada. Cuando Annabelle tenía unos seis meses y Connie había pasado suficiente tiempo con la niñera para controlarla con tranquilidad, comenzó a hacer más horas en el despacho. Pero, para entonces, Connie ya conocía a su hija, tenía confianza en sus habilidades como madre y se sentía físicamente apta; y, aunque probablemente no estaba igual que antes, era una versión descansada y sana de su nuevo ser.

Hoy, cuando ya trabaja de nuevo a jornada completa, Connie echa una pequeña siesta cada tarde en el despacho. Hace poco me dijo: «Tracy, la maternidad ha sido lo mejor que me ha pasado porque, entre otras cosas, me ha obligado a aminorar la marcha».

Daphne. Ojalá Daphne, una abogada del mundo del espectáculo de treinta y ocho años, afincada en Hollywood, hubiera podido seguir el ejemplo de Connie. No hacía ni una hora que había regresado del hospital y ya estaba colgada del teléfono. La casa estaba atestada de visitas. Habían comprado muchas cosas para el bebé, pero no habían sacado nada de las bolsas. Ya el segundo día oí que Daphne planeaba una reunión de trabajo que iba a tener lugar en su sala de estar. Y al tercer día, anunció su intención de «volver al trabajo».

Daphne tenía un amplio círculo de amigos y de socios y, en cuestión de una semana, ya estaba quedando para ir a comer, como para demostrar que un bebé no iba a afectar su vida para nada. Su actitud era casi desafiante. «Puedo ir a comer, Tracy está aquí. Además, he contratado a una canguro.» Quedó con su entrenador y comió sin apetito, preocupada obviamente por su aumento de peso. También quería utilizar sus aparatos de gimnasia, una metáfora perfecta de su febril existencia anterior a la llegada del bebé, que un estilo de vida hacía de subir por la escalera del éxito.

Era como si Daphne no se diera cuenta de que tenía un bebé. Considerando sus circunstancias y el mundo en que vivía (una industria en la que la gente suele llamar a los proyectos «mi criatura»), resultaba comprensible. Para Daphne, tener un hijo era un proyecto más (o, por lo menos, a ella le hubiera gustado verlo de este modo). Quedarse embarazada, algo que no le resultó fácil, había sido la etapa de «desarrollo» del proyecto y, cuando el producto final (el bebé) finalmente llegó, ya estaba lista para ponerse con otra cosa.

No resulta en absoluto sorprendente que Daphne aprovechara cualquier oportunidad para irse de casa. Si había algún encargo que hacer, por mundano que fuera, ella se prestaba voluntaria. Cada vez, sin falta, se olvidaba de comprar (o no compraba aposta) uno o dos productos de la lista de la compra, con lo que tenía otra excusa para ausentarse de casa.

Durante aquellos primeros días, vivir en casa de Daphne fue como vivir en un tornado. Al principio, intentó darle el pecho al bebé, pero, cuando se dio cuenta de que eso, por lo menos al principio, requeriría cuarenta minutos, dijo: «Creo que quiero probar la leche artificial». Ya ha quedado dicho que defiendo cualquier método de alimentación que se adapte al estilo de vida de la madre, ahora bien, también recomiendo tener en cuenta una serie de factores (véase el apartado «Tomar una decisión», páginas 131 y ss.). En este caso, la única preocupación de Daphne era disponer de más tiempo para su jornada. «Quiero volver a ser la de antes», decía.

Mientras tanto, iba mandando mensajes ambiguos a su pobre marido, Dirk, un papá entusiasta que estaba más que dispuesto a hacer lo que hiciera falta. A veces, Daphne aceptaba su participación: «Cuidarás de Cary mientras yo esté fuera, ¿verdad?», le decía antes de salir disparada. Pero otras veces, en cambio, lo criticaba por la forma en que aguantaba al bebé, o por cómo lo vestía. «¿Por qué le has puesto *eso*?», le preguntaba ásperamente, contemplando el modelito de Cary. «Deja, ya vendrá mi madre.» Evidentemente, Dirk estaba cada vez más resentido y menos dispuesto a involucrarse.

Probé todos los consejos del libro para intentar que Daphne frenara un poco. Primero le confisqué el teléfono, pero esto no funcionó porque, además del móvil, tenía muchos otros. Le ordené que guardara cama entre las dos y las cinco, pero invariablemente utilizaba ese tiempo para las llamadas o las visitas. «Entre las dos y las cinco estoy libre, podéis venir», les decía a sus amigos. Y si no programaba una cita. En una ocasión, Dirk y yo nos pusimos de acuerdo para esconderle las llaves del coche. Se volvió loca buscándolas. Finalmente confesamos, pero nos negamos a entregárselas, y ella respondió desafiante: «Vale, pues iré al despacho andando».

Todo encaja con la clásica negación. Y tal vez hubiera logrado seguir a flote de no ser porque la niñera que había contratado para que me sustituyera no se presentó, y se encontró con que al cabo de dos días yo me iba, y ella no tenía a nadie. De repente, la realidad la golpeó como una maza. Estaba absolutamente destrozada, se volvió totalmente inestable y finalmente se desmoronó con dramón incluido.

Le hice ver que, hasta entonces, había estado refugiándose en la actividad para no tener que enfrentarse a la inseguridad que sentía. La tranquilicé diciéndole que iba a ser una buena madre, pero que eso requería un tiempo. Se sentía incompetente porque no había aprovechado la oportunidad de conocer a su hija y descubrir sus necesidades, pero eso no significaba que lo fuera. Además, estaba exhausta porque no se había concedido el tiempo necesario para recuperarse. Se lanzó a mis brazos llorando y exclamó: «¡Todo lo hago mal!». Y finalmente admitió el mayor de sus miedos: «¿Cómo he podido fracasar en algo que a todo el mundo parece dársele tan bien?».

No pretendo decir que Daphne fuera un desastre. Me volqué de corazón con ella y, podéis creerme, ha visto esta misma situación muchas veces. Muchísimas madres adoptan una actitud de negación, especialmente aquellas que abandonan una carrera próspera y de gran tensión para dedicarse a la maternidad, o las que son extremadamente organizadas. Con la llegada del bebé, sus vidas se convierten en un caos, pero ellas quieren creer que seguirán viviendo exactamente como antes. Y entonces, en lugar de sentir las emociones que acompañan a la primera maternidad o confesar sus temores, minimizan la experiencia. De hecho, las mujeres con un puesto de responsabilidad que van a ser madres suelen preguntar: «¿Qué puede haber de difícil en tener un bebé?» o «¿Qué puede haber de difícil en dar el pecho?» Pero, al llegar a casa, se dan cuenta de que, aunque sean capaces de dirigir empresas que mueven millones de dólares y de hacer que los consejos de administración aprueben programas complejos, la maternidad les plantea desafíos que jamás soñaron. Entonces, parte de la negación se manifiesta en una necesidad de aferrarse a algo que ya saben hacer y en lo que sobresalen. Los negocios o las comidas con sus colegas no son nada en comparación con todo lo que tienen que hacer al llegar a casa con un bebé.

Tampoco es bueno que la madre peque por exceso y quiera hacerlo todo sola. Joan, por ejemplo, tuvo una entrevista conmigo, al final de la cual declaró que aquello era algo que quería resolver sola. Lo intentó... durante dos semanas, tras las cuales me llamó desesperada: «Estoy destrozada, no paro de pelearme con mi marido, Barry, y tengo la impresión de que ni estoy haciendo un buen trabajo ni estoy siendo una buena madre. Es mucho más difícil de lo que pensé», admitió. Yo le expliqué que no es que fuera más difícil, sino que, simplemente, entrañaba más trabajo de lo que ella había planeado. Le recomendé que echara la siesta por la tarde, y esto le dio a Barry la oportunidad de estar con su hija.

Desde el día en que nace el bebé, debes preguntarte todos los días: «¿Qué he hecho hoy por mí?». A continuación, aparece una lista de lo que argumentan las mujeres que no se toman un tiempo para sí mismas (y lo que yo respondo a sus excusas):

«No puedo dejar solo al bebé.» Llama a un familiar o amigo para que se encargue de él durante una hora.

«Ninguna de mis amigas sabe cuidar bebés.» Invítalas a casa y enséñales lo que tienen que hacer.

«No tengo tiempo.» Si sigues mis consejos, los tendrás. Probablemente, no estés priorizando tareas; conecta el contestador en lugar de coger siempre el teléfono.

«Nadie cuidará al bebé tan bien como yo.» Mentira: quieres controlar demasiadas cosas. Además, cuando te pongas enferma, alguien tendrá que ocuparse de él.

«¿Qué pasa si yo no estoy?» Las mujeres que quieren controlarlo todo se sorprenden cuando ven que su hogar no se desmorona en su ausencia.

«Me tomaré algo de tiempo cuando el bebé sea un poco mayor.» Si no te tomas un tiempo ahora no te sentirás importante y perderás tu propia identidad (como mujer, no como madre).

Date un respiro

Sin duda, uno de los consejos más importantes que doy a los padres durante los primeros días y semanas es que tengan presente que son mucho mejores padres de lo que creen. Muchos no se dan cuenta de que ser padres es un arte que se aprende. Han leído todos los libros y han visto todos los programas de televisión sobre el tema y creen que saben lo que les espera. Entonces llega el bebé. Por desgracia, justo cuando están al principio de la curva de aprendizaje, se sienten peor que nunca. Éste es el motivo por el cual, en el capítulo 4, recomiendo a las madres que vayan a dar el pecho que tengan en cuenta mi regla de los cuarenta días, pero la verdad es que todas las mujeres que acaban de ser madres necesitan un tiempo para recuperarse. Además del trauma físico de dar a luz, las consumen asuntos en los que nunca habían pensado, están más cansadas de lo que podían imaginar y se ven superadas por sus emociones. Para las madres que dan el pecho, aprender a hacerlo y ser consciente de los problemas que puede entrañar es sólo una parte del shock.

Incluso una mujer como Gail, antigua profesora de una escuela de enfermería y la mayor de cinco hermanos, se quedó asombrada ante el enorme peso del trabajo y la responsabilidad. Había cuidado de sus hermanos menores y había ayudado a todas sus amigas cuando habían dado a luz, pero, cuando nació Lily, Gail se hundió. ¿Por qué? En primer lugar porque esta vez el bebé y el cuerpo en cuestión eran suyos (al igual que la inflamación, el entumecimiento y el escozor a la hora de orinar). Y porque tenía las hormonas en pie de guerra. Se ponía furiosa cuando la tostada se le quemaba un poco, le gruñía a su madre porque arrastraba una silla y se echaba a llorar cuando no era capaz de desenroscar el tapón de una botella.

—No puedo creerme que no consiga salir adelante —se lamentaba Gail.

Pero su caso no es, ni mucho menos, el único. Otra madre, Marcy, que salió a recibirme con una lista interminable de preguntas, dijo recordando los primeros días: «Era como en una película mala. Estaba sentada cenando, desnuda de cintura para arriba porque los pezones me dolían demasiado para ponerme algo. Los pechos me goteaban y lloraba ante la atónita mirada de mi madre y mi marido, incapaz de decir nada más que: "¡Esto es una mierda!"».

Pueden parecer muy elementales, querido Watson, pero os haríais cruces si supierais cuántas madres no los tienen en cuenta:

- Come. Lleva una dieta equilibrada, por lo menos 1.500 calorías al día, 500 más si das el pecho. No controles tu peso. Ten comida en el congelador y menús preparados a mano.

- Duerme. Echa una siesta por lo menos cada tarde, y más a menudo si puedes. Deja que papá también se encargue.

- Haz ejercicio. No utilices máquinas ni entrenes durante, por lo menos, las primeras seis semanas; en lugar de esto, haz largas caminatas.

- Encuentra momentos para ti. Pídele a tu marido, un familiar o un amigo que se encargue de todo para que tú puedas estar realmente «libre».

- No hagas promesas que no puedas cumplir. Di a los demás que no estarás disponible durante por lo menos uno o dos meses. Si ya has contraído más compromisos de los que puedes cumplir, discúlpate: «Lo siento, no me hice a la idea de lo que significaría tener un bebé».

- Establece prioridades. Elimina de la lista todo lo que no sea imprescindible.

- Haz planes. Entrevista a canguros, planea menús, haz listas para tener que ir a comprar sólo una vez por semana. Coordínate con tu marido para reanudar las actividades anteriores a la llegada del bebé.

- Conoce tus propias limitaciones. Cuando estés cansada, échate. Cuando tengas hambre, come. Y cuando estés irritada, sal de la habitación.

- Pide ayuda. Nadie puede hacerlo todo solo.

- Pasa tiempo con tu pareja o con un buen amigo. No le dediques todos los minutos al bebé. Pensar que puedes estar siempre con él es poco realista.

- Mímate. Acude con tanta frecuencia como te sea posible a darte un masaje posparto, un masaje facial, la manicura o la pedicura.

Para mí, el mejor método de rejuvenecimiento es dormir; mando a las madres a la cama todos los días entre las dos y las cinco. Si no pueden permitírselo, les aconsejo echar por lo menos tres siestecitas de una hora durante las primeras seis semanas. Les advierto de que no deben desperdiciar su valioso tiempo colgadas al teléfono, encargándose de las labores del hogar o escribiendo notas. Una no puede dar el 100 por cien de sí misma si sólo duerme el 50 por ciento de las horas que necesita. Incluso en el caso de que tengas ayuda, o de que no te sientas realmente cansada, tienes esa inmensa herida en tu interior. Si no descansas lo suficiente, te garantizo que en seis semanas te sentirás como si te hubiera atropellado un autobús, de modo que no me des la oportunidad de que te pueda echar en cara que ya te lo dije. A las mujeres, les va muy bien hablar con amigas que ya hayan pasado por esto, ya que pueden suponer una gran ayuda y ayudarlas a recordar que se trata de un proceso natural. Para los hombres, en cambio, hablar con sus amigos puede no ser tan satisfactorio. He oído decir a los padres de mi grupo que los primerizos tienen tendencia a competir sobre lo mal que les ha ido. «El bebé me tuvo despierto media noche», le decía uno a otro. «Ah, ¿sí?», respondía el otro. «Pues el mío no me dejó dormir en toda la noche. Creo que no llegué a dormir ni siquiera diez minutos.»

Para ambos padres, es importante tomárselo con calma y admitir los errores y las dificultades que surgen. Connie, por ejemplo, fue paciente y buena consigo misma. Reconoció la importancia de hacer planes y pedir ayuda, y no tuvo prisa por regresar a la máquina de ejercicios. En lugar de esto, daba largos paseos que ayudaban a que su circulación sanguínea aumentara y le daban un motivo para salir de casa. Y, lo más importante, Connie comprendió que la vida después de tener al bebé no volvería a ser como antes. Y eso no es algo malo: sólo es distinto.

También resulta muy útil abordar las cosas por pequeñas partes. Incluso cuando tengas una montaña de ropa observándote, no tienes que hacerlo todo tú. Y por muchos regalos que lleguen, la gente lo entenderá si no respondes con una nota de agradecimiento.

Lo cierto es que, cuando tienes un bebé, todo cambia: las costumbres, las prioridades y las relaciones. Las mujeres (y los hombres) que no aceptan esta realidad pueden tener problemas. Perspectiva, perspectiva y perspectiva: eso es a lo que se reduce una buena recuperación posparto. Los primeros tres días duran sólo eso: tres días. El primer mes es sólo un mes. Estáis metidos en esto para mucho tiempo. Tendréis días buenos y días no tan buenos: tenéis que estar preparados para todos.

Los diversos estados de ánimo de la madre

Normalmente, soy capaz de adivinar el estado emocional de una madre por la forma en que me saluda cuando llego. Francine, por ejemplo, me llamó ostensiblemente preocupada para hacerme una consulta relativa a dar el pecho. Cuando salió a recibirme, llevaba una arrugada camiseta de manga corta llena de babas que revelaba que dar el pecho no era su único problema. «Lo siento», se disculpó inmediatamente ante mi mirada escrutadora. «Hoy quería estar presentable, vestida y duchada... porque venías tú...», dijo. «Hoy tengo un mal día», añadió innecesariamente.

«Me siento como el doctor Jeckyll y Mr. Hyde, Tracy», me confesó. «En un momento dado, pienso que soy la mejor madre del mundo para mi hijo de dos semanas, pero inmediatamente me invaden unas ganas locas de marcharme de casa y no volver nunca más, porque todo esto es demasiado.»

«No pasa nada, mujer», le dije con una sonrisa. «Esto sólo significa que eres como cualquier otra madre.»

«¿En serio?», preguntó. «Pues estaba empezando a pensar que no servía para esto.»

Le expliqué a Francine, como suelo tener que hacer con las madres primerizas, que las primeras seis semanas son como estar en una montaña rusa de emociones, y que lo único que podemos hacer es abrocharnos el cinturón y prepararnos para el viaje. Teniendo en cuenta los cambios de humor, no es de extrañar que muchas madres crean que, de repente, sufren de personalidad múltiple.

Hay que tener siempre presente que son eso, cambios de humor, y que por eso a lo largo del día (o tal vez a lo largo de la semana) una tiene la sensación de estar poseída por diversas personalidades y voces que resuenan en su interior.

«Esto es bastante fácil.» En esos momentos, te sientes como la mejor de las madres: puedes resolverlo todo rápida y sencillamente. Confías en tu sentido común, te sientes segura y no eres particularmente sensible a las tendencias sobre cómo cuidar a los hijos. Eres capaz de reírte de ti misma y pensar que la maternidad no es algo que vayas a saber hacer a la perfección todo el tiempo. No te da miedo preguntar y, cuando lo haces, retienes las respuestas con facilidad y las adaptas a tu propia situación. Sientes que tienes un equilibrio.

«¿Lo estoy haciendo bien?» Se trata de momentos dominados por la ansiedad en los que te sientes pesimista y como una inepta. Tal vez te sientas algo nerviosa a la hora de manipular al bebé y tengas miedo de romperlo. El menor fallo técnico te desconcierta y, de hecho, incluso te preocupas por cosas que no han pasado. Y, en un caso extremo, tal vez cuando tus hormonas te están dando más guerra, temes lo peor.

«Oh, esto es malo... muy, muy malo.» En esos momentos, lloras amargamente por tu experiencia de dar a luz y por el drama incesante de la maternidad, y estás segura de que nunca nadie se había sentido tan miserable. Si no, ¿por qué iban a tener bebés? Te sientes mejor cuando le cuentas a alguien lo mucho que te dolió la cesárea, que el bebé no te deja dormir en toda la noche o que tu marido no está haciendo lo que prometió que haría. Y, cuando te ofrecen ayuda, te haces la mártir: «No pasa nada, puedo con todo».

«No pasa nada: lo tengo todo bajo control.» Las mujeres que han tenido éxito en su vida profesional y dejan el trabajo para hacer de madres son más propensas a estos arrebatos. En esos momentos, crees que puedes imponerle al bebé tus habilidades de dirección, pero puedes llevarte una sorpresa, una decepción o un buen enfado al ver que tu hijo no coopera. Creer que la vida con el bebé será igual que antes de que llegara es un momento de negación.

«Pero en el libro pone que...» Durante los momentos de confusión y duda, lees todo lo que te cae en las manos y lo aplicas a tu bebé ávidamente. Con el objetivo de ordenar el caos, confeccionas listas y utilizas pizarras. Si bien aplaudo el orden y la disciplina, no me parece bueno ser inflexible y dejar que el plan te controle en lugar de orientarte. Por ejemplo, si la clase de iniciación a la maternidad comienza a las 10h 30, cuando tengas un día malo y pienses que puede destrozarte el horario, sáltatela.

Sin duda sería fantástico oír siempre la voz que nos dice que todo es fácil, o sentirte una madre nata a todas horas y todos los días, pero te aseguro que eso no es así para la mayoría de las madres. Lo mejor que puedes hacer es tomar nota de estas voces, anotar tus cambios de humor en un diario si no eres capaz de recordarlos y aprender a enfrentarte a los cambios. Si oyes una voz que te grita sin parar que nunca serás una buena madre, tal vez sea el momento de volver a estudiar la situación.

¿ABATIMIENTO POSPARTO O UNA VERDADERA DEPRESIÓN?

Dejad que lo repita: un poco de negatividad es normal. En el curso de un período posparto, las mujeres sufren sofocaciones, dolores de cabeza y mareos; tal vez entren en un estado letárgico o no puedan dejar de llorar; pueden dudar de sí mismas y tener ansiedad. ¿Qué provoca el abatimiento posparto? Los niveles de estrógenos y de progesterona disminuyen radicalmente unas horas después del parto, al igual que los niveles de endorfinas, que han provocado la sensación de alegría y comodidad durante el parto. Esto hace que las emociones de la mujer sean absolutamente inestables. Indudablemente, el estrés de la maternidad primeriza es otro factor. Si, además, tienes tendencia a sufrir el síndrome premenstrual, eso querrá decir que tus hormonas ya están bastante movidas por sí solas y puedes prepararte para experimentar también un episodio después del parto.

Los días con abatimiento posparto suelen venir en oleadas, motivo por el cual denomino a la fuerza interna que los provoca como nuestro «tsunami interior». Una oleada puede echar a perder tu cordura y tu sensación de bienestar durante una hora, o durante uno o dos días, o puede seguir yendo y viniendo durante tres meses o incluso durante un año. Los días con abatimiento posparto pueden teñir tus sentimientos en relación con absolutamente todo, especialmente con tu hijo. Las voces en tu cabeza probablemente exclamen: «¿Pero dónde me he metido?», o «Soy incapaz de (y ahí llenas tú lo que falta: cambiar los pañales, darle el pecho, levantarme a media noche)».

Consejo: *Si el bebé está llorando, estás sola con él y sientes que no lo puedes aguantar o, aún peor, notas que empieza a hervirte la sangre, mételo en la cunita y sal del cuarto. Ningún niño se ha muerto por llorar. Respira hondo tres veces y vuelve a entrar. Si sigues alterada, llama a un familiar, un amigo o un vecino y pídele ayuda.*

Cuando sientas que tu tsunami interior está golpeando contra las costas de tu psique, mira la situación con perspectiva. Lo que está pasando es normal: hay que seguir adelante. Quédate en la cama si te sientes mejor así; llora; grítale a tu pareja si eso te ayuda: todo pasará.

Pero ¿cómo saber cuándo la angustia o la inseguridad son excesivas? La depresión posparto es un desorden mental documentado, una enfermedad. Normalmente, comienza a manifestarse el tercer día tras el parto y se prolonga hasta la cuarta semana. No obstante, y al igual que muchos médicos familiarizados con la enfermedad, yo creo que este período de tiempo es demasiado breve. Algunos de sus síntomas, entre los que destacan una tristeza profunda e implacable, llantos frecuentes y sentimientos de desesperanza, insomnio, letargo, ansiedad y ataques de pánico, irritabilidad, obsesión y pensamientos aterradores recurrentes, inapetencia, baja autoestima, falta de entusiasmo, distanciamiento de la pareja o el bebé y deseos de autolesionarse o de hacerle daño al niño pueden aparecer varios meses después del parto. En cualquier caso, hay que tomarse en serio estos síntomas (una manifestación más seria del abatimiento posparto).

Se cree que entre un 10 y un 15 por ciento de las madres primerizas padecen una depresión posparto; una de cada mil sufre una ruptura total con la realidad, conocida como psicosis posparto. Descartados los cambios hormonales y el estrés por la nueva maternidad, los científicos aún no tienen claro por qué algunas mujeres son víctimas de una depresión clínica severa tras el parto. Un factor de riesgo documentado es un historial de desequilibrios químicos. Un tercio de las mujeres con antecedentes de depresión experimentan también depresión posparto; la mitad de las que lo sufren tras el primer parto recaen tras los partos siguientes.

Por desgracia, muchos médicos no son conscientes de los riesgos, y el resultado es que muchas mujeres no saben qué les sucede cuando se abate sobre ellas la depresión, un problema que podría prevenirse con información y educación. A Yvette, por ejemplo, le recetaron Prozac® para su depresión. Al quedarse embarazada, dejó de tomar el medicamento; no tenía ni idea de hasta qué punto se agravaría su situación tras el parto. En lugar de sentimientos cálidos y compasivos para su hijo, Yvette quería encerrarse en el baño cada vez que lloraba. Cuando se quejaba de que no se sentía «normal», nadie la escuchaba. «Ah, eso es todo esa historia del posparto», le dijo su madre, negando los cada vez peores sentimientos de Yvette. «Aprende a controlarte», le aconsejó su hermana, que añadió: «Todas hemos pasado por esto». Incluso los amigos de Yvette estaban de acuerdo: «Lo que te está pasando es normal».

Yvette me llamó para explicármelo: «Necesito hacer acopio de energías para cosas tan simples como sacar la basura o ducharme. No sé lo que me pasa; mi marido intenta ayudarme, Tracy, pero el pobre ni siquiera puede hablar conmigo porque estoy que muerdo». No me tomé el estado anímico de Yvette a la ligera. Lo que más me preocupó fue oírla hablar de cómo se sentía cuando Bobby lloraba. «A veces, cuando se pone a gritar, le chillo: «¡¿Qué te pasa?! ¿Qué quieres de mí? ¡¿Por qué no te callas?!» El otro día estaba tan frustrada que me encontré balanceando la canastilla del niño con excesiva violencia; entonces me di cuenta de que necesitaba ayuda. Si te digo la verdad, quería estamparlo contra la pared. Entiendo por qué la gente les pega a los bebés».

Es cierto que hay días en que el llanto incesante del bebé puede poner a cualquiera de los nervios, pero lo que Yvette sentía ultrapasaba el límite de la normalidad. Su obstetra hizo bien recomendándole que dejara la medicación durante el embarazo, ya que los antidepresivos podrían haber dañado al feto.

Habitualmente, las mujeres que padecen depresión pueden abandonar la medicación y seguir sintiéndose bien durante el embarazo gracias a los altos niveles de hormonas y de endorfinas. En cambio, lo incorrecto y peligroso fue que nadie advirtiera a Yvette de lo que podía suceder después de dar a luz, cuando el nivel de las sustancias químicas que la habían mantenido a flote volviera a descender.

La consecuencia fue que, tras el parto Ivette experimentó una seria recaída, y que los síntomas de su depresión regresaron decuplicados. Le recomendé que visitara inmediatamente al psiquiatra. Después de reiniciar la medicación, su punto de vista sobre la vida cambió radicalmente y pasó a sentirse feliz en relación con su maternidad. Debido a los medicamentos que estaba tomando, se le recomendó que dejara de darle el pecho al niño, pero esto no le pareció un sacrificio excesivo en comparación con la serenidad y la confianza en sí misma que recobró.

Si sospechas que puedes tener una depresión posparto, consulta a un psiquiatra. Sin embargo, conviene saber que no existe un método infalible para detectar la depresión posparto.

En Estados Unidos, por ejemplo, los psiquiatras suelen recurrir al *Manual diagnóstico y estadístico* para determinar si un paciente encaja con los criterios de diversos tipos de depresión. Sin embargo, este sistema (que se actualiza cada varios años) ni siquiera reconoció la depresión posparto hasta 1994.

La versión actual contiene un párrafo en el que se explica que los síntomas de varios tipos de «desórdenes de la conducta» pueden tener un «origen posparto». Los médicos también utilizan escalas psiquiátricas de evaluación para determinar la gravedad de una depresión. Una de las más usadas es la Escala de Depresión de Hamilton, que consiste en 23 preguntas. Sin embargo, esos instrumentos no están específicamente diseñados para diagnosticar la depresión posparto. De ahí que algunos psiquiatras prefieran la Escala de Depresión posparto de Edimburgo, que fue desarrollada hace unos veinte años en Escocia; es mucho más simple, y se ha observado que ofrece una precisión del 90 por ciento a la hora de detectar madres de alto riesgo. Ambas escalas están pensadas para ser aplicadas por profesionales, pero, para que te hagas una idea de lo que te vas a encontrar, he reproducido algunas cuestiones de cada una en la siguiente página.

PREGUNTAS DE MUESTRA DE LA ESCALA DE DEPRESIÓN DE HAMILTON

Extraído de la Escala de Depresión de Hamilton:

Agitación
0 = No
1 = Inquietud
2 = Jugar con las manos, el pelo, etc.
3 = Moverse, no poder estar quieto
4 = Temblor en las manos, morderse los uñas, tirarse del pelo, temblor en los labios.

Ansiedad psíquica
0 = Sin dificultades
1 = Tensión subjetiva e irritabilidad
2 = Preocuparse por cuestiones intranscendentes

3 = Actitud aprehensiva evidente en el rostro o en la voz
4 = Miedos expresados sin que nadie haya preguntado

Extraído de la Escala de depresión posparto de Edimburgo*

Se me cae el mundo encima
0 = No, me las apaño igual de bien que siempre
1 = No, la mayor parte del tiempo me las apaño bien
2 = Sí, a veces no logro apañármelas tan bien como antes
3 = Sí, la mayor parte del tiempo no soy capaz de apañármelas

He sido tan infeliz que he tenido dificultades para dormir
0 = No, en absoluto
1 = No muy a menudo
2 = Sí, a veces
3 = Sí, la mayor parte del tiempo

* Reproducido con el permiso del Royal College of Psychiatrists

---

En Estados Unidos, la mayoría de los profesionales están de acuerdo en que aún se diagnostican pocas depresiones posparto en relación con las que realmente se producen. Dos estudiantes de medicina de la Escuela Mayo de Medicina, en Rochester, Minnesota, demostraron este extremo estudiando los registros de todas las mujeres que dieron a luz entre 1997 y 1998, desde el momento de dar a luz y hasta un año más tarde. Mientras que, en 1993, los registros indicaban que, en el mismo condado, sólo se daba en un 3 por ciento de las mujeres, cuando las madres asistieron a la clínica, la incidencia creció hasta un 12%.

Si ves que el período de abatimiento posparto se prolonga en exceso, o si un día malo sigue a otro sin tregua, busca inmediatamente apoyo profesional. No hay que avergonzarse de tener una depresión: se trata de un estado biológico. No significa que seas una mala madre, sino que tienes una enfermedad, igual que si tuvieras fiebre. Por lo tanto, y eso es lo más importante, puedes conseguir ayuda médica y apoyo de otras mujeres que hayan pasado por lo mismo.

LA REACCIÓN DEL PADRE

Los hombres suelen gozar de poco margen durante el período posparto, porque la mayoría de la atención y la energía en la casa se dirigen a la madre y al bebé. Y debe ser así, por supuesto, pero los hombres son humanos. Las investigaciones muestran que algunos incluso presentan signos de estrés y depresión. El padre no pueden hacer nada más que reaccionar ante lo que haga el bebé y ante la atención que recibe el miembro más nuevo de la familia, a los humores de mamá y a los visitantes y personal en general que invaden la casa. De hecho, al igual que las madres tienen diversas actitudes, he detectado ciertos «sentimientos paternos» que afloran tras la llegada del bebé:

«Déjame hacerlo a mí.» A veces, especialmente durante las primeras semanas, papá es una persona realmente dispuesta. Se involucra totalmente en el embarazo hasta llegar al parto y, a partir de entonces, se ocupa del bebé a lo grande. Está abierto a aprender y ansioso por oír que está haciendo un buen trabajo. También tiene instintos naturales para con su hijo y mirándolo a la cara se ve que disfruta estando con él. Si tu pareja se siente así, puedes sentirte afortunada. Si tienes suerte, seguirá así hasta que el niño vaya a la universidad.

«No es asunto mío.» Ésta es la reacción que cabe esperar de los anteriormente llamados padres «tradicionales»: los hombres que prefieren mirar pero no tocar. Quieren mucho al niño, por supuesto, pero no cuando hay que cambiarle los pañales o bañarlo. En su opinión, eso es trabajo de mujeres. Después del parto puede que tenga que regresar al trabajo

inmediatamente o se preocupe de verdad porque tiene que ganar más dinero para mantener a su familia. Sea como fuere, siempre tendrá una excusa de buena persona para no tener que hacer el trabajo sucio y aburrido que entraña cuidar a un bebé. Con el tiempo, especialmente cuando el bebé se vuelva más interactivo, su actitud puede suavizarse un poco, pero te garantizo que no cambiará porque lo machaques diciéndole todo lo que no hace o porque lo compares con otros padres («El marido de Laelia le cambia los pañales a Mackenzie...»).

«Oh, no, algo va mal.» El típico chico que la primera vez que coge al bebé está tieso, en tensión. Tal vez haya asistido a todas las clases de preparación al parto con su mujer, e incluso haya sugerido hacer un cursillo de primeros auxilios, pero sigue aterrándole la idea de hacer algo mal. Cuando baña al bebé, tiene miedo de que se queme; después de ponerlo a dormir, tiene miedo del SMSI (síndrome de la muerte súbita infantil). Y, cuando todo está tranquilo en el frente casero, comienza a preguntarse si tendrá dinero para mandarlo a la universidad. Las experiencias positivas suelen ayudar a aumentar su confianza de papá y a disipar su miedo. Un poco de apoyo y de ánimo por parte de la madre también puede ser muy útil.

«¡Mira qué monada!» Este tipo de padre está orgulloso de su hijo más allá de lo concebible. No sólo quiere que todo el mundo vea a su bebé-trofeo, sino que también exagerará su colaboración. Le oiremos decir a las visitas: «Dejo que mi mujer duerma toda la noche», mientras su sufrida esposa pone los ojos en blanco. Si es su segundo matrimonio y fue un padre dispuesto cuando su anterior mujer tuvo un hijo, el experto será él y corregirá a menudo a su mujer con comen-

tarios agrios del estilo de «Así no es como yo lo he hecho». Dale cancha, especialmente si te parece que sabe lo que se hace, pero no dejes que anule tus mejores instintos.

«¿Qué bebé?» Como ya he comentado, algunas madres adoptan una actitud de negación cuando llega el bebé. Pues bien, los padres tienen su propia versión. Hace poco, fui a visitar a Nell al hospital, apenas tres horas después de dar a luz, y pregunté inocentemente: «¿Dónde está Tom?». «Oh, se ha ido a casa», respondió ella, como si fuera la cosa más natural del mundo. «Quería ocuparse un poco del jardín.» No es que Tom no crea que cuidar del niño no es asunto suyo, sino que el chico no comprende que el bebé ha llegado y que eso va a cambiarle la vida. E incluso si percibe el cambio, puede que prefiera retirarse a la comodidad que supone hacer algo que ya sabe hacer. Lo que necesita es una dosis de realidad y un poco de ánimo por parte de Nell. Si, aun así, se resiste, o si la madre no le deja participar, puede convertirse en uno de esos padres que miran la tele en el salón, indiferentes al caos que les rodea. La madre, agobiada porque está hablando por teléfono mientras intenta hacer la cena, le dirá: «Cariño, ¿puedes sujetar un momento al bebé?». Él levantará la vista y dirá: «¿Ein?».

Independientemente de cual sea la reacción inicial de un hombre, la mayoría cambian, aunque a veces lo hacen de una forma que no agrada a sus mujeres. Cuando las madres me preguntan: «¿Qué puedo hacer para que se involucre más?», se llevan una decepción porque no hay una respuesta mágica. Lo que sí he observado es que los hombres se interesan a su manera y a su tiempo. Un padre entusiasta puede perder interés con el tiempo, mientras que un padre con actitud ausente puede empezar de repente a ocuparse del bebé cuando éste empieza a sonreír, o a sentarse, o a andar o a hablar. Y, a la mayoría de los padres, les resulta más sencillo encargarse de tareas concretas que saben que pueden hacer bien.

«Pero eso no es justo», exclamó Angie cuando le sugerí que dejara que su marido, Phil, eligiera las tareas que prefiriera. «Yo no puedo elegir lo que quiero hacer, estoy siempre disponible, me sienta como me sienta.»

«Es cierto», accedí, «pero tienes que salir adelante con el marido que tienes. Y aunque Phil tal vez no bañe al bebé, puede que esté dispuesto a fregar los platos de la cena».

El «secreto» de todo esto es uno de los temas subyacentes de este libro: el respeto. Si un hombre ve que se le reconocen sus necesidades y deseos, será más fácil que respete los tuyos. Pero, al comienzo, debéis estar dispuestos a hacer algunos malabarismos, mientras tratáis de encontrar vuestros lugares respectivos.

¿QUÉ PASA CON NOSOTROS?
Cuando llega un bebé, y la familia pasa a tener tres miembros, la relación entre los padres también cambia. En la mayoría de los casos, la realidad no se corresponde con el sueño. Sin embargo, suelen ser los problemas que hay bajo la superficie los que hacen que la conexión entre una pareja se rompa. He aquí algunos de los aspectos más comunes:

Nervios de principiantes. La madre se siente agobiada. El padre no sabe muy bien qué puede hacer para ayudar. Cuando intenta hacer algo, la madre se impacienta y lo aparta con brusquedad. Y él probablemente se retirará.

«Es que le pone mal el pañal», se queja una madre a espaldas de su compañero.

«Mujer, eso es porque está aprendiendo», le digo yo. «Dale una oportunidad.»

La verdad es que, en un caso así, los dos son principiantes. Ambos se encuentran en la parte empinada de la curva de aprendizaje, y yo trato siempre de recordarles su primera cita: ¿no tuvieron que conocerse mutuamente? Y, con el tiempo, ¿acaso no surgió una mayor comprensión mutua de su creciente familiaridad? Pues lo mismo pasa ahora con ellos dos y el bebé.

ÉL HA DICHO/ ELLA HA DICHO

En cualquier relación biparental, cada persona tiene una perspectiva distinta. A menudo, mi trabajo se parece al de un traductor de Naciones Unidas, tengo que hacerle saber a uno de los dos lo que el otro le está diciendo en realidad.

La mamá quiere que le diga a su pareja
- Lo mucho que duele dar a luz
- Lo cansada que está
- Lo agotador que es dar el pecho
- Lo que duele dar el pecho (en una ocasión, para demostrarlo, le pellizqué al padre el pezón y le dije: «Y ahora nos quedaremos así durante veinte minutos»)
- Que llora y le grita por sus cambios hormonales, no porque él haga algo mal
- Que no puede explicarle *por qué* está llorando

El papá quiere que le diga a su pareja
- Que pare de encontrar peros a todo lo que hace
- Que el bebé no es de porcelana y no se va a romper
- Que hace lo que puede
- Que, cuando no hace caso de sus ideas sobre el bebé, le hace daño
- Que, ahora que tiene que preocuparse por mantener a toda la familia, está sometido a más presión
- Que él también está deprimido y agobiado

A mí, me gusta asignarle al padre tareas concretas (ir a comprar, bañar al bebé, el ágape de ensueño...) que le hacen sentir parte del proceso. Al fin y al cabo, la madre necesita toda la ayuda que le puedan proporcionar. Invito encarecidamente a los hombres a que se conviertan en los oídos y la memoria de sus esposas. Más allá del hecho de la gran cantidad de información nueva que hay que absorber, muchas mujeres padecen amnesia posparto, una dolencia aguda que, no obstante, las confunde enormemente. Hay otras necesidades específicas que el padre puede cubrir. Por ejemplo, está el caso de Lara (ya he hablado de ella en el capítulo 4), una madre para la que dar el pecho resultaba particularmente estresante. Su marido tenía la sensación de ser inútil, de no poder hacer absolutamente nada para que las cosas fueran más sencillas durante aquel período tan complicado. Sin embargo, cuando le enseñé a Duane qué debía hacer para apoyar a su esposa Lara y cómo podía ayudarla dulcemente cuando tenía problemas (el secreto aquí está en el dulcemente), comenzó a sentir que realmente contribuía. También le confié la responsabilidad de asegurarse de que Lara tomaba los dieciséis vasos de agua al día que le habían recomendado.

Diferencias de género. Cuando surge algún conflicto entre la madre y el padre durante las primeras semanas, les recuerdo siempre que, por mucho que vean la situación desde distintos puntos de vista, están metidos en esto juntos. Tal como ya he señalado en el capítulo 2, papá tiende a querer arreglar las cosas, cuando lo que mamá necesita es alguien que la escuche y dos brazos fuertes que la abracen. A menudo, los problemas de las parejas tienen su origen en estas diferencias de género, y yo me veo haciendo de intérprete, contándole a Venus lo que Marte quiere decir y viceversa (véase el cuadro «Él ha dicho/ Ella ha dicho» en la página anterior). A las parejas, les va mucho mejor cuando aprenden no sólo a traducir las palabras del otro, sino también a no tomarse las diferencias de punto de vista como algo personal. Deben sacar energías de su disparidad porque así dispondrán de un repertorio más amplio para poder elegir.

Cambios de estilo de vida. Para algunas parejas, el hueso más duro de roer es tener que aprender a cambiar la forma de hacer planes. Tienen muchos familiares que los ayudan, o contratan niñeras, pero no se les da nada bien organizar su tiempo incluyendo a una tercera persona dependiente, porque no lo han hecho nunca. Michael y Denise, una pareja de treinta y tantos que llevaban cuatro años casados antes de formar una familia, eran una pareja realmente potente. Él era un alto directivo de una gran empresa y un atleta que jugaba al tenis tres veces por semana y al fútbol los fines de semana. Ella era una ejecutiva de una empresa de decoración que trabajaba a menudo de ocho de la mañana a nueve de la noche, con tiempo sólo para sus ejercicios gimnásticos cuatro días a la semana. Evidentemente, solían comer en restaurantes, juntos o separados.

LLAMADA A TODAS LAS PAREJAS

Unos cuantos consejos útiles para el que no ha dado a luz y no pasa todo el día en casa con el bebé:

SÍ

- Tómate una semana o más de excedencia; si no puedes permitírtelo, ahorra dinero para que alguien pueda ocuparse de las tareas domésticas
- Escucha sin buscar soluciones
- Ofrece apoyo con cariño y sin comentarios
- Acepta un no por respuesta cuando ella te dice que no quiere tu ayuda
- Haz la compra, limpia, lava la ropa y pasa la aspiradora sin que te lo tengan que pedir
- Admite que ella tiene motivos cuando exclama «¡Me siento como si no fuera yo!»

NO

- No trates de «arreglar» sus problemas emocionales o psíquicos: aguántalos
- No seas un animador ni adoptes una actitud paternalista (por ejemplo, no le des unos golpecitos en la espalda y le digas «¡Muy bien!», como si fuera un perro)
- No entres en la cocina y preguntes en voz alta dónde está nosequé
- No le estés encima ni la critiques
- No llames a casa desde la tienda si se les ha acabado el pavo asado preguntando: «¿Y ahora qué compro?». Soluciónalo tú

La primera vez que nos encontramos fue cuando Denise estaba de nueve meses. Me contaron lo que hacían al cabo de la semana y yo les dije: «Antes que nada, debemos dejar clara una cosa: habrá que renunciar a algunas cosas, pero no a todo. Para poder llevar la vida que deseáis después de la llegada del bebé, tendréis que planificarla».

En su favor, hay que decir que Michael y Denise se sentaron e hicieron sus listas de necesidades y deseos. ¿A qué podían renunciar durante los primeros meses mientras se acostumbraban a ser padres? ¿Qué era absolutamente necesario para su salud emocional? Denise decidió pedir la baja, aunque sólo se concedió un mes para recuperarse. Michael prometió que pediría a su empresa algo más de tiempo libre. Al principio ambos querían hacer demasiadas cosas: para algunas parejas, no resulta fácil renunciar así como así. No obstante, cuando Denise vio el estado en que quedó después de dar a luz, decidió prolongar otro mes su recuperación.

CUIDADOS DE PAREJA

- Planead cosas para hacer juntos: un paseo, una cita para ir a cenar, una escapadita hasta la furgoneta de los helados.

- Planead unas vacaciones sin niños, incluso si, por el momento, no os las podéis permitir.

- Esconded mensajes sorpresa para vuestra pareja.

- Hacedle un regalo inesperado.

- Mandadle una carta de amor a la oficina contándole por qué lo/la adoráis y apreciáis.

- Mostraos siempre amables y respetuosos mutuamente.

Competición. Éste es, con diferencia, uno de los aspectos más problemáticos con los que me encuentro. Tomemos, por ejemplo, a George y Phyllis, de cuarenta y pocos años, que acaban de adoptar a la pequeña May Li, de un mes. Competían para ver quién lograba que tomara más leche del biberón o quien la sabía calmar mejor. Cuando George le cambiaba el pañal a May Li, Phyllis le decía: «Se lo has puesto demasiado bajo; déjame a mí». Cuando Phyllis la estaba bañando, George le daba instrucciones desde la retaguardia: «Cuidado con la cabeza. Ojo, le vas a meter jabón en los ojos». Los dos leían libros y luego se citaban literalmente frases el uno al otro, no tanto pensando en hacer lo mejor para su hija, sino más bien como una forma de decir: «¿Lo ves? Yo tenía razón».

George y Phyllis me llamaron porque May Li se pasaba la mayor parte del tiempo chillando. Para entonces, los dos estaban casi seguros de que la niña tenía un cólico, pero no se ponían de acuerdo sobre qué hacer. Cuando uno intentaba hacer algo, el otro lo criticaba. Para solucionar la situación, les expliqué primero lo que yo creía que estaba sucediendo: no se trataba de un cólico, sino que May Li lloraba constantemente porque nadie escuchaba lo que decía. Sus padres estaban tan ocupados tratando de hacerlo mejor que el otro que ni siquiera le prestaban atención. Les sugerí aplicarle a May Li el plan EASY y di a Phyllis y George algunas instrucciones para aminorar la marcha y, así, empezar realmente a prestarle atención al bebé (véase capítulo 3). Pero tal vez lo más importante en el caso de esta pareja fue que, además, dividí las tareas de cuidado del bebé y les dije: «Ahora cada uno tiene su propio campo de acción: absteneos de controlar, comentar o criticar lo que haga el otro».

Independientemente de su causa, si los problemas entre dos cónyuges persisten, terminan afectando todas las esferas de la vida de pareja. Pueden discutirse sobre lo que el bebé necesita, o tener problemas para coordinarse y cooperar, pero muy probablemente su vida sexual, que llevará ya varias semanas (cuando no meses) en suspenso, amenace con secarse irremisiblemente.

EL SEXO Y EL CÓNYUGE SÚBITAMENTE ESTRESADO

Hablemos de los temas del cuadro «El ha dicho/Ella ha dicho». El sexo es la cuestión numero uno en las cosas pendientes del padre y, normalmente, lo último en lo que piensan las madres. De hecho, la primera cuestión que él pregunta cuando ella regresa a casa tras la visita posparto al ginecólogo es: «¿Ha dicho que podemos hacer el amor?».

Mientras tanto, la cuestión en sí misma hace que la madre monte en cólera porque, en lugar de preguntarle cómo se siente o de cubrirla con flores, su marido quiere una tercera opinión sobre su vida sexual, como si ésta pudiera hacerla cambiar de idea. Si ya antes de la pregunta se sentía poco tentada a practicar el sexo, después será aún más reacia.

Así pues, respira hondo y dice: «No, aún no». Se supone que ha sido el médico quien ha dicho que no está preparada, pero, por supuesto, quien lo está diciendo es ella. Algunas mujeres utilizan el hecho de que el niño duerma en la cama de matrimonio como excusa. Otras elevan el clásico «me duele la cabeza» a nuevas cotas: «Estoy destrozada», «Me duele todo», «No soportaría que vieras mi cuerpo tal como está ahora». Todas estas afirmaciones no tienen ni un gramo de verdad, por supuesto, pero una mujer con sexofobia las utiliza como escudo.

En mis grupos y entre las visitas, siempre hay padres desesperados que me piden ayuda. «¿Qué puedo hacer, Tracy? Tengo miedo de que nunca volvamos a hacer el amor.» Algunos incluso me suplican: «Tracy, tienes que hablar con ella». Yo intento hacer hincapié en que las primeras seis semanas no hay un remedio mágico. Ése es el tiempo que pasa hasta la primera visita al ginecólogo y el que suele tardar una episiotomía o una cesárea en curarse, pero esto no significa que todas las mujeres estén completamente recuperadas al cabo de seis semanas, o que tu mujer esté emocionalmente preparada para el sexo.

Además, el sexo tras el parto es diferente y seríamos injustos con los papás si no se lo advirtiéramos. Los hombres que quieren sexo enseguida a menudo no se dan cuenta de hasta qué punto el cuerpo de la mujer cambia después de dar a luz: los pechos le duelen, le han hecho un corte en la vagina, sus labios están dilatados y los bajos niveles de hormonas pueden provocar también un descenso muy acusado del nivel de flujo vaginal. Dar el pecho puede complicar aún más el asunto; a las mujeres que antes del parto les gustaba que les estimularan los pezones, ahora pueden encontrarlo doloroso o repugnante (de pronto, sus pechos pertenecen exclusivamente al bebé).

GIMNASIA POSPARTO

Ya he dicho que no hay que hacer ejercicio durante las primeras seis semanas, pero hay algo que puedes hacer ya en la tercera semana tras el parto y es ésta: *aprieta, aguanta, ¡a la una, a las dos y a las tres!*

Los ejercicios pélvicos de suelo, habitualmente conocidos como ejercicios Kegel (deben su nombre al médico que identificó los tejidos fibrosos que hay en el interior de la vagina), ayudan a fortalecer los músculos que actúan sobre la uretra, la vejiga, el útero y el recto y, de paso, algo que también nos interesa, tonifican la vagina. El ejercicio es como si estuvieras orinando y trataras de parar de golpe; ésos son los músculos que tensarás y relajarás. Te sugiero que lo hagas tres veces al día.

Al principio, será bastante complicado porque sentirás como si allí no hubiera ningún músculo. Puede incluso que te sientas un poco dolorida. Comienza despacio, juntando las rodillas. Para comprobar si estás trabajando bien los músculos, introdúcete un dedo en la vagina para notar el apretón. A medida que vayas siendo más capaz de aislar los músculos, pruébalo con las piernas separadas.

Teniendo en cuenta todos estos cambios, ¿cómo puede no ser distinta la sensación que produce practicar el sexo? El miedo también tiene un papel importante; algunas mujeres tienen miedo de estar «demasiado abiertas» para dar o recibir placer. Otras anticipan el dolor y esto solo ya basta para que se tensen ante la simple idea de hacer el amor. Cuando la mujer tiene un orgasmo y sus pechos sueltan un chorro de leche, puede sentirse incómoda o tener miedo de que a su pareja le parezca desagradable.

Y, de hecho, a algunos hombres se lo parece; no es precisamente un éxtasis erótico recibir una ducha de leche. Dependiendo del hombre y de cómo viera a su mujer antes de que se quedara embarazada, puede resultarle problemático verla en su nuevo papel como madre y hasta puede ponerse nervioso ante la posibilidad de tocarla. De hecho, algunos hombres me han admitido que sintieron repugnancia al ver a su mujer en la sala o la primera vez que dio el pecho.

¿Qué pueden hacer estas parejas? No se trata de un problema con una solución instantánea, pero algunos de mis consejos consiguen por lo menos aliviar un poco la presión de ambas partes:

Hablad abiertamente del tema. En lugar de dejar que las emociones hiervan bajo la superficie, admitid cómo os sentís realmente. (Si tenéis problemas para encontrar las palabras exactas, echadle un vistazo al cuadro de la página 285; alguna de estas preocupaciones universales pueden encajar con las vuestras). Irene, por ejemplo, me llamó llorando desde el teléfono del coche. «Acabo de ir a mi revisión de las seis semanas, y el médico ha dicho que puedo practicar el sexo. Gil ha estado esperando a que nos dieran bandera blanca... No puedo desengañarle ahora... Se porta tan bien con el bebé que se lo debo, ¿no? ¿Qué puedo decirle?».

«Empieza por contarle la verdad», le sugerí. Sabía por conversaciones anteriores que Irene había tenido un parto largo y una episiotomía bastante considerable. «En primer lugar, ¿cómo te sientes?»

«Tengo miedo que hacer el amor me resulte doloroso. Y, sinceramente, no soporto la idea de que me toque, especialmente ahí abajo.»

Irene se sintió aliviada cuando le conté que muchas mujeres se sienten así.

«Tienes que contarle tus miedos y tus sentimientos, cariño», le dije. «Yo no soy terapeuta sexual, pero la idea de que sientas que tienes que hacer el amor porque "se lo debes" no puede ser muy buena.»

Lo más interesante del caso es que Gil estuvo en una de mis clases para papás en las que el sexo es siempre, y perdón por el equívoco, un tema caliente. A principios de semana, les había contado a los chicos que el hombre puede y debe ser honesto en relación con sus deseos, pero que también tiene que entender el punto de vista de la mujer. Añadí que hay una gran diferencia entre que una mujer esté físicamente preparada y que esté emocionalmente dispuesta. Gil se mostró bastante comprensivo y receptivo ante la idea de que tenía que hablar con Irene, tomar en consideración sus sentimientos y, lo más importante, agasajar a su mujer, no como un medio para conseguir algo, sino para mostrarle lo mucho que la apreciaba y la quería, para demostrarle que quería estar con ella. Eso es cuidar a alguien de verdad, y las mujeres lo encuentran mucho más erótico que si las «convencen» de que tienen que practicar el sexo.

Tened en cuenta cómo era vuestra vida sexual antes de convertiros en padres. Este punto me quedó claro un día en que fui a visitar a Midge, Keith y Pamela, su hija de casi tres meses, de quien me había ocupado durante las primeras dos semanas.

Keith me llevó aparte mientras su mujer estaba en la cocina preparando una tetera.

«Tracy, Midge y yo no hemos practicado el sexo desde que nació Pam, comienzo a estar impaciente», confesó.

«Keith, déjame que te pregunte algo: ¿practicabais mucho el sexo antes de que naciera el bebé?»

«Pues no mucho.»

«Bueno, pues, si vuestra vida sexual no era nada del otro mundo antes de que llegara el bebé, sin duda no va a mejorar después», le dije.

La conversación me recordó aquel chiste del hombre que le pregunta al médico si podrá tocar el piano después de la operación. «Por supuesto», dice el doctor. «Vale, genial», responde el hombre, «porque antes no tenía ni idea.» Bromas aparte, las parejas tienen que tener expectativas realistas en relación con su vida sexual. Es evidente que el tema del sexo posparto afecta más a una pareja que se pegaba un revolcón tres noches por semana que a otra que lo hacía una vez a la semana o al mes.

Tened claras vuestras prioridades. Decidid juntos qué es importante para vosotros ahora y acordad una reevaluación dentro de unos meses. Si ambos decidís que hacer el amor es importante, buscad un tiempo y un espacio para ello; reservad una noche por semana. Buscad una niñera y salid de casa. Siempre digo a los hombres que asisten a mis grupos que la idea del romance que tiene una mujer no tiene nada que ver con el sexo. «Tal vez vosotros queráis rodar por la alfombra», les digo, «pero ellas quieren conversación, luz de velas y cooperación. ¡Les parecerá sexy que hagáis la colada sin que os lo tengan que pedir!» Y, tal como siempre ha dicho mi abuela, «se consigue más con azúcar que con vinagre». Cómprale flores, ten en cuenta sus emociones; y si tu mujer no está física y emocionalmente lista, desiste. La presión no es un buen afrodisíaco.

Consejo: *Mamá, cuando tú y tu marido salgáis por la noche, no hables del bebé. Has dejado físicamente a tu pequeño tesoro en casa, donde debe estar. A menos que quieras alimentar el resentimiento subconsciente del padre, déjalo en casa también emocionalmente.*

Rebajad vuestras expectativas. El sexo es intimidad, pero la intimidad no se reduce al sexo. Si no estás preparada para hacer el amor, encuentra otras formas de conseguir intimidad. Por ejemplo, id juntos a un concierto y tomaos las manos. O planead una hora en la que no hagáis otra cosa que besaros. Los hombres han de ser pacientes; las mujeres necesitan tiempo. Es importante no tomarse las reticencias de la mujer como algo personal. Yo aconsejo a los chicos que intenten imaginar cómo tiene que ser llevar a una personita dentro para luego expulsarla. Y que se hagan la pregunta: ¿cuánto tiempo creen que tardarían ellos en tener ganas de practicar el sexo de nuevo en esas condiciones?

EL SEXO DESPUÉS DE DAR A LUZ

Cómo se siente la mujer	Cómo se siente el hombre
Agotada: «Veo el sexo como otra obligación.»	*Frustrado:* «¿Hasta cuándo vamos a tener que esperar?»
Agobiada: «Es como si todo el mundo me necesitara.»	*Rechazado:* «¿Por qué no me quiere?»
Culpable: Siente que le está fallando a su hijo o a su marido.	*Celoso:* «Se preocupa más por el bebé que por mí.»
Avergonzada: «Si el bebé está en el cuarto de al lado, me siento como si estuviera actuando furtivamente.»	*Resentido:* «El bebé le roba todo el tiempo.»
Desinteresada: «Es en lo último que pienso ahora mismo.»	*Enfadado:* «¿Cuándo volverá a ser normal?»
Insegura: Se ve gorda y «extraña» en relación con sus pechos.	*Confundido:* «¿Es correcto que le pida que hagamos el amor?»
Recelosa: «Si me da un beso en la mejilla, me dice que me quiere o me coge por la cintura, me parece que está a la expectativa, en la primera fase para llegar a hacer el amor.»	*Engañado:* «Me prometió que, si el médico decía que sí, haríamos el amor, pero de eso hace semanas.»

DE VUELTA AL TRABAJO... SIN SENTIMIENTO DE CULPABILIDAD
Cuando una mujer abandona un puesto de poder, un plácido trabajo de oficina, un puesto de voluntaria o incluso un

hobby porque quiere tener un hijo, suele llegar un momento (en algunos casos, un mes después del parto y, en otros, pasados varios años) en que la pregunta «¿Y yo qué?» empieza a rondarle por la cabeza. Por supuesto, algunas mujeres tienen, ya durante el embarazo, un plan sobre cuándo volverán al trabajo o retomarán un proyecto en el que estaban involucradas. Otras lo deciden sobre la marcha. En cualquier caso, todas se enfrentan a las mismas preguntas: «¿Cómo lo hago sin sentirme culpable?» y «¿Quién cuidará del bebé?». Por lo menos para mí, la primera cuestión es la más simple de resolver, de modo que abordémosla inmediatamente.

La culpabilidad es la maldición de la maternidad; como decía mi abuelo, «la vida no es un ensayo; los sudarios no tienen bolsillos». En otras palabras, no puedes llevarte la vida contigo, de modo que la culpabilidad es una forma de perder el precioso tiempo del que dispones en la tierra. En Estados Unidos, la culpabilidad es como una epidemia; tal vez se trate de una consecuencia del perfeccionismo americano, pero a mí me parece que la gente allí está condenada si hace según qué, pero también si no lo hace. Algunas mujeres que acuden a mis clases se sienten muy mal porque son «sólo madres» o «sólo amas de casa». Sin embargo, cuando una madre regresa al trabajo, se siente mal consigo misma, tanto si tiene un trabajo de responsabilidad como uno más sencillo que sólo dé para cubrir gastos, aunque los motivos pueden ser muy diversos. «Mi madre me dice que soy idiota por volver al trabajo», exclaman estas mujeres. «Dice que me estoy perdiendo los mejores años de la vida de mi bebé.»

Las mujeres que toman la decisión de trabajar fuera de casa consideran muchos elementos antes de decidirse, entre ellos el hecho de que aman a su bebé. Pero también es una cuestión económica, de satisfacción emocional y de autoestima. Algunas madres admiten que se volverían locas si no tuvieran algo que fuera sólo suyo, les paguen por ello o no. Yo las animo a amar a sus bebés y a cuidarlos, pero eso no significa que no puedan perseguir también sus sueños. Trabajar no convierte a las mujeres en malas madres; las convierte en mujeres con capacidad para decir: «Esto va a ser así».

Desde luego, hay mujeres que no tienen más remedio que trabajar debido a necesidades económicas. Otras, en cambio, trabajan para su satisfacción personal. Remuneradas o no, es importante que las actividades que realicen ayuden a alimentar su espíritu. Y no necesitan pedir perdón por nada, al igual que la madre para la que ocuparse de la casa es suficiente. Recuerdo que, en una ocasión, le pregunté a mi propia madre: «¿Nunca has tenido ganas de hacer algo?». Ella me echó una mala mirada y preguntó: «¿Hacer algo? Soy una directora del hogar. ¿A qué te refieres con hacer algo?» Nunca olvidaré la lección.

La cuestión es que mientras que algunos hombres son muy apañados en las tareas del hogar, en la mayoría de los casos, son las madres las que deben cargar con gran parte que entraña el bebé, mucho más en el caso de las madres solteras, que no tienen el lujo de contar con un cónyuge que vuelva a casa por las noches. No hay nada malo en querer estar en disposición, por lo menos, de responder al teléfono, salir a comer con amigos y sentirse como algo más que una madre, pero el bombardeo de consejos, la abrumadora responsabilidad y la confusión general pueden hacer caer a la madre en la trampa de la culpabilidad. Constantemente recibo llamadas de mamás agotadas emocionalmente, que se debaten entre los dos extremos: la inmersión total y el vivir su vida. «Amo a mi bebé, y quiero ser lo mejor madre que pueda, pero ¿tengo que abandonar mi vida?», me preguntan.

Consejo: *Repite este mantra para ti misma: «Tener tiempo para mí no es hacerle daño al bebé».*

298

Si no te tomas este tiempo para hacer lo que sea que alimente tu alma, la vida se convertirá en un empacho de bebé. Y debes saber que hay un montón de cosas que se pueden hacer teniendo un niño, un montón de conversaciones que se pueden mantener sobre tu nuevo pequeño tesoro; en lugar de sentirte culpable, es mejor que utilices la energía para buscar soluciones que hagan que tu situación, sea cual sea, mejore. Si quieres o necesitas trabajar doce horas al día, busca formas de hacer que el tiempo que pasas en casa sea más sustancial. Por ejemplo, no cojas el teléfono cuando estés con tus hijos; descuélgalo o deja que el contestador se encargue de todas las llamadas. No trabajes los fines de semana y, cuando estés en casa, procura que tu mente esté allí y no en la oficina. Los bebés también se dan cuenta de cuándo no estás ahí.

Respecto a la otra gran pregunta (quién va a ocuparse del bebé) la respuesta está en la ayuda, pagada o gratuita. A continuación, hablaré de ambas.

VECINOS, AMIGOS Y FAMILIARES: CREAR UN CÍRCULO DE APOYO

Donde yo me crié, la tradición dice que la madre debe pasar cuarenta días en cama, lo que significa que la mayor parte de las seis semanas posteriores al nacimiento de Sara lo único que se esperaba de mí era que cuidara de mi bebé. Con mi abuela, mi madre y un regimientos de familiares y vecinas a mi alrededor, había quien se ocupara de la casa y quien cocinara. No tuve ninguna presión para comenzar a asumir tareas. Cuando nació Sophie, el mismo grupo de apoyo se encargó de entretener y cuidar a Sara para que yo pudiera ocuparme de conocer a su hermanita.

Esto es bastante frecuente en Inglaterra, donde tener un bebé es, en gran medida, una tarea común. Todo el mundo se vuelca, desde la abuela hasta las tías pasando por Nelly, la vecina de al lado. También tenemos la ventaja de contar con un sistema de seguridad social que aporta la ayuda profesional en forma de asistentes sanitarios que te visitan en casa, pero, en último término, es esa red de mujeres, familiares y amigas por un igual, lo que supone una mayor ayuda para la madre. Ellas te muestran los entresijos de la maternidad; al fin y al cabo, ¿puede haber alguien mejor cualificado? Ellas ya han pasado por esto.

Los círculos de apoyo son habituales en muchas culturas; existen rituales para ayudar a las mujeres durante el embarazo y el parto, y tradiciones que rinden culto a su fragilidad en el trance hacia la maternidad. Se ayuda a las madres primerizas física y emocionalmente, se cocina por ellas y se las cuida, disculpándolas de las obligaciones habituales del hogar, para que tengan mayor libertad para velar por el bebé y recuperarse del parto. En algunas ocasiones, como en las comunidades árabes, la madre del marido debe encargarse de alimentar a la nueva madre y cuidarla.

MANTENER UN CÍRCULO DE APOYO

He aquí la forma de conseguir ayuda sin tener que pagar:

- No esperes que la gente te lea la mente: pide ayuda.

- Especialmente durante las primeras seis semanas, pídele a la gente que te vaya a comprar, que cocine, que traiga comida, que limpie la casa, que lave la ropa... Así tendrás más tiempo para estar con tu bebé y conocerlo.

- Sé realista. Pide a cada persona lo que pueda hacer. No mandes a un desmemoriado al supermercado sin una lista, ni le pidas a tu madre que cuide del niño cuando sabes que tiene un partido de tenis.

- Pon el horario del bebé por escrito, para que los demás se puedan hacer una idea de su jornada y colaborar mejor.

- Pide perdón cuando seas brusca... porque lo serás.

Por desgracia, en otros lugares, por ejemplo en Estados Unidos, no hay muchas madres que vivan en comunidades donde esto sea costumbre; reciben una asistencia más bien limitada por parte de los vecinos, y los familiares viven a menudo en el otro lado del país. Si son afortunadas, puede que algunos familiares vayan a visitarlas y que unos pocos amigos tengan la bondad de dejarse caer con un pastel o algo de comer. Por otro lado, la madre primeriza puede ser miembro de un grupo religioso o de una comunidad cuyos miembros acudan a socorrerla. En cualquier caso, es importante por lo menos intentar crear tu propio círculo de apoyo, una o diversas personas que te animen y te recuerden que debes tomártelo con calma.

Valora la relación con diversos miembros de tu familia. ¿Tienes una buena relación con tu madre? Si es así, nadie te conocerá mejor que ella; amará a su nuevo nieto, de modo que tendrá siempre presente la seguridad del bebé. Además, tiene experiencia. Cuando trabajo en una casa en cooperación con una abuela o un abuelo, es fantástico. Les doy a todos listas de cosas para hacer, desde pasar la aspiradora hasta pegar sellos en sobres (cosas en las que la nueva mamá ni siquiera debería pensar en este momento).

Sin embargo, esta situación idílica es dramáticamente distinta cuando una mamá no tiene una relación familiar armoniosa. A veces, los padres pueden interferir en la generación posterior o actuar de forma excesivamente crítica. Especialmente cuando se trata de dar el pecho, la abuela puede tener tan poca experiencia como las madres primerizas. Sus críticas pueden ser sutiles, en comentarios del tipo «¿Por qué lo tienes tanto rato?», o «Yo no lo hacía así». ¿Qué sentido tiene pedir ayuda en estas circunstancias? Ya tienes más estrés del que puedes manejar fácilmente; no digo que debas mantener a tu madre fuera de casa, pero es una buena idea no depender de ella y conocer sus limitaciones (véase el cuadro lateral «Mantener un círculo de apoyo» en la página anterior).

Las mamás primerizas suelen preguntarme cómo sortear los consejos no solicitados, especialmente cuando las relaciones con la persona que se los da son tensas. Mi consejo es valorarlos con perspectiva: se trata de una época en que todo el mundo es muy sensible, y una está aprendiendo a coger el ritmo. Así pues, si alguien sugiere una técnica o una práctica distinta a la que tú utilizas, incluso cuando el consejo pretende ayudar, puede dar la impresión de ser una crítica. Por eso es importante que, antes de llegar a la conclusión de que te están criticando, tengas en cuenta de quién procede el consejo. Existe la posibilidad de que la persona esté intentando realmente ayudar y que tenga cosas que compartir. Muéstrate abierta a todo tipo de recomendaciones: de tu madre, de tu hermana, de tu tía, de tu abuela y de tu pediatra, así como de otras mujeres. Considéralas todas y decide cuál te sirve y cuál no. Y recuerda: ser padres no es un tema de debate, no tienes que discutir para defenderte. Al fin y al cabo, la forma que tú tendrás de educar a tu familia no se parecerá en nada a la que pueda tener yo; y eso es lo que hace que cada familia sea única.

Consejo: *Responde a los consejos que no has pedido diciendo: «Ostras, es muy interesante, realmente debió de funcionarte muy bien», aunque interiormente estés pensando: «Vale, pero yo lo haré a mi manera».*

CONTRATAR A UNA CANGURO, NO A UNA POLLINA

Odio parecer una chovinista inglesa en este capítulo, pero, en países como Estados Unidos, el sistema de contratación de canguros está lleno de defectos. En mi país, la de canguro (o gobernanta, como se la suele llamar) es una profesión reconocida, regulada por leyes estrictas. Una canguro, en Inglaterra, debe estudiar durante tres años en un colegio acreditado. Cuando llegué a Estados Unidos, me sorprendió descubrir que se necesita una licencia para hacer la manicura, pero no para cuidar niños. Esto deja el proceso de filtrado de candidatas en manos de los padres o las agencias. Como suelo trabajar con los padres las primeras semanas, a menudo me veo involucrada en la selección de canguro y puedo deciros que es, cuando menos, una labor compleja y muy estresante.

Consejo: *Concédete por lo menos dos meses (aunque lo ideal son tres) para buscar canguro. Si, por ejemplo, tienes planeado regresar al trabajo cuando el bebé tenga de seis a ocho meses, significa que tendrás que empezar cuando aún estés embarazada.*

Encontrar a la canguro apropiada es una ardua tarea, pero el bebé es lo más valioso (e irremplazable) que tienes. Contratar a alguien para que cuide del bebé debería ser una prioridad. Poned toda vuestra perspicacia y energía en la búsqueda. A continuación, encontraréis algunos puntos a tener en cuenta.

¿Qué necesitáis? El primer paso, claro está, consiste en evaluar vuestra situación concreta. ¿Queréis un trabajador con dedicación exclusiva, que viva en casa, o alguien para media jornada? En este caso, ¿tendrá la canguro un horario regular o vendrá cuando la necesitéis? Pensad también en vuestras fronteras: si la canguro va a vivir en vuestra casa, ¿habrá alguna zona a la que tenga el acceso restringido? ¿Comerá sola o con el resto de la familia? ¿Querréis que «desaparezca» cuando el bebé esté durmiendo? ¿Le proporcionaréis una habitación para ella sola? ¿Un televisor? ¿Privilegios telefónicos y de cocina ilimitados? ¿Y el uso de áreas de recreo, como gimnasios o piscinas? ¿Entra el trabajo de la casa en

sus obligaciones laborales? Si es que sí, ¿hasta qué punto? La mayoría de las niñeras con experiencia no harán nada más que lavar la ropa del bebé, y algunas ni siquiera eso. ¿Qué dominio de la lectura y la escritura debe tener? Por lo menos, debe ser capaz de leer instrucciones, tomar encargos y rellenar el «Registro de canguro» (véase página 309). Pero ¿queréis que, además, domine los ordenadores? ¿Tiene que saber conducir? ¿Tiene que tener coche o puede usar el tuyo? ¿Queréis a alguien con conocimientos de primeros auxilios y de masaje cardíaco? ¿Alguien con conocimientos de nutrición? Cuantos más detalles tengáis en cuenta, antes incluso de comenzar la búsqueda, mejor preparados estaréis para realizar las entrevistas.

Consejo: *Escribe una descripción laboral de todo lo que quieras que sepa hacer la canguro. De ese modo, tendrás claro lo que deseas y, cuando las candidatas comiencen a llamar, podrás discutir todos los detalles (no sólo obligaciones relacionadas con el bebé y la casa, sino también todo lo relativo a salario, días festivos, restricciones, vacaciones, bonificaciones y horas extra).*

Las agencias pueden ser útiles o no. Hay agencias muy respetables, pero normalmente cargan una comisión del salario anual de la niñera. Las mejores agencias filtran a sus niñeras para que vosotros os podáis ahorrar el tiempo que requiere descartar a las candidatas no aptas. Sin embargo, también hay compañías que trabajan a salto de mata y perjudican más que benefician; no comprueban bien las referencias o, en algunos casos, incluso mienten acerca de las calificaciones y el currículum del personal. La mejor forma de encontrar una buena agencia es el boca a boca. Preguntad a los amigos por sus propias experiencias; si no conocéis a nadie que haya recurrido a una agencia, buscad en las revistas para padres o en las páginas amarillas. Preguntad a las agencias cuántas niñeras colocan cada año, enteraos de cuáles son sus tasas y averiguad qué incluyen; entre otros aspectos, ¿a qué se comprometen a la hora de buscar a la canguro? ¿Qué sucede si la niñera no os gusta? ¿Hay alguna garantía? Si no encuentran a nadie, no deberíais tener que pagar ninguna tasa.

SEÑALES DE ALARMA DE LAS CANGUROS

- *Ha trabajado en muchos sitios últimamente.* Tal vez trabaje sólo períodos cortos, o tal vez no se lleve bien con la empresa. En cambio, si alguien ha estado sólo con una o dos familias durante un período largo de tiempo en los últimos tres años, suele tratarse de una persona competente y cumplidora.

- *No ha trabajado en ningún sitio últimamente.* Puede ser que haya estado enferma o que no haya encontrado trabajo.

- *Habla mal de las otras madres.* Una de las canguros que entrevisté no hizo más que hablar de lo mala madre que era la última mujer para la que había trabajado porque regresaba a casa tarde de la oficina. El motivo por el cual no discutía aquel asunto con su jefe escapa a mis conocimientos.

- *Tiene hijos propios.* Traerá con ella los gérmenes de sus hijos, o puede surgirle una emergencia y dejaros en la estacada.

- *No tiene permiso de residencia.* Éste puede no ser un problema insuperable si estáis dispuestos a cooperar. Pero, si no lo tenéis en cuenta, vuestra amada niñera se arriesga a una repatriación.

- *No os da buenas vibraciones.* Confiad en vosotros mismos; no contratéis a nadie que no os inspire confianza.

Prestad mucha atención durante las entrevistas. Averiguad qué busca la niñera en el trabajo. ¿Encaja con vuestra descripción? Si no, discutid las diferencias. ¿Qué preparación tiene? Pedidle que os hable de los últimos trabajos que ha hecho y por qué los dejó (véase el cuadro «Señales de alarma de las canguros» en esta misma página) ¿Qué piensa del cariño al bebé, la disciplina y las visitas? Intentad formaros una idea de si es una persona emprendedora o si espera vuestras instrucciones. En este sentido, ambos tipos están bien y tenéis que valorar lo que vosotros esperáis de ella; sin duda, no os hará felices terminar con una dictadora en casa cuando lo que queríais era una ayudante. Más allá del cuidado del bebé, ¿cumple con los requisitos que pedíais, como saber conducir y otros atributos personales que ayudarán a una buena relación? Preguntadle por su estado de salud; particularmente, si tenéis animales, las alergias pueden ser un problema.

¿Es la persona adecuada para vosotros? La química es importante. Ése es el motivo por el que una niñera que vuestra amiga encontró perfecta puede dejaros fríos, de modo que preguntaos: «¿Tenemos algún tipo de persona en mente?». Tened presente que nadie es perfecto, excepto tal vez la mítica Mary Poppins. Otros de los aspectos a considerar pueden ser la agilidad y la edad. Si vivís en una casa con muchas escaleras o en un piso de la cuarta planta, tal vez os convenga alguien joven y con energía (y lo mismo pasará si tenéis, además, un niño crecidito). En el otro extremo, podéis tener motivos para preferir a alguien mayor y más estable. ¿Buscáis a alguien con un origen étnico concreto? ¿Parecido o distinto al vuestro? Recordad que las canguros llevan consigo sus tradiciones culturales y que sus opiniones sobre alimentación, disciplina y cómo expresión del afecto pueden ser distintas de las vuestras.

Haced vuestras comprobaciones. Pedid a cada candidata que aporte por lo menos cuatro referencias de empleos anteriores, lo que os permitirá haceros una idea de lo responsable que es. Llamad a todas las referencias pero, además, visitad también a un par de ellas en persona. Si una persona os da un testimonio fantástico, id también a visitarla.

Visitadla en su casa. Cuando queden pocas candidatas, visitadlas una por una en su propia casa. Si es posible, conoced también a sus hijos. Aunque no siempre es una pista fiable de cómo se comportan con los bebés (especialmente si sus hijos son mayores), podréis haceros una idea de lo cálidas que son y de cuáles son sus estándares de limpieza y cuidados.

Tened presentes vuestras propias responsabilidades. Contratar a una canguro es una operación de asociación: no estáis comprando a una esclava. Las características del empleo comprometen a las dos partes, de modo que, una vez esté en casa, no le deis excesivas responsabilidades; si no la contratasteis para que se encargara de las tareas del hogar, por ejemplo, no esperéis que lo haga cuando consiga el empleo. Proporcionadle todo lo que necesite para hacer bien su trabajo: instrucciones, algo de dinero, números de teléfono donde pueda localizarlos, números de teléfono para casos de emergencia... No os olvidéis de que ella también tiene necesidades personales (días de fiesta y tiempo para estar con su familia y amigos). Si es de fuera de la ciudad, ayudadla a integrarse y a cultivar la vida social; no os interesa que se sienta sola mientras trabaje con vosotros. Si bien un empacho del niño es malo para vosotros, que sois los padres, también lo es que la niñera se vea privada de tener contacto con otros adultos.

Evaluad periódicamente su trabajo y corregid los errores inmediatamente. La mejor forma de mantener una buena relación con cualquier persona es tener una comunicación honesta con ella. Con las niñeras, esto resulta vital. Pedidle que lleve lo que yo llamo un «registro de canguro» diario (véase página siguiente) para saber en todo momento lo que ha sucedido en vuestra ausencia. Además, si el bebé se comporta de forma anormal por la noche o tiene algún tipo de alergia, esto os ayudará a determinar por qué. Cuando le sugiráis algo o le pidáis que haga algo de una forma distinta a cómo lo hace, sed sinceros y directos. Mantened estas conversaciones en privado y hacedlo con delicadeza. En vez de decir: «Yo no te dije que lo hicieras así», podéis comunicar el mismo mensaje pero formulándolo de una manera mucho más positiva: «Mira, así es como me gustaría que cambiaras los pañales».

Controlad vuestra relación emocional. Los miedos inconfesados sobre el hecho de que otra persona se encargue del bebé pueden influir en la opinión que tengáis de la niñera. Los celos son una reacción normal y corriente. Incluso cuando mi madre cuidaba a Sara, yo la envidiaba un poco por su relación. Muchas madres trabajadoras me comentan que, a pesar de la alegría que sienten por haber encontrado a alguien tan maravilloso y digno de confianza, les duele pensar que aquella persona será testigo de la primera sonrisa o de los primeros pasos de su bebé. Mi consejo es hablar de esos sentimientos con la pareja o con una buena amiga y ser consciente de que no hay que avergonzarse de ellos: casi todas las madres han pasado por estos. Piensa siempre que la madre eres tú, y que eso es insustituible.

LLEVAR UN REGISTRO DE LA CANGURO

Pídele a la niñera que lleve un simple registro diario de lo que sucede mientras tú no estás. A continuación, aparece un ejemplo. Diseña tu propio registro de canguro para que encaje con tus circunstancias. Introdúcelo en tu ordenador para poderlo modificar a medida que el niño crezca y cambie. Tiene que ser detallado pero breve, para que no tome mucho tiempo rellenarlo.

Comida

Biberones a las: _____ _____ _____ _____
Nueva comida introducida hoy:
Reacción del bebé: ❑ Gases   ❑ Hipo   ❑ Vómitos   ❑ Diarrea
Detalles: _____

Actividades

De interior: ❑ Minigimnasia durante _____ minutos   ❑ Parque
Otras: _____
De exterior: ❑ Paseo hasta el parque   ❑ Clase   ❑ Piscina
Otras: _____

Logros

❑ Ha sonreído   ❑ Ha levantado la cabeza   ❑ Se ha dado la vuelta
❑ Se ha sentado   ❑ Se ha levantado   ❑ Ha dado el primer paso
Otros: _____

Citas

Médico _____
Fecha _____

Sucesos extraordinarios

Accidentes _____
Berrinches _____
Otros sucesos fuera de lo normal _____

8

GRANDES ESPERANZAS: CIRCUNSTANCIAS
ESPECIALES Y ACONTECIMIENTOS INESPERADOS

> *Las grandes emergencias y las crisis nos muestran*
> *hasta qué punto nuestros recursos vitales son ma-*
> *yores de lo que suponíamos.*
>
> WILLIAM JAMES

LOS PLANES MEJOR PENSADOS

Por supuesto, cuando se trata de formar una familia, todos querríamos poder contar con una concepción sencilla, un embarazo sin complicaciones, un parto sin esfuerzo y un bebé sano. Pero eso no es siempre lo que la Madre Naturaleza nos depara.

Podéis toparos, por ejemplo, con un problema de fertilidad y tener que adoptar o recurrir a las técnicas de reproducción asistida, un término genérico que engloba diversas alternativas que ayudan o sustituyen a las formas naturales de concepción. Sin duda, la adopción, tanto en el propio país como en el extranjero, está mucho más extendida.

Durante los primeros meses de embarazo, podéis veros acosadas por circunstancias que no habíais previsto. Pueden deciros, por ejemplo, que esperáis gemelos o trillizos: una gran suerte, desde luego, pero también una perspectiva abrumadora. Pueden surgir otros problemas durante el embarazo que requieran descanso; si la mujer tiene más de 35 años, y en especial si se ha sometido a un tratamiento de fertilidad, probablemente deberá tener más cuidado que una futura madre más joven. Una enfermedad preexistente, por ejemplo la diabetes, también puede hacer que vuestro embarazo sea de alto riesgo.

Finalmente, pueden presentarse complicaciones durante el parto. El bebé (o los bebés) puede llegar demasiado pronto, o puede ocurrir algo durante el parto que requiera una estancia prolongada en el hospital. Resulta particularmente duro cuando no puedes tener al bebé en brazos enseguida. Por ejemplo, Kayla tuvo que marcharse del hospital con las manos vacías porque Sasha nació con tres semanas de antelación. Sasha, una personita pequeña y frágil, tenía líquido en los pulmones y fue ingresada en la unidad de cuidados intensivos para neonatos (UCIN) durante seis días. Kayla, una ávida atleta, recuerda que «fue como cuando estás lista para empezar un partido y llega alguien y dice: "Olvidadlo, el partido queda aplazado".»

Desde luego, existen muchos libros sobre temas como la infertilidad, la adopción, los nacimientos múltiples y los problemas durante el parto. En este libro, sin embargo, me interesa más que estéis preparados para aplicar los conceptos que ha ido exponiendo, independientemente del método mediante el cual vuestro bebé fue concebido o nació y a pesar de los problemas que puedan presentarse.

El problema de los problemas

Aunque las situaciones a las que me he referido anteriormente son muy diversas (las trataré de forma independiente en las páginas siguientes), hay una serie de rasgos comunes a todas las circunstancias especiales o inesperadas. Vuestra reacción puede afectar a vuestras decisiones, modificar la forma en que veáis y oigáis al bebé y tener un impacto en vuestra capacidad de establecer un plan estructurado. No obstante, sea cual sea vuestra situación, sea cual sea el problema al que os enfrentéis, a continuación, os planteo algunos sentimientos universales que podéis experimentar. Saber con qué os podéis encontrar tal vez os ayude a evitar los escollos.

Es probable que estés más agotada, más crispada y, por lo tanto, más angustiada por todo. Si has tenido un embarazo difícil o un nacimiento de alto riesgo, cuando llegue el bebé ya estarás completamente quemada, como si hubieras tenido gemelos o trillizos. O, si durante el parto ocurre algo inesperado, esto manda ondas de choque por tu cuerpo que reverberan durante días y semanas. Por lo tanto, si bien cualquier mujer está agotada tras dar a luz, los acontecimientos inesperados pueden dejarte aún más debilitada. Y lo que es más, las tensiones que vayan surgiendo pueden afectar no sólo a tu capacidad como madre, sino también a la relación con tu pareja.

No existe ninguna píldora mágica que mejore las cosas; los sentimientos a flor de piel van ligados a cualquier crisis (véase el cuadro «La montaña rusa emocional», página 324). El antídoto consiste en descansar lo necesario y aceptar toda la ayuda que te ofrezcan. Sé consciente de lo que te está ocurriendo y de que pasará.

CUÁNDO TENDRÍAS QUE PREOCUPARTE

Si tu bebé tiene cualquiera de estos síntomas, llama al pediatra.

- Boca seca, falta de lágrimas u orina oscura (pueden ser señal de deshidratación).
- Pus o sangre en las defecaciones o un color verde persistente.
- Diarrea durante más de ocho horas o si va acompañada de vómitos.
- Fiebre alta.
- Dolor abdominal fuerte.

Es probable que tengas más miedo a perder a tu bebé, incluso después de que venga al mundo. Si durante seis o siete años has intentado concebir un hijo o si el embarazo o el parto han sido difíciles, tu nivel de ansiedad, que probablemente ha sido alto desde el principio, puede aumentar cuando llegue el bebé. Incluso si has adoptado un hijo, es probable que malinterpretes hasta los fallos técnicos y los contratiempos como desastres en potencia. Quizá escuches obsesionada el monitor del bebé y saltes cada vez que tu hijo haga un ruidito o carraspee. Puede que estés convencida de que vas a hacer algo mal. Kayla y Paul tenían miedo de «matar al bebé», confiesa ella. Al principio, Sasha se cogía al pecho sin ningún problema. Sin embrago, a las tres semanas, lo soltaba y se ponía de mal humor: para entonces, comía mejor y vaciaba los pechos más rápido. Pero Kayla interpretó inmediatamente este comportamiento como un problema.

De nuevo, el remedio es el conocimiento de uno mismo. Tienes que ser consciente de que estás al límite, de que puede que no veas las cosas con claridad. En lugar de sacar conclusiones nefastas, haz una comprobación de la realidad. Llama al pediatra, a las enfermeras de la UCIN o a amigos que tengan bebés algo mayores que el tuyo para ver qué es «normal». Por otro lado, un poco de sentido del humor tampoco es malo. Kayla recuerda: «Siempre que le decía algo neurótico a Paul, como «¡No le puedes poner el pañal así!», o le gritaba «tengo que darle de mamar *ahora* «, aunque Sasha no tuviera hambre ni llorara, mi marido me decía: «Has vuelto a coger la onda de esa emisora pasada de moda otra vez, cariño». Aquello significaba «mami estrafalaria». Normalmente, cuando llegaba a ese punto, me oía y me tranquilizaba.» Para cuando Sasha tenía tres meses, Kayla empezó a relajarse en su faceta de madre, cosa que ocurre a muchas madres dominadas por la ansiedad.

Puede que pienses: «¿He hecho lo correcto?» Habéis pensado muchísimo todo lo que habéis hecho para tener un hijo. Si hace años que intentabas quedarte encinta, has sufrido durante un largo proceso de adopción y te has llevado desengaños por el camino, cuando finalmente seas madre, puede que te preguntes si todo el esfuerzo que has realizado ha merecido la pena realmente o si has abarcado más de lo que podías, como ocurre con los gemelos o los trillizos, una consecuencia habitual de los tratamientos de fertilidad.

Es probable que dependas más de la aprobación de los demás que de tu propio criterio. Si habéis ido a una clínica de fertilidad, es posible que hayas hablado con muchos profesionales en la materia. Si, al nacer, tu bebé ha pesado menos de lo normal, puede que hayas conocido a muchas enfermeras de la UCIN. Una vez que el bebé entra en casa, si eres como muchas mujeres, te conviertes en una esclava del reloj y de la báscula: cronometras cada comida y te preguntas: «¿Le estoy dando el pecho el tiempo suficiente para que obtenga los nutrientes que necesita?» y mides su progreso en gramos. Estás acostumbrada a llamar a los médicos y a las enfermeras constantemente para que te den instrucciones, pero ahora te sientes como en una isla desierta en medio del océano.

No estoy diciendo que los datos profesionales y las medidas precisas sean innecesarias; al principio, es importante asegurarse de que el bebé sigue el camino correcto. Pero los padres tienden a confiar en este apoyo mucho tiempo después de que su hijo haya dejado de tener problemas. Una vez que el pequeño haya ganado peso, pésale cada semana en lugar de todos los días. No dejes de pedir ayuda bajo ningún concepto, pero, antes de hacerlo, tómate un momento e intenta imaginar qué te parece que va mal y cuál crees que puede ser una buena solución. Utilizar a los expertos para confirmar en lugar de para rescatar te dará cada vez más confianza en tu propio criterio.

Puede que tengas problemas para ver a tu bebé como el ser humano único que es. A veces, sin querer, los padres se quedan estancados en el papel de padres de un bebé enfermo. Los temores y preocupaciones turban su visión, y no pueden ver más allá de sus propias emociones, de la pronta llegada del bebé o del parto difícil. Si te descubres hablando de tu hijo como de «el bebé», éste puede ser un signo de que no le ves como a un ser humano. Recuerda que, precisamente porque tu pequeño peleó una vez para venir al mundo, es ni más ni menos que un individuo. Ahora bien, eso puede ser difícil de recordar cuando se ve a un bebé de 1 kilo 400 gramos o 1 kilo 800 gramos que está metido en una incubadora de la UCIN y lleno de tubos que entran y salen de su cuerpo. Aún así, debes iniciar el diálogo: habla con tu bebé, observa sus reacciones e intenta descubrir quién es. Cuando lo lleves a casa y, sobre todo, cuando llegue la fecha en la que tendría que haber nacido (que suele ser la base sobre la que determinamos la verdadera edad de un bebé prematuro), continúa esta observación lenta y minuciosa.

Un fenómeno similar puede darse en el caso de los partos múltiples, en los que se habla de «los bebés». De hecho, hay estudios que indican que los padres de gemelos tienden a mirar entre sus bebés, no a sus bebés. Cuidaos de ver a vuestros preciosos vínculos como individuos; miradles directamente a los ojos. Os aseguro que cada uno de ellos tendrá una personalidad y unas necesidades distintas.

Puede que tengas reticencias a la hora de seguir un programa. Por supuesto, un bebé prematuro que pesa menos de lo normal al nacer ha de comer más a menudo y duerme más que otro bebé. Ciertamente, puesto que queremos que un bebé enfermo se ponga mejor, hemos de administrarle medicamentos. Pero, cuando el bebé alcanza los 2 kilos 500 gramos, no sólo es posible acostumbrarlo al programa EASY, sino que es también recomendable. El problema vuelve a ser que puede que veas constantemente a tu hijo a través de los ojos de la anorexia. Meses después de su nacimiento no te das cuenta de que tu bebé ya ha alcanzado el ritmo de sus iguales.

En el caso de la adopción, los padres también se resisten a establecer un plan estructurado porque no les parece bueno someter al nuevo bebé a demasiados cambios. En lugar de esto, intentan seguir al bebé, cosa que indefectiblemente lleva al caos. Como he dicho anteriormente, es un bebé, ¡por el amor de Dios! ¿Por qué dejar que tome el mando? En algunos de los casos más extremos de sobreprotección, el bebé está tan cobijado y tan venerado que se convierte en el «Niño Rey», como dijo una pareja que bromeaba sobre su hijo. Ni que decir tiene que yo no digo que los padres no deben mirar a sus hijos; todo lo contrario, en realidad. Pero odio ver que la balanza está tan desequilibrada como para que el bebé mande en todo.

Naturalmente, estos peligros de la paternidad están presentes en casi todas las casas, pero la madre y el padre son más propensos a tropezar cuando los primeros días de su hijo han estado marcados por circunstancias extraordinarias. Veamos ahora algunos de los aspectos específicos que pueden darse.

Parto especial: adopciones y madres de alquiler
Se habla de parto especial cuando la madre y el padre van a buscar al bebé a un hospital, una agencia, un bufete de abogados o un aeropuerto. A menudo, este momento llega tras un largo y duro camino que incluye solicitudes, visitas a casa, llamadas telefónicas interminables, visitas a madres biológi-

cas o a madres de alquiler, e incluso desilusión cuando un acuerdo no va bien o se cancela en el último minuto.

Consejo: *Si vais a adoptar un bebé, pedid a su madre biológica o a su madre de alquiler que le ponga cintas con vuestra voz para que al menos el pequeño os oiga desde el útero.*

Cuando una madre está embarazada, tiene nueve meses para prepararse. Aunque puede volvérselo a pensar por el camino, el período de gestación le da mucho tiempo para acostumbrarse a la idea. No ocurre así en estos casos, donde las noticias de tu parto especial puede llegar de repente, y la experiencia de tener un bebé en los brazos resulta a menudo chocante. Éstas fueron las impresiones de una madre adoptiva: «Recuerdo que vi a las mujeres caminar hacia la puerta, cada una con un bebé en los brazos, y pensé "Dios mío, uno de esos es el mío"». El hecho de que las parejas que adoptan niños tengan que viajar con ellos no hace sino añadir más estrés a la situación, ya que se produce un desajuste: el impacto del primer momento, seguido de la experiencia impresionante de llevar un niño a casa.

Por supuesto, una madre adoptiva no tiene las molestias del embarazo y el posparto. Al menos, puede mantener su vida normal, aliviar la tensión corriendo o haciendo cualquier otra cosa a la que esté acostumbrada.

CONOCER AL BEBÉ DE UN PARTO ESPECIAL
Mantén un diálogo. Está claro que una de las primeras cosas que una madre adoptiva ha de hacer es hablar con su bebé. Si el bebé ya ha oído tu voz cuando estaba en el útero, mucho mejor, pero en muchos casos esto resulta imposible. Lo primero que has de hacer es presentarte. Dile al pequeño lo afortunada que te sientes de tenerlo. Si has adoptado un bebé

de otra cultura, puede que le lleve más tiempo adaptarse a tu voz. Tu tono, tu entonación y tu discurso le sonarán diferentes de aquellos a los que está acostumbrado. Por este motivo, sugiero que, siempre que sea posible, se busque una cuidadora que sea de la misma nacionalidad que el bebé.

Espera que los primeros días sean accidentados. Entrar en su nueva casa puede desorientar mucho a un bebé que sufre los traumas habituales del nacimiento y, además, es bombardeado por un grupo de voces extrañas y tiene que aguantar un largo viaje. Por lo tanto, muchos bebés adoptados están excepcionalmente malhumorados cuando llegan a casa. Ése fue el caso de Hunter, el parto especial de Tammy. Para acallar sus miedos y hacerle sentir cómodo en su nuevo entorno, Tammy pasó los dos primeros días casi enteros con Hunter, durmiendo sólo cuando él dormía. No paraba de hablarle, y al tercer día, ya estaba menos temeroso. Se podría atribuir su mal humor al largo viaje en avión, pero creo que también echaba de menos la voz de su madre biológica.

No te desanimes porque no puedas darle el pecho. Éste es un punto de fricción para muchas madres adoptivas que desean pasar por esta experiencia o a las que les gustaría que su bebé obtuviera los beneficios nutricionales de la leche materna. Esto último se puede conseguir si la madre de alquiler o biológica quiere extraerse la leche de los pechos durante el primer mes. Conozco a muchas familias para las que se ha congelado leche materna y se ha enviado al otro extremo de Estados Unidos. Y si es la sensación de dar de mamar lo que desea sentir la madre adoptiva, puede al menos simular la experiencia utilizando una unidad de alimentación adicional.

Tómate unos cuantos días para observar al bebé antes de empezar con el programa EASY. Es importante hacer que tu bebé siga un programa rutina estructurada, lo antes posible, pero, en el caso de la adopción, has de pasar varios días observando. Por supuesto, depende también de cuándo llega el pequeño. Suele haber un lapso de tiempo de entre unos días y unos meses (más, claro está, si adoptas a un niño de pocos años o a uno mayor, pero lo que aquí nos ocupa son los bebés). Los pequeños de dos, tres, cuatro o cinco meses suelen empezar con un horario en el orfanato o en la casa de acogida que se ocupe de ellos. Además, debido al estrés adicional que sufrirá el recién llegado, tendrás que darle tiempo para acostumbrarse. Lo más importante que hay que recordar es que has de escuchar. El bebé te dirá lo que necesita.

Incluso con un recién nacido que llega directo desde el hospital, has de observar atentamente para hacerte una idea de cómo es y de lo que necesita. Por ejemplo, Hunter, el hijo de Tammy, empezó a sentirse en casa al cuarto o quinto día, y se hizo evidente que se trataba de un bebé de libro. Comía bien, actuaba de forma bastante predecible y dormía cerca de dos horas de un tirón, de modo que, a Tammy, no le costó hacerlo seguir un programa EASY.

No obstante, la experiencia de cada bebé adoptado es diferente. Has de tener en cuenta lo que haya pasado tu bebé. Si parece especialmente desorientado, es bueno no sólo hablarle todo el tiempo, sino también tener mucho contacto directo con él. Llévalo contigo a todas partes. De hecho, durante los primeros cuatro días, puedes copiar su ambiente prenatal poniéndolo en un colgador y llevarlo literalmente junto al corazón. No obstante, no hagas esto durante más de cuatro días. Cuando el bebé parezca más calmado y responda mejor a tu voz, empieza a seguir un programa EASY. De lo contrario, correrás el riesgo de sufrir el tipo de problemas de paternidad de circunstancias que describo en el próximo capítulo.

Si tu bebé es algo mayor y no está acostumbrado al programa rutina EASY pero sí a otro tipo de horario, en el que se contemplen las horas de siesta, puedes ir cambiándoselo poco a poco, pero también en ese caso le has de conceder unos días. Primero tómate tu tiempo para ver cuánto come. La mayoría de los bebés adoptados toman leche artificial en biberón. Puesto que sabemos que la leche artificial se asimila a una media de treinta mililitros por hora, puedes asegurarte de si toma suficiente leche en cada comida observándola durante un período de tres horas. Si se está quedando dormido con el biberón porque eso es lo que le han enseñado a hacer, despiértalo; juega un poco con él para mantenerlo despierto después de comer. En cuestión de días, habrá entrado en el programa EASY.

Recuerda que no eres menos madre que una mujer que da a luz. Una madre que ha adoptado a su hijo no es diferente de una madre que lo ha dado a luz. Las mujeres no tienen por qué disculparse por adoptar un bebé. Después de todo, ser madre es una acción, no una palabra. Si has estado con un bebé, te has sentado con él por la noche cuando se encontraba mal y has desempeñado el papel de un padre o una madre en todos los sentidos, no necesitas un vínculo biológico para conseguir este título.

En el fondo, muchos padres adoptivos piensan: «¿Querrá este niño conocer a su madre biológica cuando crezca?». Eso es algo que se ha de anticipar, pero que no os ha de preocupar. Tenéis que respetar el derecho de vuestro hijo a investigar su pasado: se trata de sus raíces y es su decisión. De hecho, os puedo asegurar que cuanto más temáis su curiosidad, más inquisitivo será.

Sé abierta. Haz que la idea de la adopción forme parte regular del diálogo con tu bebé, de modo que no tengas que buscar el «momento apropiado» para hablarle de sus orígenes.

Cuando digo abierta no me refiero necesariamente a mantener el contacto con la madre biológica; eso sería una decisión compleja y muy personal que han de realizar las parejas tras considerar cuidadosamente su situación particular. No obstante, independientemente de la conclusión a la que lleguéis, es importante que seáis honestos con vuestro hijo en lo referente a sus orígenes.

No te sorprendas si te quedas embarazada. No, no es un cuento de abuelas, aunque nadie está demasiado seguro sobre por qué mujeres aparentemente estériles de repente conciben tras adoptar a un niño. Regina, a quien le habían dicho que nunca podría tener hijos, adoptó un recién nacido. A los pocos días, quedó embarazada. Tal vez ya no se sentía presionada para quedarse en estado, quién sabe. En cualquier caso, ahora tiene dos bebés que se llevan nueve meses. Regina está tan agradecida a su hijo adoptado, tan convencida de que él la ayudó a concebir, que lo llama «el bebé de los milagros».

LLEGADAS PREMATURAS Y COMIENZOS INESTABLES

Hablando de milagros, no hay nada más sorprendente, siempre que sea en retrospectiva, que ver a un bebé prematuro o que ha nacido con problemas médicos y que temes que no supere la primera noche, crecer y convertirse en un bebé normal. Lo sé por propia experiencia, ya que mi hija menor vino al mundo con siete semanas de antelación y sólo pesaba 1 kilo 490 gramos. Estuvo en el hospital durante cinco semanas. En Inglaterra, se nos permite estar con ellos, de modo que me quedé durante las primeras tres semanas y pasé las otras dos yendo y viniendo de casa, al hospital, para ver a Sara por la noche para ver a Sophie durante el día.

Puesto que yo también he estado en la montaña rusa, estoy de todo corazón con los padres que han tenido bebés prematuros o cuyos bebés se han tenido que quedar en la UCIN. Un día tienes esperanza; otro te quedas helado y con miedo porque no respira. Conozco la obsesión que se siente por cada gramo de peso que ganan, la preocupación por las infecciones, el miedo a que pueda haber problemas de retraso y demás. Ves a tu hijo en la UCIN y te sientes completamente inútil. Te estás recuperando, tus hormonas están fuera de control y además has de enfrentarte a la posible muerte de tu hijo. Te agarras a cada palabra que pronuncia el médico, pero la mitad del tiempo te olvidas de lo que ha dicho. Intentas convencerte de que incluso las malas noticias tienen algo de buenas, algo de esperanza. Pero cada hora que pasa te preguntas: «¿Sobrevivirá?».

Algunos bebés no lo hacen: cerca de un sesenta por ciento de las complicaciones graves o de las muertes de bebés se deben a un nacimiento prematuro. Depende, por supuesto, de cómo viniera al mundo tu pequeño. Por otro lado, los que sobreviven pueden desarrollar problemas posteriores o necesitar cirugía, lo que no hace más que aumentar la angustia que uno siente. Pero bastantes de estos bebés no sólo sobreviven sino que se desarrollan y, en cuestión de meses, prácticamente no se les diferencia de los demás. Aun así, cuando los padres llegan a casa con un bebé prematuro, si bien les han dicho que lo peor ya ha pasado, tienen los nervios tan a flor de piel que les cuesta creer que la vida pueda volver a ser la misma después de esta experiencia. Aquí tenéis algunas directrices que os pueden ayudar, a sobrevivir a vosotros y a vuestro bebé.

Espera hasta que tu bebé tenga el tiempo debido para tratarlo como a un bebé normal. El hospital dejará que te lleves al bebé a casa cuando pese 2 kilos y medio, pero, si alcanza este peso antes de tener el tiempo debido, has de continuar tratándolo con guante blanco. Tu objetivo es hacer que tu bebé coma y duerma todo lo posible y que no reciba ningún estímulo. Ésta es la única circunstancia en la que recomiendo dar el pecho siempre que el bebé lo pida.

Recuerda: técnicamente, se supone que tu bebé está *dentro*, de modo que haz lo que puedas para imitar estas condiciones. Envuélvelo en posición fetal, mantén la habitación a unos 22 °C. Debes de haber visto que, en la UCIN, a veces tapan los ojos de los bebés para evitar cualquier estimulación visual. Así pues, en casa, es mejor mantener su habitación a oscuras. No expongas al bebé al claroscuro, ya que su cerebro aún no está totalmente formado y no es conveniente que lo bombardees. Si a un bebé se le ha de proteger de las bacterias, con un prematuro se ha de ser aún más riguroso en lo que a limpieza se refiere: la neumonía es un riesgo muy real. Esteriliza todos los biberones.

LA MONTAÑA RUSA EMOCIONAL QUE SUPONE UN NACIMIENTO DE ALTO RIESGO

Los estadios de aceptación de la muerte y los miembros identificados por primera vez por Elisabeth Kübler-Ross se han utilizado desde entonces para explicar el curso normal de la adaptación a cualquier crisis.

Conmoción: Te sientes tan aturdido que apenas puedes digerir los detalles o pensar con claridad. Es mejor tener cerca a un amigo o familiar que recuerde la información y haga las preguntas.

Negación: No quieres creer que esto esté pasando: los médicos deben haberse equivocado. Al ver a tu bebé en la UCIN, tienes que afrontar la realidad.

Pena: Lloras al bebé perfecto y el nacimiento ideal. Estás por ti y más triste aún porque no te puedes llevar el bebé a casa. Sientes el dolor muy adentro; cada instante es una tortura. Lloras a menudo, y las lágrimas te ayudan a seguir adelante.

Ira: Preguntas: «¿Por qué nosotros?». Puede que incluso te sientas culpable, que pienses que podrías haber hecho algo para evitar el problema. Puede que dirijas tu ira contra tu pareja o contra la familia, hasta que alcances el siguiente estadio.

Aceptación: Te das cuenta de que la vida debe continuar. Comprendes lo que puedes cambiar o controlar y lo que no.

Consejo: *Recuerda esta importante lección: lo que importa no es lo que te ocurra en la vida, sino cómo lo afrontas.*

Algunos padres también hacen turnos para dormir con su bebé prematuro sobre el pecho por la noche. Se ha demostrado que este «cuidado de tipo canguro», como es conocido normalmente, tiene efectos beneficiosos sobre los pulmones y el corazón de los bebés. Un estudio realizado en Londres descubrió que, en comparación con los bebés que estaban en la incubadora, los bebés que están piel con piel sobre el pecho de la madre ganaban peso más deprisa y tenían menos problemas de salud.

Dale biberones en lugar del pecho o además de él. Hasta que un bebé pesa 2 kilos y medio, un especialista en neonatos será quien decida su régimen alimenticio. Sin embargo, una vez que el bebé llega a casa, este cordón umbilical se corta. Por supuesto, una de tus mayores preocupaciones será hacer que gane peso. Cómo alimentar a tu hijo es algo que has de hablar con tu pediatra. Pero el motivo por el que me gusta dar biberones, especialmente si son de leche materna, es que puedo ver la cantidad que come el bebé. Además, algunos bebés tienen problemas para mamar. En función de lo pronto que viniera al mundo tu bebé, puede que aún no haya desarrollado el reflejo de succión, que aparece a la semana treinta y dos o treinta y cuatro a partir de la concepción; si nació antes no sabrá mamar.

ÍNDICE DE SUPERVIVENCIA DE LOS BEBÉS PREMATUROS

Las semanas se cuentan a partir de la última menstruación de la madre. Basándose en los bebés de las UCIN, las estimaciones pueden variar en casos individuales.

23 semanas	10-35%
24 semanas	40-70%
25 semanas	50-80%
26 semanas	80-90%
27 semanas	más del 90%
30 semanas	más del 95%
34 semanas	más del 98%

Las posibilidades de supervivencia de un bebé aumentan entre un 3 y un 4 por ciento al día de las 23 a las 24 semanas y entre un 2 y un 3 por ciento de las 24 a las 26 semanas. Después de las 26 semanas, puesto que la supervivencia es alta, el aumento diario de las probabilidades de supervivencia no es tan significativo.

Controla tu propia angustia y busca una válvula de escape. Quieres coger a tu bebé a todas horas para resarcirte por el tiempo que has perdido. Cuando duerme tienes miedo de que no despierte. Estos sentimientos y otros muchos impulsos protectores son comprensibles dado lo que has pasado. Sin embargo, esta angustia no ayudará a tu bebé en absoluto; al contrario: algunos estudios muestran que los bebés notan intuitivamente la angustia emocional de su madre y esto puede afectarles de forma negativa. Es del todo imprescindible que busques apoyo, gente a la que puedas expresar tus miedos más profundos y que te anime a llorar en sus brazos. Puede tratarse de tu pareja. Después de todo, ¿quién mejor para entender tus miedos? No obstante, al encontraros ambos en la misma situación, también puede resultar de ayuda para los dos contar con otras personas en las que puedas confiar.

CUANDO EL BEBÉ NO PUEDE IR A CASA CON LOS PADRES

Si vuestro bebé ha llegado pronto o ha presentado algún problema en el hospital, puede que tengas que volver a casa sin él. Aquí tienes varias estrategias para sentirte más implicada con él, y espero que menos indefensa:

- Extráete la leche de los pechos cada seis a veinticuatro horas y llévala a la UCIN. Tanto si tenías la idea de darle el pecho como si no, tu leche es buena para el bebé. Ahora bien, si aún no te ha subido la leche, tu bebé también puede desarrollarse con leche artificial.

- Visita a tu bebé a diario e intenta tener contacto físico con él, pero no vivas en el hospital. Tú también necesitas descansar, especialmente cuando podáis llevaros el bebé a casa.

- Has de estar preparada para sentirte deprimida. Es normal. Llora y habla de tus miedos.

- Vive al día: no tiene sentido que te preocupes por un futuro que no puedes controlar. Céntrate en lo que puedas hacer hoy.

- Habla con otras madres que hayan tenido problemas. Puede que tu bebé pase por dificultades, pero no es el único que necesita ayuda.

El ejercicio físico también puede serte útil a la hora de liberar la tensión. O tal vez te tranquilice practicar meditación. Haz cualquier cosa que te vaya bien, y ánimos.

Cuando tu bebé esté fuera de peligro, deja de mirarlo como a un bebé prematuro o enfermo. Si tu bebé vino al mundo antes de tiempo o llegó cuando le tocaba pero nació con algún problema, puede que tu mayor obstáculo sea tu propia incapacidad para superar esta sensación de presentimiento que acompañó a la experiencia. Quizás aún actúes con la disposición de un padre que tiene un hijo enfermo. Así que, cuando me llaman unos padres porque el bebé tiene problemas de alimentación o de sueño, lo primero que les pregunto es si el bebé fue prematuro o si nació con algún problema. La respuesta a una o ambas preguntas suele ser que sí. Los padres que están obsesionados con el peso tienden a sobrealimentar a su hijo y continúan pesándolo mucho después de que haya alcanzado un peso normal. He visto bebés de ocho meses que aún duermen sobre el pecho de sus padres y se despiertan a media noche para comer. El antídoto para esto es el programa EASY. Hacer que vuestro hijo siga un programa estructurado es beneficioso para él e infinitamente más agradable para ti. (En el próximo capítulo, contaré algunas historias y explicaré cómo ayudé a los padres a solucionar el problema.)

Tu doble bebé

Afortunadamente, gracias a las maravillas de la tecnología de los ultrasonidos, en la actualidad, las mujeres que llevan más de un bebé en el útero rara vez están desprevenidas. Si estás embarazada de gemelos o trillizos, es muy probable que te hayan recomendado reposo, al menos durante el último mes de embarazo, cuando no el último trimestre. Por otra parte, los partos múltiples tienen un 85 por ciento de probabilidades de llegar antes de tiempo. Así pues, aconsejo a los padres que empiecen a preparar la habitación de los bebés al tercer mes de embarazo, aunque esto ya puede ser demasiado tarde. Hace poco me ocupé de una madre que tuvo que guardar reposo absoluto a las quince semanas de embarazo, de modo que tuvo que confiar en los demás para tenerlo todo a punto para sus gemelos.

Puesto que los embarazos son difíciles y los partos a menudo acaban en cesárea, las madres de un parto múltiple no sólo tienen el doble o el triple de trabajo una vez que nacen los bebés (¡por no mencionar a las madres de cuatrillizos, quintillizos, etcétera!), sino que, además, necesitan más tiempo para recuperarse. Sin embargo, puedo decirte que lo último que una madre de gemelos quiere oír es: «Ya verás lo que te espera». Además de que esos comentarios suelen venir de personas que tienen los hijos uno a uno, resulta obvio y no ayuda. Yo prefiero decir: «Te espera el doble de felicidad y ya tienes un compañero de juegos para tu hijo».

Cuando los gemelos vienen al mundo antes de tiempo o pesan menos de 2 kilos y medio, toma las mismas precauciones que he sugerido para los partos prematuros. Claro está, una diferencia importante es que tienes dos bebés por los que preocuparte en lugar de uno. Los gemelos no siempre pueden salir del hospital al mismo tiempo, porque puede ser que uno pese menos o que sea considerablemente más débil que el otro. En cualquier caso, yo los mantengo juntos en la misma cunita y después, gradualmente, a las ocho o diez semanas, o cuando empiezan a explorar y agarrar las cosas, incluido a su hermano, empiezo el proceso de separación. Comienzo apartando a los bebés cada vez más durante dos semanas y al final pongo a cada uno en una cuna diferente.

Una vez que los bebés pasan el punto de posibles complicaciones es mejor ir escalonando sus actividades. No cabe duda de que es posible dar de comer a dos bebés al mismo tiempo, pero, cuando se hace, resulta difícil centrarse en cada bebé como en un individuo. Además, para ti será más difícil. Y, si bien puedes ser capaz de darles de comer a los dos a la vez, hay otras tareas, por ejemplo, provocarles un eructo o cambiarles el pañal, que se han de hacer individualmente.

Los aspectos que más presión transmiten a las madres de gemelos o trillizos son el hecho de tener que trabajar a todas horas y la necesidad de estar con cada uno de los bebés por separado. Por este motivo, no resulta sorprendente que las madres de partos múltiples se muestren instantáneamente receptivas ante la idea de un plan estructurado, ya que esto simplifica sus vidas.

Barbara, por ejemplo, se mostró encantada cuando le sugerí que hiciera que sus bebés, Joseph y Haley, entraran en el programa EASY Joseph tuvo que quedarse en el hospital tres semanas más porque había pesado poco al nacer. Si bien dejarlo allí era desgarrador, aquello daba a Barbara la oportunidad de hacer que Haley entrara en el programa. Puesto que Haley había estado sometido a un horario en el hospital, resultó bastante sencillo mantenerlo. Entonces, cuando Joseph pudo ir a casa, empezamos a darle de comer cuarenta minutos después que a su hermano y escalonamos el horario de ambos. He hecho imprimir el horario EASY de Joseph y Haley a continuación.

Aunque Barbara escogió no dar a sus bebés leche artificial, a menudo sugiero a las madres que lo hagan. Resulta muy duro extraerse la leche de los pechos y dar de mamar cuando te estás recuperando de una cesárea. Por supuesto, aún es más difícil si los bebés llegan cuando la pareja ya tenía un hijo, como en el caso de Candance, cuyos gemelos, un niño y una niña, llegaron cuando su hermana mayor, Tara, acababa de cumplir tres años. Aunque resulte extraño, los gemelos de Candance pudieron salir del hospital antes que su madre, que había tenido un parto vaginal y había perdido mucha sangre en el proceso. Su médico la dejó ingresada tres días más, hasta que aumentó su nivel de plaquetas, que era peligrosamente bajo. La madre de Candance y yo nos cuidamos de los pequeños y los hicimos seguir el método EASY desde el primer momento.

Cuando Candance regresó a casa, estaba lista para la batalla: «Afortunadamente, había acabado el período de gesta-

ción completo y estaba en buena forma física para empezar».
Candance también cree que no se estresó porque no se trataba
de su primer hijo. También fue consciente de la personalidad
de Christopher y Samantha desde el principio, y esto hizo que
fuera capaz de tratar con ellos como seres individuales. «Él
era muy apacible ya en el hospital; tenían que hacerle cosquillas para que llorara. En cambio, ella salió encendida. Hasta
ahora, incluso cuando le cambias el pañal parece como si la
estuvieras torturando.»

COMIDA	6-6h 30: Comida (confor-me se van haciendo mayo-res, tardan menos en comer; puedes despertar a Joseph antes y acabar teniendo más tiempo para ti). 9-9h 30 12-12h 30 15-15h 30 18-18h 30 Hasta que se duerma para toda la noche, dale de co-mer dormido a las 21 h y a las 23 h.	6h 40-7h 10: Comida 9h 40-10h 10 12h 40-13h 10 15h 40-16h 10 18h 40-19h 10 Comidas mientras duerme a las 21h 30 y a las 23h 30.
ACTIVIDAD	6h 30-7h 30 Cambio de pañal (10 min.) y jugar solo mientras Barba-ra da de comer a Joseph. 9h 30-10h 30 12h 30-13h 30 15h 30-16h 30 Después de la comida de las 18 h, dejarle jugar mientras Joey cena.	7h 10-8h 10 Cambio de pañal (10 min.) y jugar solo mientras Barba-ra pone a Haley a dormir. 10h 10-11h 10 13h 10-14h 10 16h 10-17h 10 Baño para los dos a las 19h 10, cuando Joey acabe de comer.

Sueño	7h 30-8h 45 siesta	8h 10-9h 10 siesta
	10h 30-11h 45 siesta	11h 10-12h 25 siesta
	13h 30-14h 45 siesta	14h 10-15h 25 siesta
	16h 30-17h 45 siesta	17h 10-18h 25 siesta
	Directo a la cama después del baño.	Directo a la cama después del baño.
Tú	¡Todavía no, mamá!	Después de acostar a Joey, la madre descansa al menos durante 35 minutos o hasta que Haley se despierta para volver a comer.

A Candance, no le subió la leche hasta pasados diez días y, a las seis semanas, no tenía suficiente para los dos, de modo que los gemelos empezaron a tomar también leche artificial. Resulta comprensible que, con la complicación añadida de tener todo el día a la pequeña Tara, de tres años, cogida a la falda, Candance no diera abasto. «Los miércoles eran para Tara, pero los días que pasaba en casa eran un ciclo interminable de dar de mamar, extraerme leche de los pechos, cambiar pañales y ponerlos a dormir, con media hora de pausa para mí; y después volver a empezar.»

Tal vez lo más sorprendente de los partos múltiples sea que, cuando uno supera el período inicial de adaptación, los gemelos y los trillizos suelen ser más fáciles de cuidar porque se entretienen unos a otros. Al mismo tiempo, Candance ha descubierto lo que la mayoría de las madres de gemelos han de aceptar: a veces, se ha de dejar llorar a los bebés. «Yo antes pensaba: "Oh, no, ¿qué voy a hacer?" Pero acabas tratándolos de uno en uno, porque no puedes hacer otra cosa. No se van a morir por llorar.»

Yo digo amén a estas palabras. De hecho, como nota final a este capítulo, merece repetirse esta idea: lo que importa no es lo que te ocurra en la vida, sino cómo lo afrontas. Recuerda también que muchas situaciones inesperadas y traumas de nacimiento acaban siendo recuerdos lejanos en cuestión de meses. La perspectiva es la clave cuando uno ha de afrontar aspectos habituales de la paternidad, así como circunstancias inusuales, incluso los traumas. En el próximo capítulo, repasaremos algunos de los problemas que surgen cuando los padres no consiguen mantener una perspectiva sana y sensata.

9

LOS TRES DÍAS MÁGICOS: CÓMO SOLUCIONAR PROBLEMAS Y CAMBIAR MALOS HÁBITOS

> *Si hay algo que deseamos cambiar en un bebé, antes deberíamos pensarlo y ver si no sería mejor que lo cambiáramos en nosotros mismos.*
>
> CARL JUNG

«NO TENEMOS VIDA»

Cuando los padres por inexperiencia no establecen desde el principio buenos hábitos, aparecen problemas que deben reconducirse. Veamos el caso Melanie y Stan. Al principio, su hijo Spencer, que nació tres semanas antes de tiempo, comía cuando lo pedía. Aunque se recuperó pronto del trauma de dar a luz, Melanie se volcó en su salud durante las primeras semanas que pasó en casa. También se llevaba a Spencer a la cama con ella porque así le era más fácil darle el pecho varias veces durante la noche. De día, siempre que Spencer lloraba, sus padres trabajaban en equipo: le cantaban, lo mecían en el carrito o caminaban con él en brazos para dormirlo. Al final, se acostumbraron a tranquilizarlo haciendo de padres canguro, es decir, dejando que se quedara dormido sobre uno de ellos. Melanie se convirtió en un chupete humano: cada vez que Spencer parecía alterado, ella le ofrecía un pecho. Entonces, claro está, dejaba de llorar: tenía la boca llena.

Ocho meses después, aquellos bienintencionados padres se dieron cuenta de que su adorable pequeñín les había quitado sus vidas. Spencer no se podía dormir sin que su padre o su madre le diera unas vueltas al trote por la habitación y, para entonces, ya pesaba cerca de catorce kilos, no tres. A veces, la cena se veía interrumpida. Melanie y Stan nunca encontraban el momento adecuado para trasladar a Spencer de la cama de matrimonio a la cunita. Una noche, Melanie dormía en su cama con Spencer, y Stan se iba a la habitación de los invitados para poder descansar bien; la noche siguiente, era el padre quien estaba al pie del cañón. Comprensiblemente, Melanie y Stan tampoco reiniciaron su vida sexual.

Está claro que esta pareja no tenía intención de hacer que la vida de su familia fuera de ese modo y que habían llegado a aquel punto llevados por las circunstancias; de ahí el término «paternidad de circunstancias». Lo peor es que, a veces, se peleaban por ello y se echaban la culpa mutuamente de lo que ocurría. En ocasiones, incluso se mostraban resentidos con su hijo que, al fin y al cabo, sólo hacía lo que ellos le habían enseñado a hacer. Cuando les visité, se podía cortar el aire de su casa con un cuchillo. Nadie era feliz; el que menos, Spencer. Él no había pedido que le dieran el mando.

La historia de Melanie y Stan es la típica de unos padres que no empezaron como tenían intención de continuar (cada semana recibo cinco o diez llamadas de padres que se encuentran en esta situación). Hacen comentarios del tipo: «No me va a dejar que le suelte» o «Sólo come diez minutos cada vez», como si el bebé se resistiera deliberadamente a lo que es mejor. Lo que realmente ha ocurrido es que los padres han reforzado sin querer un comportamiento negativo.

El propósito de este capítulo no es haceros sentir mal, sino enseñaros a retroceder en el tiempo y deshacer las consecuencias no deseadas de la paternidad de circunstancias. Y creedme, si vuestro bebé hace algo que altere vuestra vida familiar, perturbe vuestro sueño o evite que tengáis una vida diaria normal, siempre podéis hacer algo al respecto. Sin embargo, hemos de empezar con estas tres premisas básicas:

1. *Vuestro bebé no hace nada intencionadamente ni con maldad.* A menudo, los padres no son conscientes del impacto que tienen en sus hijos y de que, para bien o para mal, modelan sus expectativas.

2. *Podéis desentrenar a vuestro hijo.* Si analizáis vuestro propio comportamiento (qué hacéis para alentar a vuestro hijo), seréis capaces de haceros una idea de cómo cambiar los malos hábitos que podáis haber propiciado involuntariamente.

3. *Cambiar los hábitos lleva tiempo.* Si vuestro bebé tiene menos de tres meses, puede llevar tres días o incluso menos. Pero, si es mayor y lleva tiempo desarrollando un patrón determinado, tendréis que introducir los cambios de forma escalonada. Eliminar el comportamiento que intentáis cambiar os llevará más tiempo (normalmente, para cada paso, se necesitan unos tres días) y requerirá una buena cantidad de paciencia por vuestra parte, tanto si se trata de resistencia a la hora de hacer la siesta como de dificultades para comer. Además, tenéis que ser constantes. Si os rendís demasiado pronto o sois inconstantes y probáis una estrategia un día y otra diferente al día siguiente, acabaréis alentando precisamente el comportamiento que intentáis cambiar.

EL ABC DEL CAMBIO DE HÁBITOS DEL BEBÉ

A menudo, los padres que se encuentran en situaciones como la de Stan y Melanie están desesperados y no saben por dónde empezar. Teniendo esto en cuenta, he diseñado una estrategia que les permita analizar su actitud y comprender cómo pueden cambiar un patrón de conducta difícil. Consiste en tres sencillos puntos.

A. *Antecedentes:* lo que ocurrió primero. ¿Qué estabais haciendo entonces? ¿Qué hicisteis por vuestro bebé, o qué no? ¿Qué más sucedía en aquel ambiente?

B. *Comportamiento:* la actitud de vuestro hijo en lo que está ocurriendo. ¿Llora? ¿Parece enfadado? ¿Asustado? ¿Hambriento? Lo que hace, ¿es algo que suele hacer?

C. *Consecuencias:* qué tipo de patrón se ha establecido como resultado de los dos primeros puntos. Los padres de circunstancias, ajenos a la idea de que pueden estar reforzando un patrón de conducta, continúan haciendo lo que han hecho siempre (por ejemplo, mecer al bebé hasta que se duerme o meterle un pecho en la boca). Esta acción puede detener el comportamiento presente durante unos minutos, pero, a largo plazo, reforzará el hábito. Por lo tanto, la clave para cambiar la consecuencia es hacer algo diferente: introducir un nuevo comportamiento para que el antiguo pueda desaparecer.

Voy a poner un ejemplo concreto. En el caso de Melanie y Stan, reconozco que era muy difícil, porque Spencer tenía ocho meses y estaba bastante acostumbrado a las atenciones de sus padres a media noche. Para recuperar su vida, Melanie y Stan tuvieron que seguir varios pasos y poder deshacer los efectos de su paternidad de circunstancias. Sin embargo, utilizando mi método, les ayudé a analizar su situación por primera vez.

En este caso, el antecedente era un miedo omnipresente que, incomprensiblemente, surgía de la preocupación inicial que sentían Melanie y Stan por tener un bebé prematuro. Con el ánimo de sacar adelante a Spencer, su padre o su madre siempre lo mecían y lo sostenían sobre su pecho. Además, para tranquilizarlo, su madre le daba el pecho. El comportamiento de Spencer también era coherente; a menudo, estaba de mal humor y requería mucha atención. Este patrón de comportamiento arraigó profundamente porque, cada vez que Spencer lloraba, sus padres corrían hacia él y hacían lo de siempre. La consecuencia era que, con ocho meses, Spencer no se podía tranquilizar a sí mismo ni dormirse solo. A decir verdad, Melanie y Stan no habían planeado criar a su hijo de aquella forma, pero, para cambiar la situación, resultado de su paternidad de circunstancias, tenían que hacer algo diferente.

AVANZAR A PASO DE BEBÉ
Tuve que ayudar a Melanie y Stan a desandar lo que, de hecho, era una serie de accidentes motivados por las circunstancias que habían propiciado el comportamiento de Spencer y, después, desglosar la solución en varios pasos. En otras palabras, trabajamos retrocediendo en el tiempo para deshacer lo que habían hecho. Os describiré el proceso.

Observar e imaginar nuestra estrategia. Primero me limité a observar. Observé el comportamiento de Spencer después del baño de la noche, cuando Melanie intentaba ponerlo en la cunita con el pañal limpio y el pijama. Cuanto más lo acercaba a la cunita más fuerte se agarraba a su madre aterrorizado. Expliqué a Melanie que lo que le estaba diciendo era: «¿Qué haces? Aquí no es donde tengo que dormir. Yo no voy ahí».

«¿Por qué crees que tiene tanto miedo?», le pregunté. «¿Qué ha pasado antes?» El antecedente del pánico de Spencer estaba claro: Melanie y Stan habían actuado a la desesperada para intentar quitarle la costumbre de dormir sobre su pecho. Tras leer todos los libros sobre el sueño que habían encontrado y hablar con amigos cuyos bebés habían padecido problemas de sueño, los padres habían decidido «Ferberizar» a Spencer, no una, sino tres veces: «Hemos intentado dejarle llorar, pero cada vez lloraba tanto y tan fuerte que mi marido y yo acabábamos llorando también». La tercera vez, cuando Spencer lloraba tan intensamente que vomitó, sus padres abandonaron sabiamente esta estrategia.

Estaba claro qué era lo primero que teníamos que hacer (o mejor dicho deshacer): conseguir que Spencer se sintiera seguro en su cuna. Puesto que estaba comprensiblemente muy asustado de estar solo en su propia cama, dije a Melanie que teníamos que ser muy pacientes y precavidos para no hacer nada que le recordara su trauma. Sólo cuando hubimos conseguido esto pudimos tratar el comportamiento de Spencer durante la noche y su necesidad de mamar cada dos horas.

Dar cada paso lentamente: no se puede acelerar el proceso. En el caso de Spencer, llevó quince días hacer que no tuviera terror a irse a la cuna. Tuvimos que descomponer el proceso en pequeños pasos, comenzando por las siestas. En primer lugar, hice que Melanie entrara en la habitación de Spencer, bajara las persianas y pusiera música relajante. Sólo tenía que sentarse en la mecedora con Spencer en brazos. Aquella primera tarde, aunque no estaba cerca de la cuna, Spencer se quedó mirando hacia la puerta.

«Esto no funcionará», me dijo Melanie angustiada.

«Sí que funcionará, pero hemos de recorrer un largo camino. Tenemos que andar a paso de bebé.»

Durante tres días, estuve junto a Melanie, y repetimos la misma secuencia: entrar en la habitación de Spencer, dejarla a oscuras, poner música de relajación. Primero, Melanie estaba en la mecedora, cantando amablemente a su hijo; la nana ayudaba a distraerlo de su miedo, pero él mantenía los ojitos entornados en dirección a la puerta. Entonces, ella se levantó con Spencer en brazos, con cuidado de no moverse demasiado cerca de la cuna y asustarlo. Durante los tres días siguientes, Melanie se fue acercando gradualmente a la cuna hasta que pudo ponerse al lado sin que Spencer se revolviera. Al séptimo día, lo puso en su cunita pero continuó con él, inclinada cerca de su cuerpo. Era casi como si continuara teniéndolo en brazos, pero estaba tumbado.

Aquél era un verdadero avance. Tres días después Melanie pudo entrar en la habitación de Spencer, ponerla a oscuras, conectar la música, sentarse en la mecedora, ir hacia la cuna y ponerlo dentro. Pero continuaba inclinándose sobre él para tranquilizarlo con su presencia y hacer que se sintiera seguro. Al principio, él estaba pegado al lateral de la cuna, pero, a los pocos días, se tranquilizó un poco. Incluso se dejaba distraer y se apartaba de nosotras para ir con su conejo de peluche. Ahora bien, en el momento en que Spencer notaba que se había alejado demasiado de nosotros, volvía corriendo a su puesto de guardia al borde de la cuna, siempre vigilante.

Repetimos este ritual, y todos los días lo hacíamos avanzar un paso de bebé. En lugar de cogerlo en brazos, Melanie se quedaba al lado de la cuna; al final, no tenía más que sentarse allí. Hacia el día número quince, iba a la cuna por propia voluntad y se tumbaba. No obstante, en cuanto empezaba a quedarse dormido se despertaba y se sentaba. Lo que hacíamos entonces era sencillamente volver a tumbarlo. Empezaba a relajarse de nuevo pero lloraba un poco, incluso cuando entraba en las tres etapas del sueño. Decía a Melanie que no entrara corriendo, ya que eso interrumpiría el proceso del sueño y tendría que volver a empezar. Al final, Spencer aprendió a hacer el viaje a la tierra de los sueños él solito.

Solucionar los problemas de uno en uno. Hay que tener en cuenta que habíamos ayudado a Spencer a superar su miedo, pero sólo durante el día. No habíamos intentado cambiar los problemas que tenía por la noche: aún dormía con sus padres y se despertaba para comer. Cuando tratas un problema tan complejo, se requiere tiempo y paciencia. Como se suele decir, una golondrina no hace verano. Pero, cuando vi que Spencer ya no veía su cama como una cámara de torturas, supe que se sentía lo bastante seguro como para que pudiéramos atacar otros problemas.

«Creo que es hora de dejar de darle de comer por la noche», dije a Melanie. Normalmente Spencer, que ya había empezado a comer alimentos sólidos, mamaba a las siete y media de la tarde, iba a la cama de sus padres y dormía hasta la una de la madrugada; y, desde entonces, se despertaba cada dos horas para picar un poco del pecho. El antecedente de esta conducta era que, siempre que Spencer se agitaba de noche la madre, pensando que tenía hambre, le daba de mamar, aunque cada vez tomara sólo treinta mililitros. El comportamiento, el hecho de que se despertara constantemente, se veía reforzado por la ingenua voluntad de Melanie de sacarse el pecho. La consecuencia era que Spencer esperaba comer cada dos horas: un régimen más propio de un bebé prematuro que de uno de ocho meses.

De nuevo, tuvimos que tratar el problema por etapas. Las tres primeras noches, la regla fue no darle de mamar hasta las cuatro de la madrugada y, después, hasta las seis, cuando podía tomar un biberón. (Afortunadamente, el pequeño había tomado tanto pecho como biberón, de modo que no le costó aceptar el cambio.) Puesto que sus padres se acogieron al plan, cuando se despertaba la primera vez, le ponían el chupete en lugar del pecho de Melanie y, a las seis, le daban el biberón, de modo que, a la cuarta noche, Spencer se había acostumbrado al nuevo plan.

Pasada una semana, dije a Melanie y Stan que era hora de que yo durmiera fuera de la habitación y les dejara descansar y, lo que es igual de importante, enseñara a Spencer que se tenía que ir a dormir a su cuna sin su madre, su padre o su biberón. Ya consumía alimentos sólidos y mucha leche durante el día, así que sabíamos que no necesitaba comer durante la noche. Y había echado cabezaditas a voluntad durante unos diez días. Ahora era factible introducir la idea de dormir solo y durante toda la noche.

Esperar alguna regresión, ya que los hábitos antiguos tardan en desaparecer; los padres se han de consagrar al plan. La primera noche que pusimos a Spencer en su cuna después de bañarlo, seguimos el mismo ritual que habíamos llevado a cabo durante el día. Funcionó a las mil maravillas... o al menos eso nos pareció. Cuando llegamos a la cuna, parecía cansado, pero, cuando nos disponíamos a dejarlo en el colchón, abrió los ojos como platos y empezó a protestar. Se puso de pie cogiéndose a los barrotes de la cuna, lo tumbamos de nuevo y nos sentamos en la silla que había junto a la cuna. Se puso a llorar de nuevo y se levantó. Volvimos a echarlo. Después de tumbarlo treinta y una veces, finalmente se quedó en esa posición y se durmió.

Aquella primera noche se despertó llorando exactamente a la una de la madrugada. Cuando entré en su habitación, ya estaba de pie. Lo volví a tumbar con suavidad. Para no estimularlo, no dije ni una palabra ni lo miré a los ojos. A los pocos minutos, volvió a alborotar y a levantarse, y así continuó la cosa. Lloraba, se ponía de pie, y yo lo tumbaba. Después de repetir este baile cuarenta y tres veces estaba derrengado y finalmente se durmió. A las cuatro, volvió a llorar: Spencer era como un reloj. Y de nuevo lo metí en la cama. Esta vez el pequeño tentempié se levantó sólo veintiuna veces.

343

(Sí, cariño, cuando hago esto, cuento las veces que ocurre. Me piden a menudo que trate problemas de sueño y, cuando las madres me preguntan: «¿Cuánto durará?», al menos quiero poder ofrecerles una media aproximada. Con algunos bebés, he tenido que llegar hasta cien.)

A la mañana siguiente, cuando expliqué a Melanie y Stan lo que había ocurrido, el padre se mostró escéptico: «Esto no funcionará, Tracy. Él no va a hacer eso por nosotros». Le guiñé un ojo, asentí y le prometí que me quedaría las dos noches siguientes. «Lo creáis o no, ya hemos pasado lo peor.»

La segunda noche, sólo tuve que volver a tumbar a Spencer seis veces para que se durmiera. A las dos de la madrugada, cuando se removió, entré en su habitación y, en cuanto empezó a levantar los hombros del colchón, volví a tumbarlo. Sólo tuve que hacerlo cinco veces, tras lo cual se durmió hasta las 6h 45 de la mañana, algo que nunca había hecho. La noche siguiente, Spencer se agitó a las cuatro pero no se levantó, y se durmió hasta las siete. Desde entonces, ha continuado durmiendo doce horas de un tirón por la noche. Melanie y Stan han recuperado su vida.

«No va a dejar que lo suelte»

Veamos otro problema común utilizando los tres puntos de mi método: el bebé que tiene que estar todo el día en brazos. Ése era el caso del pequeño Teddy, de tres semanas de edad, al que conocisteis en el capítulo 2. Sus padres, Sarah y Ryan, se lamentaban porque «A Teddy no le gusta que lo soltemos». El antecedente era que Ryan, que estaba de viaje cuando había nacido el pequeño, estaba tan encantado de estar con su hijo que siempre que estaba en casa lo llevaba en brazos de acá para allá. Sarah tenía una niñera de Guatemala en cuya cultura los bebés se llevan mucho en brazos. El comportamiento del pequeño Teddy era completamente predecible, y he visto cientos de bebés exactamente iguales a él: si lo recostaba sobre mi hombro estaba feliz como una perdiz. Pero, en cuanto hacía amago de ir a soltarlo (cuando estaba a unos veinte o veinticinco centímetros de mi pecho), empezaba a llorar. Si me detenía, cambiaba la dirección y volvía a acercármelo al hombro, dejaba de llorar inmediatamente. Sarah, que siempre se rendía pensando que Teddy no dejaría que lo soltara, no hacía más que reforzar este patrón de conducta. Como podéis imaginar, la consecuencia de esta secuencia era que Teddy quería estar siempre en brazos.

Ahora bien, no hay nada malo en coger al bebé o arrimarse a él. Y está claro que, si un bebé llora, se le ha de tranquilizar. El problema, que ya he mencionado anteriormente, es que a menudo los padres no saben dónde acaba el consuelo y empieza la mala costumbre. Siguen con el bebé en brazos después de haber satisfecho su necesidad. Entonces el bebé decide (en su mente de bebé, por supuesto): «Vaya, la vida es así: mamá o papá me llevan en brazos todo el día». Pero ¿qué ocurre cuando el bebé gana peso o los padres tienen que realizar un trabajo difícil con un bebé colgado del cuello? El bebé dice: «Eh, espera un momento. Se supone que me has de llevar en brazos. No me voy a quedar echado yo solito».

¿Qué se puede hacer? Cambiadle las consecuencias cambiando lo que hacéis. En lugar de llevarlo siempre a cuestas, cogedlo cuando empiece a llorar y soltadlo en cuanto esté calmado. Si vuelve a llorar, volvedlo a coger. Cuando se tranquilice, dejadlo de nuevo. Y así siempre. Puede que tengáis que cogerlo veinte o treinta veces, o quizá más. Básicamente, le estáis diciendo: «Estás bien. Estoy aquí. Está bien que estés solo». Os prometo que esta situación no durará para siempre, a menos que regreséis a la práctica de reconfortarlo aun cuando ya no tenga necesidad de ello.

El secreto de los tres días mágicos

Si bien los padres a veces creen que hago magia, la verdad es que sólo utilizo el sentido común. Como ocurrió en la situación de Melanie y Stan, puede que tengáis que planear unas semanas de transición. Por otro lado, nosotros nos las arreglamos para cambiar la necesidad del pequeño Teddy de que lo llevaran siempre en brazos en dos días, porque el antecedente (el hecho de que el padre y la niñera lo cogieran siempre) sólo llevaba produciéndose un par de semanas.

Empleo mi estrategia de los tres puntos para analizar precisamente qué tipo de tres días mágicos necesitaré. A menudo, se reduce a un par de técnicas que sólo requieren favorecer la desaparición del comportamiento antiguo. Durante los tres días, los padres renuncian a lo que hacían antes (eliminan lo antiguo) a favor de algo que construye la independencia y la iniciativa de su hijo. Ni que decir tiene que, en los bebés mayores, resulta mucho más difícil hacer que desaparezca el comportamiento antiguo.

En la «Guía para detectar problemas y desarrollar soluciones» de las páginas 360 y ss., presento una revisión rápida de las malas costumbres más usuales que me piden que ayude a cambiar. Sin embargo, en todos los casos hay puntos comunes.

EL ABC DEL CAMBIO

Recordad: sea cual sea la mala costumbre que estéis intentando erradicar, se trata de una *consecuencia* de lo que habéis hecho, el *antecedente* que, sin que os dierais cuenta, ha provocado el *comportamiento* que ahora queréis eliminar. Si continuáis haciendo lo mismo, no haréis más que reforzar la misma consecuencia. Sólo haciendo algo diferente (cambiando lo que hacéis) podréis romper el hábito.

Problemas para dormir. Tanto si se trata de un bebé que no puede dormir toda la noche de un tirón (después de los tres meses) como de uno que tiene problemas para quedarse dormido él solo, siempre es cuestión de, en primer lugar, aclimatarlo a su propia cama y después enseñarle a dormirse en ella sin que tú lo tranquilices. En los peores casos, los típicos en los que la paternidad de circunstancias ha durado varios meses, el bebé puede tener miedo de su propia cama. A veces, es porque está acostumbrado a que lo tengáis en brazos o lo mezáis. La consecuencia es que nunca ha aprendido a dormirse solo.

Traté con un bebé, Sandra, que estaba del todo convencido de que su «cama» era un pecho humano. Cuando lo cogía, era como si hubiera un imán en mi pecho y en el suyo otro del polo opuesto. Cada vez que intentaba soltarla, Sandra lloraba. Era su manera de decirme: «Así no es como me duermo». Al principio, era imposible dejarla, ni siquiera cerca de mí. Mi trabajo consistía en enseñar a Sandra otro modo de dormirse, y le decía: «voy a ayudarte a aprender a dormirte tú solita». Por supuesto, ella se mostraba escéptica y no especialmente interesada. Tuve que cogerla y soltarla 126 veces la primera noche, 30 la segunda y 4 la tercera. Nunca la dejaba llorar ni tampoco me servía de la técnica del canguro que habían utilizado sus padres para tranquilizarla, ya que eso no habría hecho más que perpetuar los problemas de sueño de Sandra.

Problemas para comer. Cuando el problema son las malas costumbres para comer, el antecedente suele ser que los padres han malinterpretado alguna de las señales del bebé. Gail, por ejemplo, se quejaba de que Lily tardaba una hora en mamar. Incluso antes de visitarla, yo sospechaba que Lily, que entonces tenía un mes, no comía durante los sesenta minutos al completo; se estaba tranquilizando. A Gail, le parecía que dar el pecho era tan relajante (probablemente tuviera un nivel de oxitocina alto) que a veces se quedaba dormida. Se dormía a media comida y después se despertaba sobresaltada tras una cabezada de diez minutos y veía que Lily aún chupaba. Aunque he hecho que muchas madres tiren el despertador a la basura, en aquel caso, le di uno a Gail y le sugerí que lo pusiera para que sonara a los cuarenta minutos. Es más, le dije que observara con atención cómo chupaba Lily. ¿Comía realmente? Al fijarse bien, Gail se dio cuenta de que Lily se tranquilizaba al final de cada comida, así que, cuando se disparaba la alarma, reemplazábamos el pezón de Gail por un chupete. En cuestión de tres días, dejamos de necesitar el despertador porque Gail sintonizó mucho mejor con las necesidades de su hija. A medida que Lily fue creciendo, dejó de emplear el chupete porque encontró sus propios dedos.

Si tiene problemas para comer, puede ser que tu bebé chupe constantemente, mucho después de haber ingerido el alimento que necesita, como hacía Lily. También puede ser que coja y deje el pecho; es su forma de intentar decirte algo como: «Mamá, ahora como mejor y tardo menos en vaciar tu pecho». Si no entiendes lo que te está diciendo, es probable que le empujes la espalda hacia tu pecho, y él continuará chupando, porque eso es lo que hacen los bebés. O puede que se despierte a media noche para comer cuando en realidad no lo necesita. En cualquiera de estas situaciones, el bebé aprende a utilizar tu pecho o el biberón para tranquilizarse, una consecuencia que no os sirve ni a ti ni a tu hijo.

Independientemente del comportamiento, lo primero que sugiero es un plan estructurado. Con el método EASY, hay que adivinar menos cosas, ya que los padres saben cuándo se supone que su bebé ha de tener hambre y pueden buscar otros motivos por los que su hijo pueda estar de mal humor. Sin embargo, también animo a los padres a observar lo que sucede, para valorar si su bebé necesita realmente comer o no, para ir eliminando comidas innecesarias y para enseñarle otros modos de tranquilizarse. Yo haría que las comidas extra fueran cada vez más cortas, dejando que el bebé pasara menos tiempo en el pecho o tomara menos cantidad de leche artificial. Cambiaría a agua o utilizaría un chupete para completar la transición. Al final, el bebé no recordará siquiera el hábito antiguo, y por eso parece cosa de magia.

«Mi bebé tiene un cólico»

Aquí es donde mis tres días mágicos se ponen a prueba. Tu bebé se queja y estira las piernas hacia el pecho. ¿Está estreñido? ¿Tiene gases? A veces, parece que le duele mucho algo, y se te rompe el corazón. El pediatra y otras madres que han pasado por una experiencia similar dicen que es un cólico, y todo el mundo te advierte en un tono inquietante: «No hay nada que puedas hacer». En parte es verdad, el cólico no tiene una cura real. Al mismo tiempo, «cólico» se ha convertido en un término que se usa demasiado, una palabra que designa prácticamente cualquier situación difícil. Y muchas de estas situaciones difíciles pueden mejorarse.

Os garantizo que, si vuestro bebé tiene un cólico, puede ser una pesadilla, tanto para él como para vosotros. Se estima que uno de cada veinte bebés sufre alguna especie de cólico, y de ellos el diez por ciento se consideran casos graves. Cuando un bebé tiene un cólico, el tejido muscular que rodea el tracto gastrointestinal o genitourinario empieza a contraerse espasmódicamente. Al principio, el bebé alborota y después tiene ataques de llanto prolongados que a veces duran horas. Lo más típico es que los ataques se produzcan todos los días, aproximadamente a la misma hora. A veces, los pediatras utilizan la «regla de los tres» para diagnosticar un cólico: tres horas de llanto al día, tres días a la semana, durante tres semanas o más.

Nadia, por ejemplo, sonreía la mayor parte del día y entonces, de las seis de la tarde a las diez de la noche lloraba, a veces ininterrumpidamente, otras a rachas. Prácticamente, lo único que la aliviaba era sentarse con ella en un cuarto oscuro, cosa que eliminaba los estímulos externos.

La pobre madre de Nadia, Alexis, estaba casi tan angustiada como la pequeña y aún más privada de sueño que la media de padres que acaban de serlo. Necesitaba ayuda tanto como Nadia. Sólo controlando sus sentimientos, ya tenía trabajo para todo el día. A decir verdad, a veces el mejor consejo que puedo dar a los padres de un bebé que tiene un cólico es que se cuiden mucho (véase cuadro en esta página).

DATE UN RESPIRO

En una habitación llena de madres, incluso si ninguno de los bebés llora, resulta fácil reconocer a la madre de un bebé que tiene un cólico; es la que tiene un aspecto más cansado. Piensa que es culpa suya haber acabado con el bebé enfermo. Eso no tiene ningún sentido. Si tu bebé tiene un cólico de verdad, no cabe duda de que es un problema, pero tú no tienes la culpa. Y, para sobreponerte a ello, necesitan tanto apoyo como tu bebé.

En lugar de pasaros el día culpándoos (cosa que, desgraciadamente, hacen muchas parejas) tú y tu pareja tenéis que consolaros mutuamente. Con muchos bebés, el llanto llega como un reloj, por ejemplo, todos los días de las tres a las seis, así que haced turnos. Si la madre está al pie del cañón un día, el padre debería estarlo al día siguiente.

Si eres madre soltera, intenta reclutar a un abuelo, hermano o amigo descansar que puedas parar durante la hora de las brujas. Y, cuando llegue la ayuda, no te sientes a oír el llanto de tu bebé. Sal de casa, ve a dar un paseo; haz cualquier cosa que te ayude a salir de este ambiente.

Y lo más importante: aunque parezca que el cólico de tu hijo va a durar eternamente, te aseguro que pasará.

El cólico suele aparecer de repente durante la tercera o la cuarta semana y parece desaparecer igual de misteriosamente alrededor de los tres meses. (No tiene ningún misterio. En la mayoría de casos, el aparato digestivo madura y los espasmos cesan. Además, a esta edad, los bebés tienen más control sobre sus extremidades y pueden encontrarse los dedos para tranquilizarse.) Sin embargo, mi experiencia es que algunos de los casos etiquetados como cólicos pueden darse a causa de una paternidad de circunstancias: una madre o un padre desesperado que, para calmar a un bebé que llora, le da el pecho o un biberón para reconfortarlo. Eso parece curar al niño, al menos durante un rato. Pero el bebé empieza a esperar ese tipo de consuelo siempre que está alterado. Cuando tiene una cuantas semanas, la consecuencia es que no hay nada más que le calme, y todo el mundo asume que se trata de un cólico.

Muchos padres que me dicen que su bebé tiene un cólico explican historias similares a la de Chloe y Seth, a quienes ya os presenté en el capítulo 2. Por teléfono, Chloe me había dicho que Isabella había sufrido un cólico: «Se pasa casi todo el día llorando». Seth me saludó en la puerta con su querubín de cara redonda, que inmediatamente se colocó en mis brazos y se sentó alegremente en mi regazo durante los quince minutos siguientes, mientras sus padres me ponían al corriente.

Como debéis de recordar, Chloe y Seth, una pareja joven y encantadora, eran partidarios acérrimos de vivir a su aire. Al mencionar que un programa estructurado ayudaría a mejorar el mal humor de su hija de cinco meses, esperaba que se santiguaran igual que si hubieran visto un vampiro. Ellos querían vivir con libertad, pero a continuación veremos las consecuencias que tuvo imponer un estilo de vida del tipo vive y deja vivir a la pequeña y dulce Isabella.

«Ahora está un poco mejor», dijo Chloe. «Puede que finalmente esté superando el cólico». La madre continuó explicándome que Isabella había dormido en su cama de matrimonio desde que había nacido y que, por la noche, aún se despertaba regularmente gritando para comer. Durante el día, era más de lo mismo. Isabella gritaba incluso cuando mamaba cosa que, según Chloe, ocurría cada dos horas como mucho. Les pregunté qué hacían para calmarla.

«A veces, la metemos en un mono acolchado, porque así no se mueve tanto. O la sentamos en su sillita y le ponemos el disco de los Doors. Si está muy mal, la llevamos a dar una vuelta en coche con la esperanza de que el traqueteo la tranquilice. Cuando esto no funciona, me paso al asiento de atrás y le doy el pecho.»

«Le vamos cambiando la actividad», dijo Seth.

Aquellos encantadores y cuidadosos padres no tenían ni idea de que casi todo lo que hacían por Isabella iba en contra de lo que intentaban conseguir. Aplicando la técnica de los tres puntos a esta situación, se hizo evidente una situación agravada y reforzada durante un período de cinco meses. Puesto que Isabella no seguía nada que recordara, ni por asomo, a un plan estructurado, sus padres malinterpretaban constantemente sus señales, y lo que entendían siempre era: «Tengo hambre». El antecedente era la sobrealimentación y la excitación; y el comportamiento del bebé era llorar (con lo que contribuía a perpetuar el patrón). La consecuencia era un bebé muerto de cansancio que no tenía ni idea de cómo calmarse. Al malinterpretar sus señales y pensar que tenían que inventar nuevos modos de distraerla, sin querer, sus padres contribuyeron a angustiarla y no hicieron más que agravar el problema.

Justo en aquel momento, Isabella empezaba a llorar con unos grititos como de tos que eran una manera clara, al menos para mí, de decir: «Mami, ya no quiero más».

«¿Lo ves?, dijo Chloe.

«A-ha», metió baza Seth.

«Esperad mamá y papá», dije con voz de niña, hablando por Isabella. «Estoy cansada.»

TÉCNICAS CONTRA EL DOLOR DE BARRIGA

El manejo de los alimentos es el mejor modo de evitar dolores a causa de los gases, pero, en algún momento, es probable que vuestro bebé tenga dolor de barriga. A continuación, presento las estrategias que me parecen más efectivas.

- El mejor modo de hacer eructar a un bebé, especialmente si tiene gases, es frotarle el costado izquierdo (donde tiene el estómago) hacia arriba con la zona que une la mano y la muñeca. Si, al cabo de cinco minutos, el bebé no ha eructado, túmbalo. Si empieza a patalear, revolverse, pone los ojos en blanco y tiene una expresión parecida a una sonrisa, es que tiene gases. Cógelo asegurándote de que los brazos le quedan por encima de tu hombro y de que tiene las piernas rectas e intenta hacerle eructar de nuevo.

- Con el bebé tumbado de espaldas, levántale las piernas y muéveselas como si fuera en bicicleta.

- Coloca al bebé sobre tu antebrazo, boca abajo, y presiónale con cuidado la barriga con la palma de la mano.

- Haz una faja liando una mantita dentro de una banda de tela de diez o doce centímetros y enróllala bien alrededor de la barriguita del bebé, pero no tan fuerte como para cortarle la circulación (si el pequeño se pone azul, está demasiado apretada).

- Para ayudar al bebé a sacar los gases, aguántalo contra ti y dale palmaditas en el culito. Esto le hará tener un punto en el que centrarse y saber hacia dónde empujar.

- Hazle un masaje en la barriguita en forma de C al revés (no un círculo), de modo que traces la línea del colon: de izquierda a derecha, abajo, y después de derecha a izquierda.

Entonces les expliqué: «El truco está en dejarla ahora, antes de que se altere». Chloe y Seth me llevaron arriba, a su habitación, una habitación muy soleada con una cama de medida de reina y muchos cuadros en las paredes.

Allí había un problema de fácil solución que saltaba a la vista: la habitación estaba demasiado iluminada y había demasiadas diversiones que estimularían a un bebé, de modo que no había manera de que Isabella se durmiera. «¿Tenéis un cuco o un carrito?», pregunté. «Intentaremos hacer que se duerma allí.»

Mostré a Chloe y a Seth cómo envolver a Isabella con una mantita (véase página 247). Dejé un brazo fuera y les expliqué que, a los cinco meses, la pequeña controlaba sus brazos y sería capaz de encontrarse los dedos. Entonces me dirigí a un pasillo oscuro y, con su bebé bien envuelto en mis brazos, le di palmaditas rítmicamente. Con voz suave, tranquilicé a Isabella: «Vale, pequeñina, sólo estás cansada». Se calmó en un momento.

La sorpresa de sus padres se volvió escepticismo cuando fui bajando a Isabella hacia el cuco, sin dejar de darle palmaditas. Estuvo callada unos minutos y después empezó a llorar, de modo que la volví a coger, la tranquilicé y la volví a dejar cuando estuvo calmada. Esto ocurrió dos veces más, y entonces, para sorpresa de sus padres, Isabella se quedó dormida.

«No espero que duerma mucho rato», dije a Chloe y Seth, «porque está acostumbrada a echar una siestecita corta. Ahora tenéis que hacer que estas siestas sean más largas.» Les expliqué que los bebés pasan aproximadamente por los mismos ciclos de cuarenta y cinco minutos que los adultos. No obstante, una niña como Isabella, cuyos padres siempre corren a su lado cada vez que abre la boca, aún no ha aprendido la capacidad de ponerse a dormir sola, hay que enseñársela. Si se despierta al cabo de sólo diez o quince minutos, en lugar de asumir que ha echado una siesta y ahora está despierta, han de hacer que vuelva a dormirse con suavidad, como hice yo. Al final, aprenderá a ponerse a dormir sin ayuda de nadie y cada vez hará siestas más largas.

«Pero ¿qué hay del cólico?», preguntó Seth, obviamente preocupado.

«Sospecho que vuestra hija no tiene un cólico, pero aunque lo tuviera, podéis hacer cosas para que se sienta mejor.»

Intenté ayudar a aquellos padres a darse cuenta de que, si Isabella tenía un verdadero cólico, la falta de estructura de su casa no haría más que intensificar cualquier problema físico. Pero yo creía que su incomodidad estaba causada por una paternidad de circunstancias. La consecuencia de que dieran de comer a Isabella cada vez que la pequeña lloraba era que había aprendido a utilizar el pecho de su madre como medio para tranquilizarse. Además, puesto que comía tan a menudo, sólo «picaba», y el resultado era que iba acumulando el suero de la leche de Chloe, la parte que contiene más lactosa, que puede provocar gases. «Incluso pica por la noche, lo que significa que su pequeño sistema digestivo no descansa nunca.»

Y además de todo eso, su pequeña no tenía un sueño reparador (ni de día ni de noche), de modo que siempre estaba cansada. ¿Y qué es lo que hace un bebé muerto de cansancio para hacer que el mundo se calle? Llorar. Y cuando llora, traga aire, cosa que puede provocar gases o unirse al que puede tener ya en el estómago. Finalmente, en respuesta a todo esto, aquellos padres tan bien intencionados iban buscando nuevos estímulos: paseos en coche, la sillita-balancín, la música (y los Doors, nada menos). En lugar de ayudar a Isabella a aprender a calmarse, sin querer, la habían alejado de su capacidad para tranquilizarse ella solita.

Les dejé con este consejo: haced que Isabella siga el método EASY. Sed coherentes. Continuad envolviéndola. (Alrededor de los seis meses, estará bien dejarle sueltos ambos brazos, porque para entonces será menos probable que se arañe o se pellizque la cara al agitar las manos.) Embutidla de comida a las seis de la tarde, las ocho y las diez de la noche, para que tenga las calorías suficientes para dormir toda la noche. Si se despierta de nuevo, no le deis de comer, sino un chupete. Calmadla cuando llore, pero tranquilizadla también.

Les sugerí que llevaran a cabo estos cambios por pasos, abordando primero el tema de las siestas para que Isabella no estuviera tan cansada y malhumorada. A veces, actuar sobre las siestas también tiene un efecto beneficioso sobre el tiempo que duerme el bebé por la noche. En cualquier caso, les advertí que, cuando hicieran esta transición, tal vez pasarían varias semanas de llantos. No obstante, teniendo en cuenta su situación, ¿qué podían perder? Ya habían sufrido meses de agonía viendo que su hija estaba tan incómoda. Al menos ahora percibían un rayo de esperanza.

¿Y qué ocurría si yo no tenía razón? ¿Y si Isabella tenía un cólico de veras? La verdad es que no tiene importancia. Aunque los pediatras a veces prescriben un antiácido moderado para aliviar el dolor que provocan los gases, lo cierto es que no existe nada que cure el cólico. En cambio sí sé que un buen control de las comidas y una organización lógica de las horas de sueño suelen aliviar el malestar de un bebé.

Además, la sobrealimentación y la falta de sueño pueden provocar un comportamiento similar al que presentan los niños que padecen un cólico. ¿Importa si el cólico es real o no? El bebé está incómodo en ambos casos. Pensad cómo son esas cosas en un adulto. ¿Cómo os sentiríais si pasarais levantados toda la noche? De mal humor, estoy segura. ¿Y qué le ocurre a un adulto que no tolera la lactosa cuando bebe leche? Los bebés son seres humanos y padecen los mismos síntomas gastrointestinales que nosotros. El gas que queda atrapado es una pesadilla para un adulto y es aún peor para un bebé, que no puede cogerse el estómago, hacerse un masaje o usar las palabras para decirnos qué le ocurre. Al menos, con el método EASY, mamá y papá pueden deducir qué necesita.

En el caso de Seth y Chloe, les expliqué que dar a su bebé las comidas adecuadas en lugar de dejarlo picar todo el día les ayudaría a analizar las necesidades de Isabella. Cuando llore, serán capaces de pensar con más lógica: «No puede tener hambre: le hemos dado de comer hace sólo una hora. Es probable que tenga gases». Y, cuando empiecen a sintonizar con las expresiones faciales y el lenguaje corporal de la pequeña, reconocerán la diferencia entre un grito de malestar («Mmm... veo sus muecas y que levanta las piernecitas») y de cansancio («Ha bostezado dos veces»). Les aseguré que, en un programa estructurado los patrones de sueño de Isabella mejorarían, y dejaría de ser una niña llorona y de estar de mal humor. Después de todo, no sólo descansará lo que necesita, sino que sus padres serán capaces de imaginar qué necesita antes de que su llanto crezca hasta estar fuera de control.

«Nuestro bebé no dejará el pecho»
Ésta es una queja que oigo a menudo de los papás, especialmente si les repugna que su compañera dé el pecho, o si ésta continúa dándole de mamar cuando el bebé tiene más de un año. La situación familiar puede llegar a ser muy mala si la madre no se da cuenta de que ella es la razón por la que el bebé se cuelga de su pecho obstinadamente. Me da la impresión de que, cuando las madres prolongan la lactancia materna, es casi siempre por ellas, no por el bebé. A una mujer, le puede gustar el papel, la intimidad y el conocimiento secreto de que sólo ella puede tranquilizar al bebé. Aparte de encontrar la lactancia tranquilizante o personalmente enriquecedora, puede que saboree la idea de que su hijo dependa tanto de ella.

Adrianna, por ejemplo, aún daba el pecho a su hijo Nathaniel cuando tenía dos años y medio. Su marido, Richard, estaba fuera de sí. «¿Qué puedo hacer al respecto, Tracy? Siempre que Nathaniel está agitado, le da el pecho. Ni siquiera habla conmigo sobre ello porque dice que la Liga de la Leche le dijo que era algo natural y bueno reconfortar al bebé con el pecho.»

Entonces pregunté a Adrianna cómo se sentía. «Quiero reconfortar a Nathaniel, Tracy. Me necesita.» Sin embargo, ella sabía que su esposo se había ido mostrando cada vez menos tolerante al respecto, de modo que admitió haber empezado a huir de él. «Le dije que había dejado de dar el pecho a Nathaniel, pero hace poco fuimos a la barbacoa de unos amigos y Nathaniel empezó a tirarme del pecho y a decir: «Tata, tata» [su manera de decir pecho]. Richard me atravesó con la mirada. Supo que le había mentido y se puso furioso.»

En este caso, mi función consiste en cambiar la idea que tiene una mujer acerca de la lactancia materna. Como ya he dicho anteriormente, se trata de una cuestión individual y privada, pero aconsejé a Adrianna que al menos fuera honesta con su esposo. Puse mucho énfasis en que mi primera preocupación era el conjunto de su familia. «No soy yo quien ha de decir si deberías destetar a Nathaniel o no, pero mira cómo os está afectando a todos», le dije. «Tienes que tener en cuenta a tu hijo y a tu marido, pero parece como si el bebé se lo llevara todo.» Entonces añadí: «Si a espaldas de Richard refuerzas la idea ante Nathaniel de que puede mamar, estás sentando una base para que tu hijo sea mentiroso también».

Hablamos de la paternidad de circunstancias. Sugerí a Adrianna que mirara lo que estaba ocurriendo, que considerara sus propios motivos para dar de mamar a su hijo y que echara una ojeada al futuro que les esperaba. ¿Realmente quería arriesgarse a sufrir las consecuencias derivadas de mentir a Richard y dar mal ejemplo a Nathaniel? Por supuesto que no. Lo que ocurría era sencillamente que no lo había pensado nunca. «No estoy segura de quién de los dos necesita más el pecho», le dije sinceramente. «Creo que eres tú. Y eso es algo que deberías revisar.»

Adrianna hizo un trabajo de investigación en su mente, cosa que la honra. Se dio cuenta de que utilizaba a Nathaniel como una excusa para no tomar decisiones sobre el trabajo. Había dicho a todo el mundo que estaba muy ilusionada ante la idea de regresar a la oficina, pero en secreto albergaba un deseo muy diferente. Quería seguir sin trabajar unos cuantos años más para estar con Nathaniel, quizá para tener otro bebé. Finalmente, acabó hablando con Richard sobre el tema. «Se mostró increíblemente comprensivo», me diría después. «Me dijo que no necesitábamos mi sueldo y que, aparte de eso, estaba orgulloso del tipo de madre que era, aunque él también quería sentirse parte de la ecuación de la paternidad.» Esta vez, cuando Adrianna dijo a Richard que destetaría a Nathaniel, tenía intención de hacerlo.

Al principio, dejó de darle el pecho durante el día. Sólo le dijo: «No hay más tata; a la cama». Cada vez que Nathaniel intentaba levantarle la blusa, cosa que hizo muchas veces durante los primeros días, ella le repetía: «Se ha ido», y le daba su taza. Al cabo de una semana, dejó de darle el pecho por la noche. Nathaniel intentó convencer a su madre diciéndole: «Cinco minutos más», pero ella continuaba diciéndole que no había más tata. A Nathaniel, le llevó dos semanas abandonar el pecho, pero cuando lo hizo se acabó todo. Un mes después, Adrianna me dijo: «Estoy realmente sorprendida. Es como si no recordara haber mamado nunca. No puedo creerlo». Y lo que es más importante, Adrianna ha recuperado a su familia: «Es como si Richard y yo estuviéramos en una segunda luna de miel».

Adrianna aprendió una lección muy valiosa sobre la introspección y el equilibrio. Ser padre requiere ambos aspectos. Muchos de los llamados problemas surgen porque las madres y los padres no se dan cuenta de lo mucho que se proyectan sobre sus bebés. Siempre es importante preguntarse: «¿Estoy haciendo esto por mi bebé o por mí?». Veo algunos padres que cogen a sus hijos cuando ya no lo necesitan, que les dan de mamar hasta mucho después de que necesiten leche materna. En el caso de Adrianna, utilizaba a su hijo para huir de sí misma; sin darse cuenta, también estaba huyendo de su marido. Una vez que fue capaz de darse realmente cuenta lo que ocurría, de ser honesta consigo misma y con su pareja, y de ver que, de hecho, tenía el poder para convertir una mala situación en una buena, automáticamente fue mejor madre, mejor esposa y un ser humano más fuerte.

GUÍA PARA DETECTAR PROBLEMAS Y DESARROLLAR SOLUCIONES

Lo que presento a continuación no pretende ser una guía exhaustiva de todos los problema, que se os puedan presentar, sino que se trata de dificultades a largo plazo que a menudo me piden que interprete y corrija. Si vuestro bebé tiene más de uno, recordad que tenéis que resolverlos de uno en uno. Como guía, preguntaos: «¿Qué quiero cambiar?» y «¿Qué quiero en su lugar?» Cuando se trata tanto de problemas para comer como para dormir, ambos suelen estar interrelacionados, pero resulta imposible trabajar en ninguno de los dos si, por ejemplo, vuestro bebé tiene miedo de estar en su cuna. Cuando intentéis decidir qué hacer primero, utilizad el sentido común: la solución suele ser más obvia de lo que creéis.

Consecuencia	Antecedente probable	Qué tenéis que hacer
«Mi hijo quiere que lo llevemos en brazos todo el día.»	A vosotros (o a una niñera), os gustaba cogerlo... al principio. Ahora se ha acostumbrado, y vosotros queréis continuar con vuestra vida.	Cuando el bebé necesite que lo reconforten, cogedlo y tranquilizadlo, pero despúes soltadlo en cuanto deje de llorar. Decidle: «Estoy justo aquí, no me he ido a ninguna parte». No alarguéis el tiempo de llevarlo en brazos más allá de lo que necesita para consolarse.
«Mi hijo tarda una hora en comer.»	Puede que utilice el pecho como chupete humano. Tanto si estás hablando por teléfono mientras le das de comer como si no, presta atención a cómo come.	Al principio, el bebé succiona con avidez y prisa, y oirás cómo engulle el suero. Cuando finalmente llegue a la última leche, cada succión será más larga y fuerte. En cambio si se está tranquilizando, verás que la mandíbula inferior se mueve pero no notarás que estire. Sintoniza con tu bebé para saber de qué modo come. No dejes que las comidas duren más de cuarenta y cinco minutos.
«Mi hijo tiene hambre cada hora y media.»	Puede que malinterpretéis sus señales y creáis que todos los llantos significan hambre.	En lugar de darle el pecho o el biberón, cambiadle de lugar (puede que esté aburrido) o dadle el chupete para que satisfaga su necesidad de succionar.

Consecuencia	Antecedente probable	Qué tenéis que hacer
«Mi hijo necesita tomar un biberón o el pecho para irse a dormir.»	Puede que le hayáis condicionado para que espere el biberón o el pecho antes de ir a dormir.	Haced que siga el método EASY para que no asocie el acto de dormir con el pecho o el biberón. Véase también las páginas 250 y ss., en las que aparecen indicaciones para ayudar a un bebé a aprender a dormir de forma independiente.
«Mi hijo tiene cinco meses y no duerme toda la noche de un tirón.»	Puede que el bebé haya cambiado el día por la noche. Recuerda los meses de embarazo: si daba patadas por la noche y dormía durante el día, vino al mundo con este biorritmo. O puede que las primeras semanas lo dejarais dormir unas siestas muy largas y ahora se haya acostumbrado a esto.	Es importante hacer que el bebé cambie de escenario llevándolo a pasear durante el día cada tres horas. El primer día estará aletargado, el segundo estará más alerta y al tercero ya habrás cambiado su reloj biológico.
«Mi hijo no puede dormirse si no lo arrullamos.»	Puede que estéis pasando por alto sus señales (véase página 242), y que esté exhausto. Es probable que, si le habéis mecido para calmarlo, no haya aprendido a quedarse dormido solo.	Buscad el primer o el segundo bostezo. Si lleváis mucho tiempo meciéndolo, él relacionará el arrullo con el acto de dormir. Conforme vayáis eliminando los arrullos tendréis que sustituirlos por otro comportamiento: o bien quedaos de pie y quietos cuando lo cojáis en brazos o bien sentaos en una silla sin mecerlo. Utilizad la voz y las palmaditas en lugar del movimiento.

Consecuencia	Antecedente probable	Qué tenéis que hacer
«Mi hijo llora todo el día.»	Si es literalmente todo el día, podría ser un problema de sobrealimentación, fatiga o excitación.	Los bebés rara vez lloran tanto, así que es mejor consultar al pediatra. Si se trata de un cólico, seguro que no puedes hacer nada; tendrás que aguantarlo. Pero, si no es un cólico, puede que necesitéis un cambio de perspectiva.
«Mi hijo siempre se despierta de mal humor.»	Dejando a un lado el temperamento, algunos bebés están de mal humor cuando no han dormido bastante. Si despertáis al bebé cuando está cambiando de etapa en su sueño, puede que no descanse lo suficiente.	No entréis corriendo en su habitación cada vez que abra la boca. Esperad unos minutos para dejar que se vuelva a quedar dormido él solito. Haced que durante el día duerma más rato. Lo creáis o no, esto hará que duerma mejor por la noche porque no estará tan cansado.

Epílogo

ALGUNOS PENSAMIENTOS FINALES

> *Actuad con cuidado y mucho tacto y recordad que*
> *la vida es un gran acto de equilibrio. Nunca olvi-*
> *déis ser diestros y hábiles. Y nunca confundáis el*
> *pie derecho con el izquierdo. ¿Y tendréis éxito?*
> *¡Pues claro que sí! (98,75 por ciento garantizado).*
>
> DOCTOR SEUSS, *Oh, the Places You'll Go!*

Me gustaría acabar este libro recordando una cosa muy importante: divertíos. Todos los consejos del mundo para susurrar a los bebés no sirven de nada si no os lo pasáis bien siendo padres. Sí, sé que puede resultar difícil, sobre todo durante los primeros meses, sobre todo cuando uno está agotado. Pero tenéis que tener en cuenta siempre que ser padres es un regalo muy especial.

Recordad también que criar a un hijo es un compromiso de por vida: algo que debéis tomaros más en serio que cualquier misión que realicéis. Sois responsables de ayudar a guiar y modelar a otro ser humano, y no hay cometido mayor ni más importante.

Cuando el día a día se hace especialmente difícil (y os aseguro que a veces incluso con un bebé angelito lo será), intentad no perder la perspectiva. La primera infancia de vuestro hijo es una etapa maravillosa: espeluznante, preciosa y demasiado breve. Si por un momento dudáis de que algún día miraréis con añoranza hacia esta época dulce y sencilla, hablad con algunos padres de niños mayores que el vuestro; ellos os lo confirmarán: cuidar de un bebé es un problema diminuto y pasajero en el radar de vuestra vida, una época clara, concreta e irrecuperable.

Mi deseo es que saboreéis cada momento, incluso los más duros. Mi objetivo no es ofreceros mera información o técnicas, sino algo más importante: confianza en vosotros mismos y en vuestra capacidad para solucionar problemas.

Sí, queridos lectores, podéis atribuiros poderes. Mamá o papá, abuela o abuelo (quienquiera que tenga este libro en las manos) estos secretos ya no son sólo míos. Utilizadlos bien y disfrutad de la maravilla que supone tranquilizar a vuestro bebé y comunicaros con él.